谨以此书
献给我的母亲段文香女士！

100 Principles of Management

100个
管理学原理

伍喆◎著

企业管理出版社
ENTERPRISE MANAGEMENT PUBLISHING HOUSE

图书在版编目（CIP）数据

100个管理学原理 / 伍喆著. — 北京：企业管理出版社，2020.10

ISBN 978-7-5164-2185-7

Ⅰ.①1… Ⅱ.①伍… Ⅲ.①管理学 Ⅳ.①C93

中国版本图书馆CIP数据核字（2020）第133580号

书　　名：100个管理学原理
作　　者：伍　喆
责任编辑：陈　静
书　　号：ISBN 978-7-5164-2185-7
出版发行：企业管理出版社
地　　址：北京市海淀区紫竹院南路17号　邮编：100048
网　　址：http://www.emph.cn
电　　话：编辑部（010）68701661　发行部（010）68701816
电子信箱：78982468@qq.com
印　　刷：河北宝昌佳彩印刷有限公司
经　　销：新华书店
规　　格：170毫米×240毫米　16开本　20.75印张　345千字
版　　次：2020年10月第1版　2020年10月第1次印刷
定　　价：79.00元

版权所有　翻印必究　·　印装有误　负责调换

推荐序一

学习知识　应用知识　创造知识

原来以为《100个管理学原理》只是把管理学相关学科里的管理"原理""定律""法则"合撰起来，当然，这也会是一个创新，毕竟坊间暂时还没有类似的书。仔细看了书稿之后，我发现该书的内容主要面向的是企业管理者，并结合企业的应用而展开，这样一来，对企业管理者和职场人士来说，就很有意义了。同时，该书所阐述的原理，也有效率、方法和思维方式等普通道理，很适合一般大众。因此，它既是一本专业书，也是一本大众读物；它来源于作者自身对企业管理的实践认知，也来源于作者丰富的生活阅历和深入的观察与思考。该书有着深厚的理论基础和实践应用价值，着力传递一种学以致用、学者服务社会、乐于分享的大爱精神。这种"爱"正是我们组织行为学和人力资源管理的精髓。

我一辈子从事组织行为学的教学与研究，书里提到的"二八定律""羊群效应"让我感到很亲切，它们正是我在课堂里经常讲的内容。

我离开工作岗位快十年了，作为学者，离岗不离职，不管身在何处，不间断地保持着与同行和学生的交流，是退休生活的一部分。伍喆是我的博士研究生，他勤奋好学，谦卑认真，热情助人，善于观察，善于思考，有很强的职业敏感性和责任感。《100个管理学原理》按照概念解读、理论应用和管理启示的结构安排，符合人们的认知习惯。特别是，该书不仅仅是对原有管理原理的挖掘整理，有些原理是作者自己观察提炼出来的，例如，"AB电梯原理"说的是人们等电梯时的体验。作者首先解释道，

I

"楼道有A、B两部电梯，等电梯的人很多，当A电梯停到一楼的时候，大家蜂拥而上，但电梯空间小，可能还有些人进不了。其实，没关系，抢先进了A电梯的那些人，未必会先于下一部B电梯到达自己的楼层。"然后以戴尔公司和日本精工公司为例，说明它们是如何通过避开"A电梯"而选择"B电梯"最后率先到达目的地的。最后得出启示，"随着经济全球化的不断推进，我国企业相较于国际市场中发达国家的领先企业而言，有明显的后发劣势，也存在较大的实力差距。那么，如何找到一条'后来居上'的道路，无疑是理论界和实践界所共同希冀的。""上不了A电梯，等一会儿，上B电梯，很可能你比上A电梯的，还会先到达。"这个原理是作者基于对生活的观察而总结的，分析了企业的管理实践，再得出相关启示，上升到大众层面，让读者体味、理解和对照，这样的逻辑安排，通俗易懂，合情合理，很有创意。

伍喆在忙于教学和科研的同时，本着对职业的热爱和社会责任感，撰写了《100个管理学原理》，我有这样的学生和同行，很欣慰。我乐意为《100个管理学原理》作序并推荐，希望更多的企业管理者、职场人士及社会大众，有机会能静下心来读读这本书，相信一定大有裨益。

关培兰

武汉大学　教授，博士生导师
中国知名组织与人力资源管理及
女性职业发展和女企业家发展问题研究专家
2019年12月

推荐序二

立足根本（不变）以变应变

2020年突如其来的新型冠状病毒肺炎疫情，以及世界各地采取的应对措施，让人们更深切地体会到当今世界的复杂性、不确定性、模糊性和快变性。在这种背景下，生存和谈管理均离不开变化，正如有人戏言，如今永远不变的就是变化。所以企业管理最流行的做法是以变应变，利用各种各样的理论、原理、智慧争取跑赢变化，以求得生存的机会。

然而，研究企业实践，如《基业长青》（*Built to Last*）中Jim Collins研究全球众多最成功且长寿命的企业，很容易发现，真正要长期可持续成功发展，重要的不是研究怎么变，首先是要弄明白不变（要坚守）的东西。企业赖以生存的根本，即企业长期的追求和存在的价值，用现在管理行话讲，是企业的愿景和商业模式，然后才是企业如何在复杂变化的环境中持续努力和灵活多变以逼近其愿景和实现其价值。这种在瞄准"不变"基础上的以"变"为策略的"从更好到更好"的旅行恰是绝大部分成功企业管理的真实写照。

我在二十世纪八十年代实际上已初步悟到企业在复杂多变环境中这种实践的基本套路，提出和发展了和谐管理理论（复杂问题解决学）的基本框架：围绕愿景和使命，在复杂多变环境下，持续明确引导企业逼近愿景和实现使命的阶段性和谐主题，然后围绕和谐主题依据和则与谐则体系构建企业（组织）生态，并不断根据组织情景和环境变化进行动态调整，以实现愿景使命与和谐主题及其和则与谐则体系的一致性，即和谐耦合。而其中和则与谐则体系以及和谐耦合融汇了各种管理原理、理论和方法的运用，这些与环境、组织情景和技术发展密切相关的东西可能处在不断演变或更新中，但追求基业长青的发展道路和框架几乎横亘不变。

伍喆博士以其对企业的观察和管理探索，编写了《100个管理学原理》，展现了企业演化过程中丰富多彩的实践与理论的对话，这本书最大的特点不是简单介绍这些原理，而是把原理写在企业的运行里。因为管理研究的归纳特性，要系统整理和总结管理学的主要原理并非易事，面对汗牛充栋、杂乱无序的各种管理学理论、原理、经验性知识甚或体会和感悟等，伍喆博士大胆地按照自己的标准，分门别类地整理出了100个原理，并与实践相结合，使其更进一步走进现实，这体现了管理致用之学的根本，是一种值得鼓励的学术之旅。

伍喆博士在编写之初，专程来苏州请我就全书的大纲方案提意见，后在编写过程中和完稿的时候，共三次约我提意见并作序。坦率地讲，我一般不愿在一部完整的著作前画蛇添足，所以自己的很多小书几乎没请人作过序，自然也不愿接受邀请作序。这段小文字主要是对伍喆博士的真诚和该书特点的回应。读者不难发现，书中的一些原理都有作者自己提炼总结的痕迹，更难能可贵的是，作者还着力研究这些原理在企业的应用，促使读者去思考，以获得启示，这对企业实践会有裨益。另外，附录中还有书中原理所指向的管理职能的对照表，以利于对企业管理理论不甚熟悉的读者阅读。从这个对照表也看得出，本书不仅兼顾了企业管理传统职能，也照顾到了当今企业管理的新需求、新探索和新发展。

伍喆博士本是学语言学的，凭着对经济和管理的喜爱，最终走向了大学MBA的讲坛。虽然他也走过弯路，却收获了见识和思想。他告诉我，在这个纷繁的世界里，有两件特别让他着迷的事情。一件是授课，他说他只要踏上讲台，就会激情飞扬，此时教室外面的一切，似乎就跟他毫无关系了；另一件是走进企业，他总是兴趣盎然地了解企业现实的经营管理究竟如何，然后还要跟经营者们"高谈阔论"一番。其激情正体现了管理学老师应有的特征，即理论与实践互动，然后才能真正授人以渔。与之呼应，我自己对此的感悟和长期追求是，"做有实践的理论，做有理论的实践"，最近又加了一句"利用大数据和AI促进理论与实践的更深度对话"。

《100个管理学原理》是伍喆博士基于企业管理专业教师的职业操守以及长期热爱并参与企业管理实践的心血之作，较好地体现了"理性"思考与"经验"感悟的融合。无论是企业管理者还是其他读者，都有可能从阅读中引发思考，或得到共鸣，或收获启示，这自然会有利于自己的企业管理或日常生活。

席酉民　教授

教育部工商管理教育指导委员会主任委员
西交利物浦大学执行校长
英国利物浦大学副校长
2020年3月6日

序　言

不知咋的，平时总被人认为"好为人师"，甚至母亲大人也经常说我"嘴巴多""爱管闲事"。也许没有选择好说话的时机，也许没有把握好说话的分寸，又或许没有抓住问题的核心和本质，说得啰唆而不讨人喜欢了，所以，经常性的误解或委屈时有发生。这也正说明了，在日常生活和工作中，掌握某些原理、原则、技巧和方法，是十分重要的。

大哲学家怀特海（A. N. Whitehead，1861—1947）曾说，学者的作用就是在生活中唤起智慧和美，假如没有学者那神奇的力量，智慧和美往往会湮没在往日的岁月中。

正因为如此，我花了三年的时间，将一些管理学原理整理出来，希望"在生活中唤起智慧和美"。这些原理包括一些管理书籍上讲到的，也有我自己总结归纳的，还有或受他人启发或受某事件的暗示而得来的，但都经得起生活本身的检验，于人于事均有一定的启示和帮助。工作生活原理，既是正确与坚强的源泉，同时它也很脆弱，如不时刻告诫自己，它就会轻易被人遗忘。正因为如此，任何时候不要忘记反躬深思，对自己的行为要自省自戒，并把它们加入工作、生活的"规矩"里去。

前人积累了丰富的管理经验，总结出的管理学原理远远不止100个。本书所选所撰主要为新经济形势下适应企业未来发展需要、具有前卫性的部分，也要兼顾传统的、经典的部分，但由于篇幅和精力所限，实在不能更多收列。伴随经济社会的发展，会出现新的原理，希望有机会再版时，再作更替、补续。

本书名为《100个管理学原理》，"原理"是一个统称，其实还包括"效应""法则"。"原理"通常揭示某一领域、部门或学科中具有普遍意义的基本规律，本身具有一定的内部机理。"效应"一词使用的范围较广，并不一定说明严格的科学定理、定律中的因果关系，但通常反映一种关联现象，多用于对某种自然现象和社会现象的描述。"法则"则指某种规范、方法、办法等。《100个管理学原理》大部分"原理"散落于管理学，特别是企业管理理论之中，也有些是从其他学科借鉴过来的。其中一部分是前人提及过，或者就在教材里能够找得到的，但也有一部分为作者本人依据自身的生活、工作体验和观察而归纳、总结并冠名的。每一个"原理"的解读体例一致，由"概念解读""理论应用""管理启示"三部分组成。

本书一个重要的功能在于，通过对这些原理、效应和法则的解读，分析某些企业和个人的相关做法，得出某些管理启示，以供企业界朋友或职场人士参考。如果这些管理启示能够对我们的组织行为和个人工作生活，在思维方式、战略决策、生产运作、资源整合、职业发展、沟通响应、心理调适等方面产生一点正面的影响和积极的帮助，特别是我们可以从中感受某些创新的意蕴和暗示的话，那么，这几年付出在本书上的心血就是值得的。由此，本书已经超越了企业管理的范畴，亦可为社会各界人士参阅。

本书的原理、效应和法则除数字外，按照汉语拼音首字母顺序排列。每一个原理、效应和法则均有配图，增强了本书表现手法的多样性，也提高了本书的可读性和趣味性。

相信编写《100个管理学原理》是一次创新的学术活动。作者水平有限，见识浅陋，书中不足、欠周欠妥之处，诚恳敦请读者诸君不吝指正，以期再版时臻于完善。

是为序。

伍喆

识于湘潭　大学里

2019年9月28日

目　　录

推荐序一
推荐序二
序言

原理篇

- 001　AB电梯原理 —————————— 2
- 002　阿米巴原理 —————————— 5
- 003　奥卡姆剃刀原理 ———————— 8
- 004　彼得原理 ——————————— 11
- 005　初心原理 ——————————— 13
- 006　打印机原理 —————————— 16
- 007　倒金字塔原理 ————————— 18
- 008　邓巴原理 ——————————— 21
- 009　第一性原理 —————————— 25
- 010　动机管理原理 ————————— 28
- 011　二八原理 ——————————— 31
- 012　非零和原理 —————————— 34
- 013　管道原理 ——————————— 38
- 014　和谐管理原理 ————————— 42
- 015　荷花原理 ——————————— 46
- 016　胡萝卜原理 —————————— 50
- 017　互惠性原理 —————————— 52
- 018　吉格勒原理 —————————— 56
- 019　价值比较原理 ————————— 59
- 020　金姆原理 ——————————— 62
- 021　金字塔原理 —————————— 65
- 022　90/10原理 —————————— 68
- 023　看远忽近原理 ————————— 71
- 024　路径依赖原理 ————————— 74
- 025　麦穗原理 ——————————— 77

IX

026	木桶原理	80
027	七何原理	82
028	少选择原理	85
029	稀缺性原理	89
030	斜木桶原理	91
031	厌损原理	94
032	一万小时原理	98
033	越简越难原理	102
034	至则原理	105
035	做人先做事原理	108

效应篇

036	C位效应	112
037	巴德尔-迈因霍夫效应	114
038	保龄球效应	117
039	爆款效应	120
040	爆米花效应	123
041	冰激凌效应	126
042	长尾效应	129
043	第22条军规效应	132
044	短裙效应	135
045	多米诺骨牌效应	138
046	凡勃仑效应	141
047	飞轮效应	144
048	风口效应	147
049	高速路口效应	149
050	滚雪球效应	152
051	过度理由效应	155
052	海潮效应	158
053	赫洛克效应	160
054	懒马效应	163

X

055	雷尼尔效应	167
056	马太效应	170
057	锚定效应	173
058	墨菲效应	176
059	鲶鱼效应	179
060	牛鞭效应	181
061	平台效应	184
062	破窗效应	187
063	齐加尼克效应	189
064	启动效应	192
065	青蛙效应	194
066	社会称许效应	197
067	首因效应	200
068	斯坦门茨效应	202
069	四四五效应	205
070	糖果效应	208
071	天花板效应	211
072	小群效应	214
073	靴子效应	218
074	牙刷效应	221
075	羊群效应	223
076	诱饵效应	226
077	窄化效应	229
078	智猪效应	232
079	钟摆效应	235
080	逐字效应	238

法则篇

081	艾维利法则	244
082	丛林法则	247
083	分粥法则	250

- 084 峰终法则 —————————— 254
- 085 福克兰法则 ————————— 259
- 086 格雷欣法则 ————————— 262
- 087 海因里希法则 ———————— 265
- 088 赫勒法则 —————————— 267
- 089 猴子—大象法则 ——————— 270
- 090 拉哥尼亚法则 ———————— 273
- 091 利基法则 —————————— 275
- 092 迷思法则 —————————— 279
- 093 时间法则 —————————— 281
- 094 15分钟法则 ————————— 285
- 095 水坝法则 —————————— 288
- 096 特里法则 —————————— 291
- 097 韦尔奇法则 ————————— 294
- 098 先方后工法则 ———————— 298
- 099 小确幸法则 ————————— 302
- 100 新人培训法则 ———————— 306

附录

后记

原理篇

001 AB电梯原理

● 概念解读

　　我们等电梯时，常常有这种体验：电梯间有A、B两部电梯，等电梯的人很多，当A电梯停到一楼的时候，大家蜂拥而上，但电梯空间小，还有些人进不去。其实，没关系，抢先进入A电梯的那些人，未必会比等下一部B电梯更早到达自己的楼层。AB电梯原理指，我们未必要与人拥挤在同一个"赛道"上，学会开辟或等待新的"赛道"未必不是一个好的选择。经验告诉我们，进不了先到的A电梯，进B电梯也是可以的，"曲径通幽"甚至"弯道超车"也许能获得更好的效果。

• 理论应用

　　创立于1984年的戴尔公司（以下简称戴尔），起初就是给客户提供电脑组装服务，先天在研发能力和核心技术方面与业界的IBM、惠普等公司有着较大差距。那么，戴尔要想在市场竞争中占据一席之地，应该怎么办呢？是挤进A电梯，跟IBM、惠普一样地砸钱搞研发，在技术的红海里拼杀，还是去找寻B电梯，实现蓝海突破呢？此时，戴尔坚定地选择了后者。戴尔通过对计算机价值链诸环节的分析，发现在计算机的研发、组装、营销过程中，价值是可以分拆的，关键是如何在确保自身利润的基础上让客户的价值实现增值，或者说，在实现客户价值增值的基础上，也能让自身价值最大化。

　　首先，戴尔实施按需采购配置、适时制造的生产模式。基于用户个性化需求，戴尔公司必须按需采购电脑零部件，在最短的时间内生产并送到最终用户手中。戴尔认为，在IT行业中，外购零部件是企业消除自身无法解决的问题的一种有效方式，在经营过程中所遇到的最关键也是最大的挑战，就是存货周转速度。在快速迭代的电脑行业中，高库存是一种巨大的风险，"电脑配件放在仓库里一个月，价格就要下降1到2个百分点"。由此，戴尔坚持零库存的策略，"经过优化后，戴尔供应链每20秒钟汇集一次订单"。戴尔与上游配件制造商迅速对客户订单做出反应：订单传至戴尔的控制中心，控制中心把订单分解为子任务，并通过网络分派给各独立配件制造商进行排产。各制造商按戴尔的电子订单在确定的时间内生产、组装并交货。戴尔所需要做的只是在成品车间完成整机组装和系统测试，剩下的就是客户服务中心的事情了。因顾客个性化定制所开展的与供应商的互动，在供应商的工厂完成主要的生产过程，加上零库存管理原则，以及敏捷生产、及时交付和货品的快捷转移，为戴尔、供应商及用户三方创造了实实在在的价值。

　　其次，戴尔运用直销模式，直接面对最终消费者，减少中间渠道，达到降低成本的目的，而实施面向大规模定制的供应链管理更能帮助戴尔与供应商有效合作和实现虚拟整合，从而获取高效率、低成本的优势，达到了控制成本和优化流程的目的，让戴尔的核心竞争力凸显，成功实现"B电梯"逆袭，由此成就了戴尔的传奇。2004年5月，戴尔公司在全球电脑市场占有率排名第一，成为

2001—2005年全球最大的PC公司。

二十世纪四五十年代，日本精工致力于追赶"钟表王国"瑞士，但无论在质量上怎样下功夫，都无法赶上瑞士表的质量标准。怎么办？是继续寻找技术上的突破，还是另辟蹊径？经过慎重的决策，精工放弃了在机械表制造上和瑞士表的比拼，转而投入巨资进行新产品的开发。经过几年的"卧薪尝胆"，日本精工的新产品"指针式石英电子表"研制成功。连精工自己也没有想到，这款走时准确、每日误差不到15秒的电子表，一投放市场便引起钟表界和整个世界的轰动，到二十世纪七十年代末期，精工手表的销售量就跃居世界首位。

这两个案例，证明了进入B电梯完全可以超越先进入A电梯而抢先到达自己的楼层。

• 管理启示

由此得出些许启示：未必要一窝蜂地挤破脑袋去争抢，先动不一定就先到，先到的也不一定能先得。

随着经济全球化的不断推进，我国企业相较于国际市场中发达国家的领先企业而言，有明显的后发特征，也存在较大的实力差距。那么，找到一条"后来居上"的道路，无疑是理论界和实践界所共同希冀的。我国40多年改革开放的实践告诉我们，有很多经验值得总结，当然也有一些教训值得深思和汲取。

人的成长也是一样的。每个人的成长都会遇到各种各样的问题和麻烦，把问题解决了，把麻烦处置了，你的能力自然而然就提升了，工作自然也会顺遂很多。有问题、有麻烦，并不是坏事，关键看你怎么对待它们。有些问题是必须面对的，是不能绕着走的，你要怀着欢迎的心态，去欢迎问题和麻烦，因为问题和麻烦是持续改善的种子，是超越别人的机会。当然，有些问题和麻烦，本是可以避免的，那尽量"绕着走"吧，因为人的精力和时间总是有限的。上不了A电梯，等一会儿，再上B电梯，很可能比上A电梯还会先到达。

002 / 阿米巴原理

• 概念解读

阿米巴（Amoeba）在拉丁语中指单个原生体，它们体形不恒定，变化却是恒定的，故又称变形虫。阿米巴原理指，将整个公司分割成许多个被称为"阿米巴"的小型组织，每个小型组织都作为一个独立的利润中心，按照小企业、小商店的方式独立经营。如制造部门按照工序划分成不同的"阿米巴"，销售部门按照地区或者产品分割成若干"阿米巴"。这些"阿米巴"就跟变形虫似的，根据市场发展趋势不断调整经营策略。此原理是"经营之圣"稻盛和夫总结出来的，通常应遵循三个基本原则：一是拥有共同的志向和目标，持续自主生长；二是工序要单纯，一道工序就是一个"阿米巴"；三是人数尽量少，做到最合理配置，且其大小、组合可适时调整。

阿米巴经营模式可以用上图"拉链树"说明，图中"拉链树"分出很多枝丫，每一个枝丫上面有很多节点，这些节点就代表着公司里的"阿米巴"，它们可以是一道工序，更可能就是一个SBU（战略事业单位）。这些SBU各有各的信念和目标，信念和目标管理是它们不断进步的不竭动力。

● 理论应用

日本京瓷公司（以下简称京瓷）成立之初规模比较小，但其依赖"变形虫式"管理让自己迅速成长和赢利。京瓷刚成立时向松下电子提供显像管零件U型绝缘体。松下电子对供应商的要求是极为苛刻的，不论是哪一家供应商，松下电子每年都会提出降价要求。虽然京瓷只要求5%的利润，但仍然达不到松下的标准。京瓷总裁稻盛和夫总结出：要得到订单，就必须盯住市场价格，不断地降低成本。只要比其他公司原料的价格多2元钱，就说明公司努力不足。他提出"要以最低的成本获得最大利润"，绝不能说"拿到5%的利润就可以了"。稻盛和夫要让京瓷成为一个获利率极高的公司。为了强化员工的成本意识，京瓷形成了一套"变形虫经营"的管理方式。

具体的做法是在公司设立部、课、系、班等的组织结构，这似乎与其他公司没有很大区别，但是京瓷的组织结构由最小组织单位"变形虫小组"构成。"变形虫小组"是独立的核算单位，公司各"变形虫小组"之间形成竞争。这是京瓷的一大特色。京瓷的1.3万名员工分别从属于1000个"变形虫小组"。每个"变形虫小组"平均13人。由于不同工作对人员的需要不同，大的小组成员在50人左右，而小的小组只有两三个人。具体的工作方式如下：每个小组独立计算原料采购费、设备折旧费、消耗费、房租等各项费用，再计算营业额和利润。在公司内部，小组采购半成品按一般的市场价格支付，向其他小组出售也按市场价格。这样，每个小组就可以计算出自己的营业额，再根据各种费用计算出成本，最后得出利润。变形虫管理终于使京瓷成为利润突出的大公司。2000年，京瓷公司营收达116亿美元，利润20亿美元，净利润率高达17%。

步步高汇米吧，其实就是步步高商业连锁股份有限公司整合社会资源的一种阿米巴模式。它利用步步高的品牌形象和门店，集聚步步高各式各样的商品，以尽量个性化或特色化地满足顾客需要，所以其选址一般会在年轻人聚集的商业写字楼、学校、酒吧、KTV或单身公寓居多的社区。在步步高汇米吧内,每一个功能模块或产品专卖区就是一个经营主体,它们独立自主经营自家的一亩三分地,在"步步高"这块金字招牌照耀下,让自己熠熠生辉。

• **管理启示**

阿米巴经营模式是一种典型的管理创新,它源于稻盛和夫创业早年的困境中。稻盛和夫一个人既负责研发,又负责营销,当公司发展到100人以上时,他觉得苦不堪言,恨不得有分身术,可以到各重要部门承担责任。于是,他把公司细分成"阿米巴"的小组织,并委以经营重任,从而培育出许多具有经营者意识的领导者。后来企业大了,运用阿米巴原理,京瓷克服了大企业官僚化、人浮于事、效率低下的问题,让领导者从事无巨细的工作当中解放出来,更多关注企业发展方向;让每一个"阿米巴"独立运营,独立核算,了解自身收支赢利情况,增强成本意识,提高管理水平;让企业经营更为透明,奖惩有章可循,更好地调动员工的积极性。

阿米巴原理解释了组织在其内部进行潜力挖掘的重要性,特别是在项目管理和成本管理中,具有极高的应用价值,给企业以深刻的启迪。以市场为导向的成本效益理念正是大多数企业员工所缺乏的,他们一般只管干,不管算,认为成本控制和效益目标只是企业决策层和管理层的事。没有员工身体力行参与,再严格的管控制度也难以奏效。

阿米巴原理的初衷就是激发员工的斗志,让每一个人都成为经营者、创业者。现在很多公司鼓励内部创业,为争取上游原材料的控制权和获取下游销售端利润,鼓励员工在业务链上的细分领域深耕细作,公司提供车间、生产设备,复垦营销渠道。没有资金,企业可投资,或者设立内部创业基金,如巨人网络的"巨人创投",或者像芬尼克斯一样号召高管个人来投资。这样形成的新的内部企业,也可以看作公司阿米巴模式的一种延伸。

阿米巴原理给我们的重要启示在于,为适应企业"乌卡时代"(VUCA)的特征,建立灵活的组织形态,动态地管理组织目标和任务及其实现的条件和环境,至关重要。其他类似的组织创新,只要能赋予自主权和责任感,最大限度调动员工的积极性和创造性,满足企业韧性成长的需要,都是值得鼓励的。

003 / 奥卡姆剃刀原理

• 概念解读

奥卡姆剃刀原理（Occam's Razor, Ockham's Razor）又称"奥康的剃刀"，它是由十四世纪逻辑学家，出生于英国奥卡姆的基督教教士威廉（William of Occam）提出的。这个原理认为"如无必要，勿增实体"，即凡事都要遵从"简单有效"的原则。正如威廉教士在《箴言书注》中所说，"切勿浪费较多东西去做那些用较少的东西同样可以做好的事情"。这个原理要求我们在处理事情时，把握事情的本质，解决最根本的问题，尤其要顺应自然，遵循自然规律，不要把事情人为地复杂化，这样才能更快、更有效率地把事情处理好。

• 理论应用

杰克·韦尔奇是奥卡姆剃刀原理的极佳践行者，他认为，"管理就是把复杂的问题简单化，把混乱的事情规范化，组织结构要扁平化，管得少，就是管得好"。他常常告诫其属下，"要知道管理的本质和目的是什么，管理不是为了控制，更不是为了突出自己的权威、满足自己的虚荣心，管理应该追求释放，激活员工的主动性、创造性，从而激活团队，降低企业运营成本，让员工与公司的利益保持一致"。

韦尔奇认为，领导者的主要工作是提出愿景并激励他人为之奋斗，管得越少，公司越好。管理者要多提供方便，少进行监视；多建议，少命令；多合作，少审批。通用电气的经营策略和目标简单明确，对达不到要求的部属，韦尔奇会毫不犹豫地进行惩罚。1981年他出任董事长和CEO后，要求通用电气（GE）所有的事业部在自己的领域做到数一数二，否则将被撤掉或出售。为此，GE总共撤走从煤矿到电熨斗等117个企业的资金。公司在1981年裁员了9%后，1983年和1984年又裁掉3.7万人。对此，韦尔奇是不会优柔寡断的。例如，在培训中心的提问会上，一位业绩不佳的部门经理忧郁地问其部门前途，韦尔奇说："你们部门已在出售之列。不巧，今天上午刚谈好这笔出售生意。"

韦尔奇强调，简单管理就是充分授权，提高标准，让大家有充分发挥自己才干的舞台。这便是管理的真谛。"给人们一片发挥能力的天空。让重要的工作做得最好。我们将要面对的世界要求你们每个人都要不断提高绩效标准。当你迁就了今天的三流员工，就会有新的三流员工加入进来。这样一来，公司整个的用人标准就降低了，自然而然，本来素质好、能力强的员工，也会逐渐三流起来。相反，如果你提高了用人标准，这种情况不仅不会发生，还会整体提升员工综合实力。你要给每个人施加压力，并发现那些充满活力、高智商的敢于胜利的员工。你必须有勇气解雇那些不是最好的和稀松的员工。你必须有勇气只雇佣那些最优秀、最聪明和最有潜力的员工。"

韦尔奇还说，要实施简单管理，就要痛击官僚主义。在GE内部，他经常"微服私访"，甚至可能直接给全球34万名员工中的任何一位写信或打电话，人们都用"杰克"来称呼他。

在韦尔奇执掌GE期间，GE股票的市值从1981年的100多亿美元提高到超过5000亿美元，在为股东创造巨额财富的同时，也为GE铸造了灵魂。他的"简单管理"原则，以及由此建立的管理思想体系和企业文化，长久地影响了GE的发展和成长，也影响了世界上诸多优秀的公司。

• 管理启示

伟大企业成功的秘诀很多是相同的。苹果请回乔布斯做CEO，乔布斯看着一堆机器，有麦金塔十几种型号，各种型号加上不同配置，令人眼花缭乱。他问员工，如果我想买一台送朋友，应该买哪个型号，员工无人吱声。这么多类型，以至于生产商都搞不清楚哪个是哪个。乔布斯在这一大堆产品和项目上一个个画叉，直至剩下个位数的产品，这才救活了苹果。

如果不知道如何简单，倒不妨先"复杂"一番，即把所有的流程和环节都过一遍。穿过复杂，才能走向简单。先复杂、精细，然后简单。就像读书一样，要先把书读厚，再把书读薄。简单是在复杂之上，跳出复杂才能简单。

企业的目的其实应该是简单的。根据彼得·德鲁克在《管理的使命》中所指出的，要想了解何谓企业，必须先从了解企业的目的开始。企业只有一个正当的目的：创造顾客。顾客是企业活动创造出来的。企业想生产什么并不是最重要的，尤其不是决定企业成功的最重要因素，重要的是顾客想要什么、需要什么。顾客想购买什么及对价值的认定，才是真正决定企业生产什么及企业能否繁荣的因素。顾客购买及认定的价值并不是产品本身，而是效用，也就是产品或服务为他带来了什么。顾客是企业的基础，是企业生存的要素，创造就业机会的并不是企业，而是顾客。为了满足顾客的需求，社会把创造财富的资源托付给企业加以利用。想清了企业的目的，看懂了经营的实质，你的工作就会变得简单。

推而广之，做人做事何不需要简单？每个人、每个阶段最重要的事情只有一件，你需要聚焦于对长远发展有价值的事情。集中精力把它做好，做到极致。为此，你应该简化自己在生活和工作中的做事流程，在保证结果的前提下减少步骤，减少动作，做到绝对高效。不要小看每天节省的一个个小动作和一分一秒的时间，累加起来，它们可以让你腾出更多时间去做更多有意义的事情。面对复杂的人际关系，有时候我们难以自拔——有一点，可以让你做到，那就是，把人看简单一点，也让自己简单一点。坐在真诚的椅子上，你总会问心无愧。

想要利用好奥卡姆剃刀原理，在生活中应该常问自己三个问题：

这件事能不能取消？

如果不能取消，能不能把它与别的事情合并起来？

如果不能合并，能不能用更简单的方法替代它？

当然，管理也不宜过分追求"美感"，否则会偏离简单，走向"唯美"。"管理越来越好"的潜台词其实是，我们都已受到了来自"过度管理"的伤害。

004 / 彼得原理

● 概念解读

彼得原理是美国学者劳伦斯·彼得（Laurence Peter）在对组织中人员晋升的相关现象研究后得出的一个结论：在各种组织中，由于习惯于对在某个等级上称职的人员晋升提拔，因而雇员总是趋向于被晋升到其不称职的地位。彼得原理有时也被称为"向上爬"理论。彼得原理所反映的现象在现实生活中无处不在：一名称职的教授被提升为大学校长后无法胜任；一名优秀的运动员被提升为主管体育的官员导致无所作为。对一个组织而言，一旦相当部分人员被推到其不称职的级别，就会造成组织人浮于事，效率低下，导致平庸者出人头地，组织发展受阻。将一名职工晋升到一个无法很好发挥其才能的岗位，不仅不是对其本人的奖励，反而使其无法很好发挥才能，也给组织带来损失。

领导准备提拔小王当副经理

小王当上副经理后却对该职位的工作一头雾水

● 理论应用

爱爸妈网络公司是一家专门开发老年人助听系统解决方案的高新技术公司。小王在公司做程序员，行政职务为主管。由于他平时工作非常努力，人际关系也不错，同事们和公司领导都很欣赏他。小王也很喜欢这份工作，因为他能够从中得到很多乐趣。前不久小王被提升为项目副经理，他下定决心要以更好的业绩来回报上司的知遇之恩。他比往日更加勤奋地投入工作中，生怕做不好上司会怪罪。

但上任不久，小王逐渐认识到副经理并不那么好做。大致体现在三个方面：第一，自己在从事程序开发工作之余，还要为管理好项目小组投入大量的精力，事无巨细，都要处理，经常忙得焦头烂额。第二，工作进程很慢，无奈之下，他经常要求同事们加班到深夜，难免会导致同事的不满。第三，资历较深的老技术员不服从他的管理，毕竟自己年轻，而小王也不想得罪前辈。

结果，公司上下，包括小王自己都很不满意。平时表现出色的小王，由一个开心的程序员变成一个人人指责、自己也找不到自己位置的人了。

• 管理启示

每个组织都有其特定的分工，每个职员也有其最适合的岗位。员工由于出色的表现或者其他方面的原因会获得晋升的机会。然而，并不是每个人都适合晋升，他们也许更适合现有的职务，盲目的晋升不仅不利于个人的发展，也会给组织带来损失。

把一个能力欠缺的人调到其无法胜任的岗位上，他只能原地踏步，甚至把工作搞得一团糟。他的表现不仅让自己烦恼，也给组织带来了不必要的麻烦和损失。

因此，对个人而言，虽然每个人都期待着不停升职，但不要将"往上爬"作为自己的唯一动力。做好自己的职业生涯规划，正确地认识自己和评估自己，与其在一个无法完全胜任的岗位上勉强支撑、无所适从，还不如找一个自己能游刃有余的岗位好好发挥自己的特长。对企业而言，在企业内部人员晋升方面，要注重能力，重视潜力，关注个性特征，同时，要加强对员工的"赋能"管理，不断增强其胜任力，减少彼得效应所带来的影响和损失。组织可以基于组织结构和功能，开发适合自身发展需要的胜任力模型（Competence Model），以正确引导员工按照组织职业生涯规划要求，较为稳妥地走好自己的职业发展之路。

005 初心原理

• **概念解读**

初心原理,得名于"不忘初心"。"不忘初心"一词,已知最早出自唐代白居易《画弥勒上生帧记》:"所以表不忘初心,而必果本愿也。"意思是说时时不忘记最初的发心,最终一定能实现其本来的愿望。2017年12月,"不忘初心"位列《咬文嚼字》评出的2017年度十大流行语,2019年12月,入选国家语言资源监测与研究中心发布的"2019年度十大网络用语"。

初心原理指做任何事情,无论做到什么程度,都要记得来时的路,都要记得出发时的目的和目标。得意的时候,要想到"初心"的路上可能还有哪些艰难和危机;失落的时候,要有理想和信念的明灯。

● **理论应用**

　　有一段时间，有人说中国的房地产就是印钞机，只要站上了房地产这个"风口"，谁都可以挣钱。由此吸引了大批本来不做房地产的企业家，结果做空调的公司主营收入来自房地产，做服装的公司主营收入也来自房地产。而有一个人，房地产再怎么挣钱，他就是不碰，而是一心一意、专心致志地做他一直以来在做的玻璃企业，这个人便是"玻璃大王"曹德旺。人人都知道炒房挣钱的时候，企业家的眼光自然更加敏锐，他为什么不去搞房地产呢？刚开始这个玻璃厂的生意并不是很好，1983年曹德旺将这家一直亏损的玻璃厂承包之后，就开始迅速转型，将生产方向转向了汽车玻璃，一举改变了中国汽车玻璃市场一直以来全面依赖进口的局面，并且在1987年创立了福耀玻璃有限公司。

　　曹德旺一直深耕看似利润不大的玻璃行业，为什么对房地产和互联网这两个不断创造财富的领域不动心？在2019年9月初的一次央视节目上，主持人提出了这个疑问。曹德旺说："其实有很多人都让我去做房地产，但是我不想去做，因为我觉得那不是我应该去做的事。还有投资互联网这些，我做企业不是为了钱，我不能把自己的名声搞坏了，这种事我坚决不会去做！这样我可能会显得很土，跟不上时代，但是我不在乎，土就土点呗，无所谓的。"一直坚守实业并专注玻璃行业的曹德旺，把这家企业做到了净利润20亿元，到底凭借的是什么呢？不去抓"风口"都能收获这样的成绩，其实凭借的就是朴实的精神和专注的态度，只要坚守本心地做下去，终究会有更大的回报。

● **管理启示**

　　每一个组织、每一个人都有一颗初心的种子，都应当牢记初心、保持初心，为实现自己的小目标努力奋斗，为实现中国梦添砖加瓦。我们的生活看似平坦，其实下一程可能就是弯路和坎坷，唯有初心，才让我们更加坚定！迷茫的时候，不妨停下来，先把初心找回。

　　我们为时代楷模96岁老党员张富清的事迹所感动，在解放战争中他立特等功一次，立一等功三次，立二等功一次，两次获"战斗英雄"称号。1955年转业到湖北最艰苦的山区工作。65年以来，他从没有跟任何人说过他的功劳，连家人也不知道，更没有向组织提出任何要求，直到2018年在退役军人信息采集时才被发现。在接受记者采访时他说："党指到哪里，我就做到哪里；党叫我干啥，我就干啥。"几十年如一日，守着一颗滚烫的初心！

被誉为"敦煌女儿"的樊锦诗1963年7月从北京大学历史系毕业，她舍弃了北京与上海的工作机会，毅然选择了千里之外的西部小镇，一来敦煌就再也没有离开。她撰写的《敦煌石窟研究百年回顾与展望》，是对二十世纪敦煌石窟研究的总结和思考。从一次她主讲的《开讲啦》节目里，看到她对敦煌石窟壁画如数家珍，并能随口说出它们的年代、来历及特点，反映出她对石窟壁画艺术的挚爱之情和对文化传承与保护事业的执着追求。40多年坚守初心，谱写了一名文物工作者的平凡与伟大。

时代呼唤英雄和楷模！时代英雄和楷模，彰显了他们符合时代需要的初心和信念。

初心和信念，对于今天的市场主体来说可能更加重要。越是在困难的时候，企业和个体工商户越要坚守初心、昂扬斗志。野中郁次郎等在《信念：冲破低迷状态，实现业绩跃迁》一书中强调，"在环境复杂多变的前提下，企业的延伸、价值观的传承、组织文化的进化都需要组织员工怀揣信念工作。"他们进一步提出"信念管理"（Management by Belief, MBB），劝勉人们"应该怀揣信念对待工作，怀揣信念描绘自己的故事，完成工作。"更多思考，"我到底想做什么""我的梦想是什么""我要怎样与世界相处"……

006 / 打印机原理

- **概念解读**

打印机原理指，商家为了赚取较高利润，低价销售打印机，而依靠其配套产品如墨粉等易耗品来获取利润的一种营销策略。配套产品，在经济学里面指关联产品或互补产品。商家经常将互补产品中的基本产品定低价，配套产品定高价。可能商家销售打印机并不赚钱，一台打印机一般得用个三五年，但耗材很快就会用完。有的型号的打印机还没有一盒墨粉贵。人们购买了主产品，就必须购买与之配套的次产品，即使价格高，也必须要买。这样平衡下来，商家总是要赚钱的。

这种配套产品的定价要根据其使用价值的大小、使用寿命的长短、购买频率的高低等来决定。像这样的例子还有很多，如电梯和电梯维护业务、软件与软件升级维护、剃须刀与刀片、羽毛球和球拍、汽车和汽油等。

> 有没有搞错！打印机200块，墨粉要300？

- **理论应用**

仔细地研究微软、亚马逊、佳能等知名公司的发展历程，不难发现，在它们的成长过程中，起巨大作用的不仅仅是迈克尔·波特所提出的五种竞争作用力，还包括另外一种竞争作用力，即互补产品的可资利用的支持能力。为了确立DOS、Windows在计算机操作系统中的霸主地位，比尔·盖茨鼓励别的厂商开发DOS、Windows上的应用程序。这一决策让最终用户和信息系统的治理者选择Windows，因为他们要使用相关3万余种应用软件，而许多这样的软件没有Macintosh、OS／2或者UNIX的版本。用户选择的天平倒向了微软，促使DOS、Windows相对于其他操作系统更具竞争力。

• **管理启示**

　　打印机原理要求将主产品和次产品分别定价，这远远不止是一种简单的定价策略，而更是一种营销模式的创新和运营策略的创新。主产品和次产品既可以是同一商家提供的，也可以是不同的商家提供的。在产业分工越来越精细的大背景下，它们更多会是不同的商家生产的。因而，在产业发展的不同阶段，应根据现有竞争者、供给商、顾客、替代者、互补者等，即迈克尔·波特的"五力竞争模型"，选择适宜的互补品战略。当企业与其互补者聚在一起共同创造价值的时候，他们之间的关系是合作关系；当他们开始分配新增价值的时候，则是竞争关系。产业处于成长期时，新增价值迅速增大，企业与互补者关注的焦点是如何"做大蛋糕"，这时合作的一面表现得较为明显；当产业处于成熟期，增长速度减缓时，互补的双方看重的是如何获得"既有蛋糕"中更大的份额，则相互竞争的一面暴露无遗。

　　无论商家怎么搭配，消费者一般不会深究，当然，有时候可能是没有辨识出来。例如，仅仅作为交通工具的汽车与车内的定位导航系统构成互补产品关系，但消费者往往将它们作为一个整体来看待；航空公司提供免费食品及行李服务时，实质上采用的也是一种捆绑式营销手段。有时候，不明白也好，否则拆来装去的，还真挺麻烦的。

　　对商家来讲，要感谢创新带来的红利。

007 倒金字塔原理

• 概念解读

传统的管理层级结构是：企业的决策者、总经理居最上层，其次为居于中间层的管理者（部门经理、主管和班组长等），而最下层就是一线人员，First Line Staff，或者称为政策的执行者、一线工作人员。曾任北欧航空公司总裁的卡尔松提出Pyramid Upside Down（倒金字塔）构架：最上层为一线工作人员（卡尔松将其称之为现场决策者）；中间层为中层管理者；最下层则为总经理、总裁。按卡尔松的解释，"倒金字塔"管理法的总的含义是"给予最基层的人以承担责任的自由，可以释放出隐藏在他们体内的能量"。

• 理论应用

二十世纪七十年代末，石油危机造成世界范围内的航空业不景气，瑞典的北欧航空公司也不例外，每年亏损2000万美元，公司濒于倒闭。在这个时刻，一位朝气蓬勃、极具领导才能的年轻人杨·卡尔松受命于危难之中。此时，公司一片萧条，人心惶惶，员工们不知道公司会走向何处。卡尔松利用三个月时间仔细研究了公司的状况后向所有员工宣布，他要实行一个全新的管理方法，即把权利和责任下放到一线员工，让一线员工去决策。北欧航空公司采用此方法三个月之后，公司的风气就开始转变。这个管理方法开始让员工感觉到：我是现场决策者，我可以对我分内负责的事情做出决定，有些决定可以不必报告上司。把权力、责任同时下放到员工身上，卡尔松作为政策的监督者只对企业整体运行进行观察、监督、协调推进。一年后，北欧航空公司赢利5400万美元。这一奇迹被广为传颂。

无独有偶，华为以客户为中心来调整组织机构和决策机制，"让听得见炮声的人来决策"，找到了一把提高作战部队效率和后方平台高效服务前方的钥匙。我们来看看任正非在销服体系奋斗颁奖大会上的讲话，"我们后方配备的先进设备、优质资源，应该在前线一发现目标和机会时就能及时发挥作用，提供有效的支持，而不是拥有资源的人来指挥战争、拥兵自重。谁来呼唤炮火，应该让听得见炮声的人来决策。而现在我们恰好是反过来的。机关不了解前线，但拥有太多的权力与资源，为了控制运营的风险，自然而然地设置了许多流程控制点，而且不愿意授权。过多的流程控制点，会降低运行效率，增加运作成本，滋生了官僚主义及教条主义。当然，因内控需要而设置合理的流程控制点是必需的。去年公司提出将指挥所（执行及部分决策）放到听得到炮响的地方去，已经有了变化，计划预算开始以地区部、产品线为基础，已经迈出可喜的一步，但还不够。北非地区部给我们提供了一条思路，就是把决策权根据授权规则授给一线团队，后方起保障作用。这样我们的流程优化的方法就和过去不同了，流程梳理和优化要倒过来做，就是以需求确定目的，以目的驱使保证，一切为前线着想，就会共同努力地控制有效流程点的设置，从而精简不必要的流程，精简不必要的人员，提高运行效率，为生存下去打好基础。"

• 管理启示

在一般的传统公司，管理层级结构是个"正金字塔"，上面是决定政策的人，下面是执行政策的人，概念很清楚。这种传统的管理方法虽然有利于统筹管理，不容易出偏差，但审批流程太长，很容易丧失很多市场机会。卡尔松为什么决定把"正金字塔"颠倒过来呢？卡尔松的另一个解释是，要把公司做好，关键在于员工。那么，怎么理解卡尔松的"关键在于员工？"我想一个重点是，让员工去决策，他就能感受到一份责任；有了责任和担当，他就自然会勤勉做事，严于律己，做出榜样。这是所谓的责任激励或者担当激励。海底捞让员工确定他服务的这桌客人究竟可以享受几折的优惠，因为只有这名员工了解顾客当前当次的消费账单和顾客用餐时的情况。不信来看看顾客们的反馈：第一次和朋友去吃海底捞，吃着吃着，朋友接到一个电话哭了……上菜的小哥被吓到了，结账时说给我们打88折。服务员上菜的时候多拿了三四个半份，我们要退，服务员直接说请我们吃，不用退。之前和老师一块去吃，有一个很熟的服务小哥升经理了，给了我们一人一张88折的券，不过只能用一次（培养自己熟悉的服务员很重要）……海底捞在给员工赋能的同时，也赋予了员工一定的权利，"倒金字塔"原理被海底捞运用得炉火纯青！

　　管理学认为一个公司能不能好，管理者是最重要的。卡尔松在"倒金字塔"管理法中给自己命名为政策的监督者，他认为公司的总目标一旦制订下来，总经理的任务是监督、执行政策，达成公司目标。如此说来，无论是倒三角形结构还是扁平式的结构，哪种结构决策高效，哪种结构能带来更多的业务和人气，就采用哪个吧！而传统三角形结构，只怕是越来越过时了。

008 邓巴原理

● 概念解读

邓巴原理（Rule Of 150）基于邓巴圈而来，由英国牛津大学的人类学家罗宾·邓巴（Robin Dunbar）在二十世纪九十年代提出。该原理认为人应该慎重交友，成功的交友是人的一生中最重要的投资，因为人的有效交往圈子有限，一般不超过150人。邓巴圈（Dunbar Circle），或曰邓巴数，指由于一个人的局限性，很难同时交往超过150个人，即150个人是人一生中在亲友方面能够投资的总额，而亲戚可能又占掉了其中的一半，剩下能够交往的朋友或者合作伙伴就很有限了。如果赢得了一个人的好感，就意味着赢得了150个人的好感；反之，如果得罪了一个人，也就意味着得罪了150个人。

成功的人其实在很大程度上是因为找到了志同道合的、对他帮助很大的人。而失败的人，可能是因为与一些脾气性格不好的人交往，也可能是因为一辈子也没有交到一个真心的朋友。

一个人的有效交往圈子一般不超过150人

• 理论应用

　　孟母三迁的故事，我们耳熟能详。孟子小时候很贪玩，模仿性很强。他家原来住在坟地附近，他常常玩筑坟墓或学别人哭拜的游戏。孟母认为这样不好，就把家搬到集市附近，孟子又模仿别人玩做生意和杀猪的游戏。孟母认为这个环境也不好，就把家搬到学堂旁边，孟子就跟着学生们学习礼节和知识。孟母认为这才是孩子应该学习的，心里很高兴，就不再搬家了。

　　春秋战国时期，著名的军事家孙膑与庞涓同窗学艺，结为至交。两人学成先后下山，老师暗示孙膑，庞涓心胸狭窄，不可深交，孙膑却不以为意。庞涓知道孙膑才智超过自己，心存妒忌，唯恐孙膑会严重威胁自己的地位，就起了谋害之心，暗中诬陷孙膑私通外国，害得孙膑被刖足黥面。善良的孙膑被蒙在鼓里，在双膝膝盖被割去的情况下，还全心全意地为庞涓默写《孙子兵法》。直到庞涓的一位家丁仗义执言，孙膑才获知真相，如梦初醒。后来，孙膑诈疯逃出魔爪，最终报仇雪恨。

　　我们从这两个故事可以看出邓巴原理所揭示的人脉对人的影响有多大。

　　华泰证券2016年12月的研报显示，盒马鲜生上海金桥店2016年全年营业额约2.5亿元，坪效约5.6万元，远高于同业平均水平（1.5万元）。2017年7月，盒马鲜生创始人、原京东物流的负责人侯毅在接受采访时表示，盒马鲜生实现用户月购买次数达到4.5次，坪效（每平方米的营业面积可以产出的营业额）是传统超市的3～5倍。据侯毅透露，线上订单占比超过50%，营业半年以上的成熟店铺更是可以达到70%，而且线上商品转化率高达35%，远高于传统电商。成熟门店如上海金桥店的线上订单与线下订单比例约为7∶3。

　　2019年6月，盒马鲜生入选"2019福布斯中国最具创新力企业榜"，又入选2019"互联网+社区服务提供商品牌指数TOP50"排行榜（排名第四）。作为阿里新零售模式探索的先锋部队，盒马鲜生已经成为一种现象级业态：为支付宝渗透线下零售业提供助力，并从"生鲜超市+餐饮"新业态进行探索，提升与腾讯、京东等电商平台的竞争力；借助线下吸引顾客、线上下单配送的流量模式创新，在"好"与"快"两个要点上赢得口碑，成为异军突起的新零售典型。盒马鲜生的模式回答了如何打通线上线下两个平台，如何打通线上线下会员体系，如何衔接线上线下不同品类，如何共享流量，如何共享仓储物流等关键性问题，也成就了电子商务进入线下实体店的标杆。

那么，这其中的关键原因是什么？是技术，更是精准客户定位和"网络"客户的能力。盒马运用大数据、移动互联、智能物联网、自动化等技术及先进设备，实现人、货、场三者之间的最优化匹配。基于算法驱动的30分钟配送速度、全数字化的供应链、销售、物流履约链路，通过智能设备去识别和操作上架、拣货、打包、配送等任务，以及通过基地直采直供来实现价格上的优势等，构成了盒马的核心竞争力，由此形成其超强的"网"客能力。

这里体现的是口碑，背后折射的却是邓巴原理。

• 管理启示

既然我们交往和影响的人脉资源有限，那么就要好好珍惜身边的人、身边的事、身边的居所。孟母三迁的故事说明，在"珍惜"之前，一定要好好地"选择"。孟母三迁的故事很好地体现了邓巴原理，择邻而三迁，妙在选择，终于让孟子接触到了一个可以"跟着学生们学习礼节和知识"的环境，终于成为千古圣人。孙膑怀奇才，其诚挚、坦荡为后世所敬仰，然因误交恶友庞涓，给自己造成巨大的身心创伤，亦实为人所扼腕。

邓巴原理也印证了莎士比亚关于交友选择的智慧。莎士比亚认为，成功的人其实在很大程度上是靠找到了志同道合的、对他帮助最大的人，而运气不好的人，可能是因为交了一群狐朋狗友。用真诚的态度和具体的行动，证明自己"暖"人的力量。平和、友善是待人处事的基准。对人要和气，但要有分寸、不宜狎昵，很多时候保持距离是朋友之间最好的交往方式。

确实，人一辈子做事情，不可能没有人帮忙，而合作伙伴的选择，至关重要。一个表面上对所有朋友一视同仁的人，实际上是很难有至交的。

许多人认为幸福在竞争中获胜，胜者可以得到好的工作、美满的家庭和大把的金钱，败者就该沦入不幸。事实上，平衡的人事关系才能带给人们幸福的生活。这也有助于我们考虑该如何对待他人。当然，一个很大的技巧就是要避免损友。通常的做法是不给这位损友先生第二次伤害自己的机会。我想这总比《跃迁》中TFT（Tit for Tat，以牙还牙）要强，至少要省事得多。因而，对任何人，一般先假设他是正直、善良和诚信的，但上了一次当之后绝不给他第二次机会。这种笨方法能避免在朋友关系的投资上出现填不满的无底洞。

还有，在与这150个能保持联络的人相处的时候，可尽量让对方感觉到你的价值，你有了价值对方就可能对你有需求。如果我们能够为别人提供价值，而不是一味地"推销"我们的产品，"粉饰"我们的人格，我们自然就会受到欢迎，朋友之路就会越走越宽。当然，这里的"价值"远不止经济方面的价值，主要是指，通过人与人的交往，让彼此在思想认识、社会观念、行为方式以及处事态度方面互参互鉴、共同提高，此种价值有时候比获得某些物质利益的满足，更能让人舒坦、畅快！

社交网络给了我们联系，却未必给我们交流；拉近了我们的距离，却未必增加我们的亲密；激发了我们社交的天性，却可能磨平了我们沟通的能力。社交的幸福感来自社交的质量而不是数量，来自于沟通的深度而不是频率。因此，如何用真诚和真心，去对待你的邓巴圈里的150人，是值得我们重视的。

009 第一性原理

● 概念解读

第一性原理最早由2300年前的古希腊哲学家亚里士多德提出，他对"第一性原理"是这样表述的："在每一系统的探索中，存在第一原理，是一个最基本的命题或假设，不能被省略或删除，也不能被违反。"

第一性原理揭示的是一种独立而又深度的思考方式，即需要从最基础的条件和规则出发，并具有清醒、独立思考的能力，不靠横向比较和经验结论进行的计算，始终不忘最本质的东西，亦即保持好自己的初心。

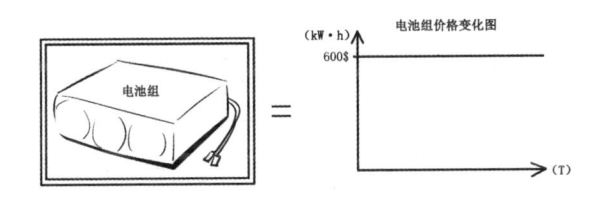

经验性思维：电池组都是天价，除非外部环境改变

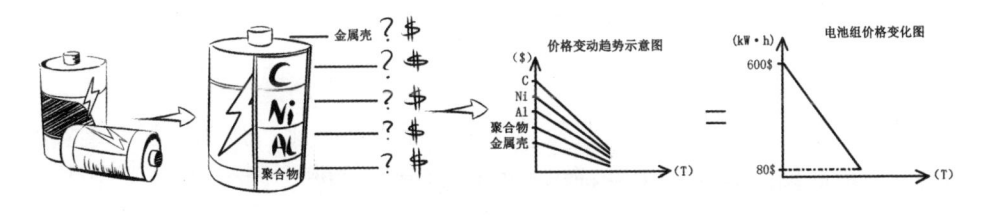

第一性原理思维：不管外部环境如何变化，着眼于内部结构的改造

● 理论应用

如果我们看电影的本质是为了享受有品质的电影内容，那么，当我们走进电影院发现是一部烂片，不要在乎已经买票了的沉没成本，果断离场才是一种不违背第一性原理的正确选择。

再比如，是要在北上广奋斗还是回到老家享受安逸，只要问问你自己内心第一在乎、第一重要的是什么就好了。如果你最在乎的是希望通过个人的努力寻找发展的机遇，其他的如压力、辛苦排在后面的话，按照第一性原理，留在一线城市是你的最好选择。如果你最在乎的是稳定而压力不大的工作、生活成本较低的生活，那么回家乡城市发展就是你的第一性原理选择了。

在Tesla早期研制电动汽车的时候，遇到了电池高成本的难题，当时储能电池的价格是每千瓦时600美元，85千瓦电池的价格将超过5万美元。可见这些电池组确实非常昂贵，而最为关键的是，许多人都认为它们会这么一直贵下去。为什么呢？因为它们过去就是这么贵，未来也不可能变得更便宜。埃隆·马斯克和工程师就不信邪，他们仔细分析了电池的组成，发现其主要成分就是碳、镍、铝和一些聚合物。经过多次试验，最终将成本大幅降了下来。那么，埃隆·马斯克又是如何做到了大幅降低成本的呢？我们从第一性原理可以找到答案。第一性原理就是要我们从最基础的条件出发，显然，电池组是最基础的条件。盯住电池组这一最基础的条件之后，他们去了伦敦金属交易所，尝试从那儿购买这些原材料，然后组合成电池。那么，这个价格是多少呢？只要每千瓦时80美元，简直太不可思议了。发现如此巨大的价格差距之后，特斯拉在2013年开始建立电池厂，大规模投产之后电池的价格下降了30%，每年可以支持150万辆电动车对电池的需求。这是第一性原理的典型应用。

• **管理启示**

第一性原理的思维方式强调独立思考，而不是类比；强调在基本事实的基础上探究问题的本源，不被过去的经验知识所干扰。因而，我们需要质疑（Question），需要实验，用实践去验证，而不被表面现象蒙蔽双眼。哪怕是哲学家的深邃思想理念，仍然需要验证。十七世纪，研究科学的人都信奉亚里士多德，把这位古希腊哲学家的话当作真理。亚里士多德曾说过："两个铁球从高处落下来，重的一定先着地。"25岁的伽利略就敢于质疑，在比萨斜塔上做了一个著名的实验，结论是两个铁球同时落地。

第一性原理让我们明白了"独立思考"的重要性，抛弃一切经验和比较，让自己安静地、深度地思考，这种能力对我们的一生都很重要。埃隆·马斯克小的时候凡事都喜欢问"为什么"，有时会让父母生气。如果别人说某件事不可能做成，埃隆·马斯克就要挑战尝试一下，看看为什么这件事不可能做成。世界是发展变化的，以前人们做不成的事，条件变化后就有可能做成。

在当今竞争激烈的商业社会，不管是创业者还是上班族、学生族，普遍缺乏深度思考、追本溯源的细心和耐心，都喜欢追现成的"风口"，都喜欢和身边的人比较，和已出现的事物比较，很容易跟在别人屁股后面走，大家正在做的我们也跟着做，好像只有这样才觉得自己不会出错。很多家长，看到别人家的小孩两三岁就学英语、学跳舞、学画画、学钢琴，赶紧也让自家小孩去学这个学那个，生怕不跟着别人走，自家小孩就输在了起跑线上，根本没有了解和思考自家小孩的兴趣、潜力和特长。

"Think Different"是乔布斯最喜欢的广告词，一般译为"不同凡响"，有朋友说译为"不同凡想"更贴切。Think Different中的Different从英语语法上说是错误的，正确的用词应该是副词Differently。乔布斯团队巧妙地借助了这个语法错误，强调自己的标新立异，既然按英语语法要说Think Differently，苹果则偏要说Think Different。创新的本质就是要与众不同，如果干什么都和别人一样，就不是创新了。

在投资和创业领域，一些人喜欢把国外已经成功的产品或商业模式移植到中国，被称为C2C（Copy to China），这是典型的类比思维模式。要知道，不从适应条件和规则出发，不开展深入的调查研究和深入的思考判别，照搬别人的经验和模式，那是违背第一性原理，注定要失败的。

010 动机管理原理

● **概念解读**

在心理学将人的动机分两种：内部动机和外部动机。如果按照内部动机去行动，我们就是自己的主人。如果驱使我们的是外部动机，我们就会被外部因素所左右，成为它的奴隶。动机管理原理，就是要明确自己做事的动因，是自己选择来做，还是为外部环境所迫不得不做，并在此基础上组织相关资源把事情做成功。

● **理论应用**

心理学上有个经典的故事。一群孩子在一位老人家门前嬉闹，叫声连天。几天过去，老人难以忍受。于是，他出来给了每个孩子25美分，并对他们说："你们让这儿变得很热闹，我觉得自己年轻了不少，这点钱表示谢意。"孩子们很高兴，第二天仍来，一如既往地嬉闹。老人再出来，给了每个孩子15美分。他解释说，自己没有收入，只能少给一些。15美分也还可以吧，孩子们兴高采烈地走了。第三天，老人只给了每个孩子5美分。孩子们勃然大怒，"一天才5美分，知不知道我们多辛苦！"他们向老人发誓，他们再也不会为他嬉闹了！

在这个故事中，孩子嬉闹本来是内部动机推动，他们享受着当自己主人的乐趣；结果老人通过奖励将推动力变成了外部动机，于是孩子们就变成了外部动机的"奴隶"，奖励毁掉了内部动机。也就是说，当一个人进行一项愉快的活动时，给他提供奖励反而会减少这项活动对他的内在吸引力。

心理学研究表明，人们本来会在内部动机的激励下进行某项活动，但是当他们有了为此而得到外部强化的经验之后就可能发生变化，变得没有外部奖赏就不再进行这一项活动了。以教育为例，教育最重要的是激发学生对学习活动本身的动机，也就是说将内外部动机进行相互转化从而对相关的行为产生影响。有句俗语很好地解释了这个现象："你可以把马牵到河边去，但你不能使它一定喝水。"

薪酬是企业管理的一个有效硬件，直接影响员工的工作情绪，如果运用不好，可能还会适得其反，造成负面影响。一直以来，IBM提供的是一种保障性的薪酬，崇尚的是平等和共享的文化，而并不重视以绩效为导向的薪酬激励。要打破这么一个一劳永逸的团队氛围，没有什么能够比为大多数的IBM人提供一个激励性工资待遇的机会更为重要了。新上任的董事长兼CEO郭士纳认为，他需要让所有IBM员工明白，只有当IBM公司作为一个整体实现盈利时，员工才会从中获益。他在公司迅速推行薪酬管理改革，大力推进股票期权计划，鼓励员工一起把蛋糕做大。1992年，IBM首次向1294名员工授予股票期权。9年后，有72494名员工被授予公司股票期权。股票期权不是延迟发放的薪水，而是通过股票期权的发放，让所有人都心往一处想，把关注点都放在同一个目标上，都放在一个共同的绩效计分板上。这是郭士纳对员工的外在激励。同时，他还试图通过信念管理来实现其对员工的内在激励。他希望IBM人都能够像股东那样思维和行动——能够感受到来自市场的压力，与公司同频共振，为公司创造竞争优势。

1996年初IBM推出个人业绩评估计划（PBC，Personal Business Commitments，个人业绩承诺）。PBC从Win（制胜）、Executive（执行）、Team（团队精神）等三个方面来考察员工工作的情况。"制胜"，这里表达的是成员要抓住任何可以成功的机会，以坚强的意志来励志，并且竭力完成。"执行"，这里强调三个词，即行动、行动、行动，不要光是坐而言，必须起而行之。"团队"，即各不同单位间不许有冲突，绝不能让顾客产生疑惑。看得出，IBM独特而有效的激励制度，是从外部动机的激励出发，进而"走心"，引发了员工的内部动机，从而实现内外部动机的有机融合，相互促进。无论是工作"意志",还是"行动"本身,或者在顾客面前的克制以保持"不冲突","让员工知道公司正在做什么,以及为什么要做",哪一样不是发自内心的要求和自觉自醒?IBM薪酬政策的精神是通过有竞争力的策略,吸引和激励业绩表现优秀的员工继续在岗位上保持高水平,并督促平庸者奋力向前。正如《谁说大象不能跳舞》一书中指出,最深层的文化变革目标,是劝诱他们再次相信自己,相信他们有能力决定自己的命运。这种由外在激励转变为内在激励,将外在报酬和内在报酬相互挂钩的做法,助推了IBM高绩效文化(High Performance Culture)的形成,也助力IMB行稳致远。

• 管理启示

王颜芳教授在其所著《管理动机:结构、效应及其机制》中,运用实证研究的方法,揭示了我国科层制企业中管理动机的结构,并探讨了管理动机对管理者组织行为和创新行为的影响及其机制。

理论上,研究结果对理解管理职业生涯成功发展的机理有促进作用;实践上,研究结果也有助于人们进行管理职业生涯的决策、规划和实施。管理动机是推动个体在科层组织中追求管理职位,从事管理工作并谋取管理职业成功的内在力量,它对管理绩效有着直接的影响。

管理者可以通过外部奖励的变化,对动机产生影响,将内部动机转化为外部动机,从而使得员工的行为得到更好的激励。管理者应注意提高下属的动机,善于发现下属的潜在能力,为他们创造显示自我才能的机会与发展空间,同时提高团队的管理效益。

但是,当员工内生的行为对公司具有正向的外部效应时,公司采取的行为应该是合理的引导和激励,而不能采取单一的薪金激励方式,以至于降低员工的内在动机,产生不利的影响。因此,管理者应努力提高自身业务水平及心理素质,使人员建立自我激励的动机感得以起到正性影响,通过外部动机的激励与内部动机的提高和转化之间的相互配合,从而起到良好的激励作用,对公司的效益产生积极的影响。

动机原理是解释影响员工行为因素的重要法宝,它的妙用无穷,不仅仅体现在通过薪酬变化去影响员工的行为,更在于它从心理学的角度深刻地解释了发生行为的具体因素是什么。这对管理者来说,显然具有更深层次的意义。

011　二八原理

• 概念解读

　　二八原理由意大利经济学家帕累托在十九世纪末提出，又称帕累托法则（Pareto's Principle）、朱伦法则（Juran's Principle）、关键少数法则（Vital FeRule）、不重要多数法则（Trivial Many Rule）、20/80效率法则等，被广泛应用于社会学及企业管理学中。该原理认为在任何特定的群体中，重要的因子通常只占少数，不重要的因子则常占多数。因此，只要控制重要的少数，即能控制全局。反映在数量比例上，大体就是2∶8。在投入和产出、努力与收获、原因和结果之间，普遍存在着不平衡关系，一个事物20%的特性决定了其80%的重要性，应该把80%的时间花在20%的事情上。

- **理论应用**

　　美国企业家威廉·穆尔在为格利登公司销售油漆时，头一个月仅挣了160美元。此后，他仔细研究了二八原理，分析了自己的销售图表，发现他80%的收益却来自20%的客户，但是他对所有的客户花费了同样多的时间——这就是他过去失败的主要原因。于是，他要求把他最不活跃的36个客户重新分派给其他销售人员，而自己则把精力集中到最有希望的客户上。不久，他一个月就赚到了1000美元。穆尔连续九年从不放弃这一至宝法则，最终成为凯利—穆尔油漆公司的董事长。

　　国内外许多知名大公司都非常注重二八原理。通用电气公司只奖励那些完成了高难度工作指标的员工。摩托罗拉公司认为，在100名员工中，前25名是好的，后25名差一些，应该做好两头人员的工作。对于后25人，要给他们提供发展的机会；对于前25人，要设法保持他们的激情。诺基亚公司也信奉二八原理，为最优秀的20%的员工设计出一条梯形的奖励曲线。海尔集团对"海尔家庭"的管理内容比一般的用户丰富得多。企业的客户是流动的，即使是同一客户，其对产品和服务的需求也是持续变化的。因此，企业要对重点客户实施动态管理，及时调整CRM策略，僵化或者一成不变的管理方式肯定难以收到好的效果。

- **管理启示**

　　对每个企业来讲，首要要对所有的客户进行分类，对主要的客户实行重点管理，在他们身上投入更多的人力、物力和财力，以便通过销售产品或提供劳务，创造更多的价值。当然，对未能纳入重点管理类别的客户，也不能轻易放弃，只是管理的频率与幅度不同罢了。

　　二八原理是经济学上的一项重要法则，目的在于让有限的时间产生更多的成果，对提高效率影响深远。在现代生活中，二八原理让我们能更好地发现问题，激发潜力，改善绩效。

　　我们也会注意到，这个原理挑战了传统的理念。例如，我们常说的"一分付出一分回报"，用数学的术语讲，就是付出和回报是呈线性相关的。很多人受此影响（可能是潜意识的影响），都习惯于平均分配时间、精力来处理问题，结果就导致了"投入很多，回报很少"的迷惑或困境。因此，要打破思维定式，以"不平等"的观点来看周围的问题。然后，我们还得学会如何区分重要的与次要的。面对企业的经营现状，可以经常反思：哪些是企业"正确的事"？我们是在"正确地做事"还是在"做正确的事"？这一点尤其重要，难怪乔布斯会问自己："如果今天是我生命的最后一天，我还会做我今天打算做的事情吗？假如连续好几天都是否定的回答，那我就必须有所改变了。"意思就是说，始终要让自己在"正确"的航道上，而不只是把事情做对。

当我们十分繁忙、精力不足时，当我们思想混乱、无从入手时，当我们十分努力却不见效果时，二八原理能帮助我们站在全局的层面上对事物做出明确的判断，从而找到正确的方向。这启示我们在工作中要善于抓主要矛盾，善于从纷繁复杂的工作中理出头绪，把资源用在最重要、最紧迫的事情上。二八原理对管理者的一个重要启示：避免将时间花在琐碎的多数问题上，因为就算你花了80%的时间，你也只能取得20%的成效；你应该将时间花在重要的少数问题上，因为掌握了这些重要的少数问题，你只花20%的时间，即可取得80%的成效。

基于上述分析，以下建议对部分组织和个人，可能是有益的：

抓住关键的少数，朋友抑或对手。
成功的人，并不是利用汗水和泪水改变了世界，而是通过思想和热情。
人有所不为，方能有所为。
奖励特殊表现，而非赞美全面的平均努力。
寻求捷径，而非全程参与。
试着用最少的努力去管控你的生活。
选择性地寻找，而非巨细无遗地观察。
在几件事情上追求卓越，不必事事都有好的表现。
只做我们最能胜任，且最能从中得到乐趣的事。
当我们处于创造力巅峰，幸运女神眷顾的时候，务必善用这珍贵的"幸运时刻"。

33

012 / 非零和原理

• 概念解读

零和游戏又称为游戏理论或零和博弈，源于博弈论（Game Theory）。它指在一项游戏中，游戏者有输有赢，一方所赢正是另一方所输，相加结果为零，而游戏的总成绩永远为零。早在2000多年前，这种零和游戏就广泛用于有赢家必有输家的竞争与对抗。"零和游戏规则"越来越受到重视，因为人类社会中有许多与"零和游戏"相类似的情形。与"零和"对应，"非零和"（Non-Zero-Sum）即"双赢"或"多赢"的基本理论就是"利己"不"损人"，通过谈判合作达到互利互得、皆大欢喜的结果。非零和博弈的结果是一方不必吃掉另一方，一方的所得也并非另一方的所失。事实上，在不希望自己利益受损的前提下，我们也希望整个社会的福利水平有所增加。我们做决策的时候要尽可能采取非零和思维，即大家都能获利，无论是暂时的、当下的，还是未来的，无论是短期的，还是长期的。正如两个商户拿两桶米进行交换，不是一桶多了另一桶少了，而是可能还会生出第三桶米来。

- **理论应用**

　　逛街的时候，你会发现一个很有趣的现象：只要你看到一家麦当劳快餐店，就会在不远处发现一家肯德基快餐店；只要你在街头看到一家达芙妮店，隔不了几十米就会有一家奥康店；步步高与心连心总是比肩而立；北京大学与清华大学就只有一街之遥。这不是重复建设、把自己扔进"红海"了吗？为何经营类似产品的很多店都会两两出现，甚至在一条街上呢？难道它们就不担心自己的生意被别人抢去吗？事实上，这一现象在经济学中是有理论依据的。一方面有规模效益，同类型的门店开在一个街区，会吸引相关的配套供应商，有统一街区标识和文化符号，以及相关的管理政策，由此带来相应的集聚效应和规模效益。另一方面，可以增强品牌效应。首先是地域性大品牌，如温州小商品市场、中关村科技街、湘潭老布市场等。其次是微观企业品牌。设想一下，如果同一条街上，相隔不远就有两家或者更多同一品牌的店面，你会有何感想？如果想加盟这些店，你就会联想到这个品牌知名度高、实力雄厚，加盟后一定能赚钱，这无疑会增加你加盟的决心和动力；如果你去逛街，每隔几步就看到同一个招牌，你可能会联想到这家企业很有影响力。星巴克的制胜之道也是密集开店，树立公司形象，培育消费需求，在同一条街上开店，生意却都出奇的好。

　　如此说来，商铺开在一起，的确不是什么坏事，更不是你盆满钵盈，我却血本无归。相反，同类竞争者"碰"在一起，大家可以一起挣钱，共创共赢。

　　再跳出来看大一点，我们以史为鉴，会发现国与国之间的竞争也一样可以实现双赢或多赢。1982—1984年，美国对日本汽车行业实施贸易制裁，美国汽车制造业减少了6万个工作岗位，成为里根总统任内美国失业率最高的时期。美国彼得森国际经济研究所的一份报告显示，在1945—1969年、1970—1989年、1990—2000年这三个时段，美国对外制裁的成功率分别是50%、31%和29%。也就是说，虽然美国对外制裁的次数在增多，但制裁的作用在递减。有的美国学者甚至认为美国对外制裁的成功率仅有5%。对美国政府当前奉行的单边贸易政策，欧盟官员直言："贸易政策不是零和游戏，不是输赢之争。欧盟相信，贸易能够而且应该是双赢。"

管理启示

电影《美丽心灵》中有一个情节让人印象深刻：约翰·纳什教授在一个烈日炎炎的下午给二十几个学生上课，教室窗外的楼下有几个工人正在施工，机器的轰鸣声严重干扰了正在上课的师生，于是纳什走到窗前狠狠地把窗户关上。结果马上有同学提出意见："教授，请别关窗子，实在太热了！"而纳什教授一脸严肃地回答说："课堂的安静比你舒不舒服重要得多！"然后转过身去继续在黑板上写着数学公式。此时，一位叫阿丽莎的漂亮女同学（这位女同学后来成了纳什的妻子）走到窗边打开了窗子，纳什侧眼望去，用责备的眼神看着阿丽莎："小姐……"而阿丽莎对窗外的工人说道："打扰一下，嗨！我们有点小小的问题，关上窗户，这里会很热；开着，却又太吵。我想能不能请你们先修别的地方，大约45分钟就好了。"正在干活的工人愉快地说："没问题！"又回头对自己的伙伴们说："伙计们，让我们先休息一下吧！"阿丽莎回过头来深情而快意地看着纳什教授，纳什教授也微笑地望着阿丽莎，既像是讲课，又像是在评论她的做法似地对同学们说："你们会发现在多变性的微积分中，往往一个难题会有多种解答。"

阿丽莎对"开窗难题"的解答，使得原本的一个零和博弈变成了另外一种结果：同学们既不必忍受室内的高温，教授也可以在安静的环境中讲课，结果不再是0，而成了+2。由此我们可以看到，很多看似无法调和的矛盾，其实并不一定是你死我活的僵局，那些看似零和博弈或者是负和博弈的问题，也会因为参与者的巧妙设计而转为正和博弈。这一点无论是在生活中还是工作上都给我们有益的启示。零和原理的参与者，要"把自己的幸福建立在别人的痛苦之上"，"幸福"即所得，"痛苦"即所失，因而零和博弈的参与者之间不可能达成合作关系。今天我们认识到竞争并非一定要"你死我活"，相反，通过竞争我们还可以互相"帮忙"，让各自都活得更好，这就是"竞合"的道理。在竞争中升华自己，在合作中对标别人，岂能"零和"！竞争给每个企业以压力，又给每个企业以动力，它促使企业追求卓越品质，提升服务水平，在满足各自客户需求的基础上，共同做大市场蛋糕，让自己多分蛋糕。

还要警惕那些过分强势的人，"因阐明了我们这个时代人类良知的问题"而获得1957年诺贝尔文学奖的阿尔贝·加缪就曾说过"非赢不可的心态，表示这人的精神层次很低下"。

人类命运共同体事业，展现出了勃勃生机和强大的活力，正是非零和博弈原理的最好体现。《人民日报》2019年5月14日专版文章指出：人类命运的昌盛必然要懂得从"零和"走向"非零和"。2019年8月，新华出版社出版了美国前总统克林顿智囊、全球百位最具影响力思想家之一罗伯特·赖特的作品《非零和博弈：人类命运的逻辑》，指出人类文化的演进的结论，就是要走向非零和时代。此书被美国《福布斯》杂志评选为75本必读商业书之一。运用博弈论的观点，揭示人类历史的必然命运：世界与人类发展的推动力和最终趋向并不是你死我活的竞争关系，而是合作共赢的"非零和"关系。

非零和原理，不仅是一种思维模式，更应成为一种工作理念；互利共赢，不仅是一种工作态度，更是一种生活方式。它还可引导我们跳将出来，回看习惯了的思维和走过的路，找寻独到的工作方法和指南；有时还会让我们从"超系统"或"子系统"中找到出路，从此天地一片开阔。

013 管道原理

● 概念解读

　　我们先了解一下管道的故事。1801年，意大利中部的一个小山村，有两位年轻人，一位名叫柏波罗，另一位名叫布鲁诺。他们雄心勃勃，想成为村里最富有的人。一天，机会来了，村里决定雇两个人把附近河里的水运到村广场的水缸里去。布鲁诺很享受每天提水，提一次水得到一次钱的生活。柏波罗则将白天一部分时间用来提桶运水，另一部分时间以及周末用来建造管道。在接下来的一年中，布鲁诺有了新衣服、新鞋子和新房子。柏波罗却每天在简陋的小屋于劳累中睡去。

　　两年后，由于长期劳累，布鲁诺的步伐变慢，每天也提不了多少水了。而柏波罗的管道正式完工。现在，无论在柏波罗吃饭的时候还是睡觉的时候，都有源源不断的水流进村子，也有不断的钱流入柏波罗的口袋。

　　在这个故事中，布鲁诺的金钱都是用时间换来的，随着时间的推移，他出现了健康问题，也就失去了赚钱的资本。而柏波罗知道，由于年龄、健康的问题，终有一天，他不可以再用时间换金钱。但是如果他能事先花时间，辛苦一点，修建管道，日后管道建成了，他只需要管理和维护管道，就会得到源源不断的收入。

　　管道原理指，当我们在做一件事的时候，要为未来做计划，思考如何用今天的投入换取未来源源不断的收入，而不是用一天的时间换一天的收入，陷入"及时兑换"的陷阱。

A是一个果农，经常到水果店推销自家的水果

后来A决定自己开店当老板，直营直销

A开了个水果店，还开通了网络营销，当了坐班老板，生意稳定发展起来

● **理论应用**

　　学给排水工程专业的田桑丰大学毕业后，进了一家生产太阳能供暖设备的民营企业思通公司，前几年各项薪酬待遇还挺不错，常常让他的同学羡慕不已。在该行业浸染了五年，他在工程部、营销部、客维部都待过，业务越来越熟悉，特别是设备安装调试，那可是又快又好，深得客户赞赏，自然也少不了得到领导在大会小会的表扬。他在单位越来越红，待遇也越来越好，同事们也很尊敬他。但随着行业进入者的增多，现有的蛋糕不仅难以做大，而且越做越小，眼看手中的订单明显比原来少，公司的薪资待遇也在降低。于是，田桑丰果断跳槽到了一家互联网企业，做市场开发。怎奈自己不是专业出身，忙活了八个月后还是没有找到感觉。后经朋友介绍田桑丰又去了一家工程咨询公司，做起环保工程项目的咨询和培训业务。这个工作能够利用自己原来在太阳能供暖设备公司的实践经验，所以做起来还是很顺手的。他一忙起来也是一个可顶三个，自然很快成了咨询公司的业务骨干和红人。项目多的时候，加班赶报告，一天只睡三四个小时的情形时有发生。这样下去，不但是累，而且关键的问题在于，这一阵子忙过之后，下一阵子可能要等到十天八天才有项目做。就是说，公司业务十分不稳定，这恐怕也是大多数咨询公司的共同问题。很显然，没有项目的时候就只能拿基本工资，这样平均一个月下来，也就是一个普通工人满负荷工作一个月的工资。这是田桑丰追求的理想工作吗？肯定不是。他寻思着，自己还真的要有一份稳定的收入才

是啊。于是,他报考了在职研究生,三年后如愿以偿地拿到了硕士文凭。凭此,他进了一所职业中专教书,这样他便有了一份稳定的工资收入。田桑丰把在学校教书的这份收入看作自己的"管道",同时做一些兼职,赚取第二份甚至第三份收入。虽然没有让自己大富大贵,但是田桑丰有了稳定的收入,更有了稳定的心态和安定的生活。

● **管理启示**

由此我们可以得到一些启示,在这个"提桶"的世界里,如果希望当自己不提桶时,也能获得收入,我们就需要尽早修建自己的管道,以替代提桶劳动。

在现实生活中,很多人非常努力地工作,争取提最大的水桶;为了提更大的桶,从水桶公司A跳槽去水桶公司B;为了顺应时代需要,从提金属桶转为提塑料桶,再转为提数码桶……但我们发现,这些人都是没有修建自己的管道,没有积累财富,更没有把自己的时间与金钱投资在正确的有发展前景的事业上。

只依靠提桶永远不可能让你实现财务自由,建造管道才是得到真正的保障和实现财务自由的唯一途径。

《富爸爸,穷爸爸》(又译《穷爸爸,富爸爸》)作者罗伯特·清崎曾说过:"在我12岁的时候,富爸爸曾给我讲过管道的故事,就是这个故事一直引导着我获得了巨额财富,并最终实现了财务自由。多年来,管道的故事一直指引着我,每当我要做出生活决策时,这个故事都能给我帮助,我时常问自己'我究竟是在修管道,还是在用桶提水?''我是在拼命地工作,还是在聪明地工作?'我对这些问题的回答最终使我获得了财务自由。"

《富爸爸,穷爸爸》中介绍了一个观点,值得我们思考。人在生涯规划中根据取得财务自由的情况被划分为四种角色。下图左上角E象限为工薪族象限:出租自己的劳动力,被别人雇佣来换取生活费用的人群,就叫工薪族。左下角S象限叫自由职业者象限:自己雇佣自己进行个人创业的人群,就是自由职业者。右上角B象限称为生意拥有人象限:拥有一个企业或拥有一个生意。右下角I象限称为投资者象限:通过货币运作方式让自己的财富保值增值的人群,叫投资者。

E、S象限在现实生活中是缺乏安全感和稳定性的，干活儿就有收入来源，不干就没有。所有的人都应力求往B、I两个象限发展，因为这两个象限有一个基本特点，就是具有"不在职收入"，也就是说，拥有自己可以控制的"管道"。

互联网和信息技术的发展使人们利用零散时间、提供灵活工时成为可能，人们可以根据兴趣爱好和专业特长进行资源选择和交换，以换取各自所需。如此，可形成一种新的赚钱模式，从而成就新的"管道"和富裕阶层。如今，我们经常听到有亲戚朋友做微商、做电商，说明大家逐步意识到"管道"之于财富自由的重要性。当然，不是每个做微商、做电商的人都能赚钱，关键的是能否选对产品、发现价值，并将其价值传递到顾客手中。尽管微信对我们大多数人来说，俨然如吃饭穿衣般不可缺少，但真正能思考微信的功能实质并体悟其赚钱之道的人却不多。王大恩、曹雪怡2013年所著《微信这么玩才赚钱》一书中，讲述了微信的七大商业价值和商业化猜想、微信上的创业机会及赚钱途径、传统企业如何利用微信赚钱等，现在读来仍然很有启发。

如今，好产品有的是，只要能设计出适当的商业和运营模式，你也一定可以开辟出属于你自己的由"管道"带来的新天地。

014 / 和谐管理原理

• **概念解读**

和谐管理理论[①]由西安交通大学席酉民教授于二十世纪八十年代首次提出，为应对复杂多变、充满不确定性和模糊性的外部环境，着眼于组织的精神改造和效率提升，探寻人与人、人与物、人与自然之间如何高效合作的系列路径、方法与工具，是新时代管理理论与组织实践的创新发展。此外，该理论强调和谐管理必须符合自然法则，遵从人类的自然理性和正义的标准。和谐管理原理，即遵循和谐管理思想，从内部到外部，由己及人，由人及社会万物，遵从"精神"和"效率"的原则，在建构组织规则的基础上，升华对人性的认知和组织使命愿景的引领，实现个人发展和组织成长的协同并进，组织发展与社会进步的和谐并处。

---

① 和谐管理理论根植于中国组织发展的经验，以系统方法论、有限理性理论等为基础，形成了整体、历史与辩证的整合视角，以及"和谐主题""和则""谐则""和谐耦合"等基本理论架构，其基本思想就是如何在各个子系统中形成一种和谐状态，从而达到整体和谐的目的。按"和谐"的范围，可以分为内部和谐和外部和谐两大部分；按"和谐"的作用，可分为技术和谐和精神和谐。由此，构成了"和谐"的四种分类。以企业为例，内部精神和谐，指企业所有者、经营者和员工三者行为取向的一致程度；外部精神和谐即企业文化与社会文化的相互兼容程度；内部技术和谐即企业生产要素的有效配置，也就是先进适用技术和管理手段的采用；外部技术和谐，即企业有效地与外部环境进行物质和信息交换的能力。通常，和谐管理水平如何，可以通过系统和谐度来考察。

• 理论应用

　　正如席酉民教授所言，和谐管理实践需要构建和演化同时进行。对于"和"来说更多的是进化，对于"谐"来说更多的是理性和适应。这是管理哲学上的突破与创新。回顾海尔集团的发展历程，不难看出，海尔的发展史就是一部企业管理的建构史、进化史，综合来说，也是一部和谐管理的奋斗史。在庆祝改革开放40周年大会上，海尔集团董事局主席、首席执行官张瑞敏格外引人注目，因为他被定义为"注重企业管理创新的优秀企业家"。张瑞敏从1985年挥锤砸掉76台冰箱的那一刻开始，就在企业内部建构他的管理理念——有缺陷的产品就是废品。由此，拉开了海尔质量管理和全面管理体系建构的序幕。但显然，砸冰箱事件带来了"不和谐"，当时在场就有人哭着鼻子央求张瑞敏让员工把冰箱扛回家，但张瑞敏就是不依不饶，硬要激发员工的"心里矛盾"。殊不知，正是张瑞敏看似的冷酷无情，让海尔人三年之后就捧回了中国冰箱行业的第一个国家质量金奖。这样，慢慢地，张瑞敏聚集了一些"和谐"的、一致的声音，那就是：只有质量方能取胜于激烈竞争的市场。之后，海尔激活"休克鱼""斜坡球""相马不如赛马"等理论，奠定了海尔向高质量发展的基石，让海尔跨过名牌战略、多元化战略、国际化战略、全球化战略发展阶段之后，顺利进入网络化战略发展阶段。

　　张瑞敏进一步思考，认为传统模式下的市场营销和CRM理念已不合时宜。因为如果过分强调"单"，势必会引发"人"去争抢的"不和谐"局面，那么，"人单合一"会怎样呢？简单地说，"人"就是员工，"单"则不是狭义的订单，而是用户的需求，"人单合一"就是要把员工和用户的需求融合在一起。怎么融合到一起呢？就是员工要创造用户的价值，通过创造用户的价值来体现自身价值。谁不能创造用户的价值，谁必须离开。这似乎是又向池塘里投掷了石头，让员工心中产生阵阵"不和谐"的涟漪。仔细分析发现，实施"人单合一"模式，员工有权根据市场的变化自主决策，有权根据为用户创造的价值多少来决定自己的收入。"人单合一"模式使每个员工都是自己的CEO，并形成直面市场的自组织、自管理。在管理思想层面，"人单合一"模式以用户为中心，以战略创新为导向，开创性地把以人为本的管理思想往纵深发展到以奋斗为本，以价值创造为本，更加突出个人和自主经营团队的主体地位，推动企业经营活动持续动态升级，实现企业、员工、顾客的互利共赢；在管理实践层面，"人单合一"模式彻底抛弃传统管理模式下的科层制，让员工从原来被动的命令执行者转变为平台上的自驱动创新者、价值发现者，创业员工也并非局限于企业，而是面向开放的生态圈。这样一来，员工的收入大大提高了，精神面貌焕然一新，生产力和创造力得到了极大释放。于是，员工更加珍惜当下的平台和机会，大家虽有竞争，但竞争的是自己的"价值"的发现、创造和传递。同事都在一个起跑线上公平竞争，"相安"而处，企业自然而然就进入了更高一级的"和谐管理"状态。

"人单合一"模式是一项重大的企业管理创新，它因为顺应互联网时代"零距离"和"去中心化""去中介化"的时代特征，从企业、员工和用户三个维度激活了"休克鱼"，从而具有强大的生命力。这既是顺应"和谐管理"要求的实践，又是"和谐管理"的具体内容。

"不和谐"又来了，不过这一次是面向组织外，面向整个行业的。2019年12月17日，海尔衣联网1号店在青岛国际特别创新区正式开业。作为海尔衣联生态的落地实体，这里不再售卖单品家电，而是提供围绕"衣食住行"四大需求中的"衣"延展创造出的"洗护穿搭购收"六项智慧服务体验。2019年12月26日，在海尔集团创业35周年纪念大会上，张瑞敏以"产品被场景替代、行业被生态覆盖"预见物联网时代未来。可以想象，会有多少双渴望的眼神，翘首盼望海尔智家联通全屋场景为用户打造智能化、个性化的服务方案。也不难想象，当虚拟现实都成为真实的现实时，用户踊跃认购有价值的产品的时候，海尔的主导设计或由其主导的价值观就可能成为一种共识，由羊群效应带来新的"和谐"。

• **管理启示**

翻开海尔的发展史，我们既看到海尔集团制度的逐渐建立和完善，同时也发现，随着环境的变化，海尔始终在进行新的探索和新的适应、新的超越，由一种平衡的建立和打破，不断向新的平衡进击，企业组织也由"不和谐"到"和谐"，再到新的"不和谐"，最终还是回到了更高层级和更大范围的"和谐"。海尔的成功实践，是一系列构建与重构的结晶，是和谐管理思想的最佳运用。

张瑞敏引用《圣经·新约》中的一段话，"没有人把新酒装在旧皮囊里，若是这样，皮囊就裂开，酒漏出来，连皮囊也坏了。唯独把新酒装在新皮囊里，两样就都保全了。"于是，他决意"新酒必须装到新皮囊里，不能装旧瓶。你接触了很多新东西，但不能放在原有的旧思维里，否则是白搭"。这似乎也可以解释为张瑞敏在建构和解构、进化海尔的管理思想和理念过程中的逻辑，基于此，海尔便有了由战略转型、组织重构和关系转变所带来了海尔整个商业模式的重建和进化。这，与其说是一种着眼于"效率"的制度的完善和变迁，不如说是一种"精神"的引领、"信念"的征服。海尔的精神和信念，就是内在的品质和外在的美誉，以及由此带来的"内""外"兼修的和谐之美。

和谐管理理论从影响组织发展的内耗（Internal Friction）入手，基于和谐等概念来理解组织的运行机理，看起来具有鲜明的"中国味"，实际上对人类面临的复杂性、模糊性、不确定性和快变性的挑战具有普遍意义，而且价值和作用日益凸显。和谐管理理论直接来源于对中国改革开放以来组织发展的经验观察：内耗的存在，以及"人的因素"作用的耗散。

其他的组织、其他的企业家，能否基于新经济时代的特征，做出新时代的"新酒"？

和谐管理原理的一个重要启示就在于，我们能否复制某些成功的经验去实现自己的成功？答案是肯定的，当然也不绝对。肯定的地方就是要研究成功者的思想历程和企业成长的经历，看究竟有哪些是可以学得到的。张瑞敏管理思想的形成有一个循序渐进的过程，源自他躬行三十多年不停止地发现问题，并不断找到解决问题的方法的坚韧实践。"管理在于知，也在于行，管理是知行合一的实践。"张瑞敏就是这么身体力行的，他的身体力行也传递出一种精神，彰显出一种力量。一家成功的企业一定拥有优秀的企业文化和适合的企业管理方式，最重要的是，还要拥有一个智慧的领导集体、一名卓有成效的领导者。张瑞敏的管理思想则是"智慧"和"卓有成效"的典型代表，他的思想体现了和谐管理的"效率"和"精神"的原则。这也正是和谐管理原理的核心要义。

015　荷花原理

● **概念解读**

　　一个池塘里，每一天都会开出前一天2倍数量的荷花，到第30天，荷花就开满了整个池塘。请问：在第几天池塘中的荷花开了一半？第15天？错！是第29天。第1天开放的只是一小部分，第2天，它们会以前一天的2倍的速度开放。第29天时荷花仅仅开满了一半，直到最后一天，即第30天才会开满另一半。荷花满塘时，最后一天花开的速度最快，等于前29天的总和。根据这一现象，我们归纳出荷花原理：经过前期的深厚积累，对最终目标"一步之遥"的跨越自然是水到渠成的事情。

• 理论应用

　　阿里巴巴正是经历了荷花原理所揭示的积淀，而"裂变"成功的。1988年马云大学毕业以后，当了大学老师，由于工作努力，很快成为杭州优秀青年教师。工作之余，马云发起西湖边上第一个English Corner（英语角），当时很多人请马云做翻译，马云发现了创业机会，于1992年成立海博翻译社。第一个月，翻译社有700元收入，但远抵不上2000元的房租。于是他利用小商品转手交易的方式，背着大麻袋到广州、义乌等地进货，以此养活翻译社。为生存下去，海博翻译社还卖过鲜花、礼品，做过医药销售，推销对象上至大医院，下至赤脚医生。1995年初，马云偶然去美国，首次接触并开始认识互联网。1995年3月到4月，马云凑了两万块钱，创办了一家互联网商业公司——杭州海博网络公司，专门给企业做主页，网站取名"中国黄页"，成为中国最早的互联网公司之一。其后不到三年时间，马云利用该网站赚到了500万元。

　　1997年，中国"电商元年"，马云带领他的小伙伴"北漂"创业，在北京开发了"外经贸部官方站点""网上中国商品交易市场""网上中国技术出口交易会""中国招商""网上广交会和中国外经贸"等一系列站点。尽管如此，他们似乎还是没有找到适合的盈利模式，这从他们游览长城的一张照片可以得到印证，当时他们满脸迷茫，仍觉前路一片荆棘。

　　1999年3月，马云正式辞职，决定继续在互联网领域深耕。一天，在杭州某小区，18个人聚在一间破旧的房子里开会，马云站在中间讲了整整两个小时，"忽悠"大家一起来创业。在会中，马云将自己的钱掏出来，说："现在，你们每个人留一点吃饭的钱，将剩下的钱全部拿出来。不许向家人和朋友借，因为失败的可能性极大。"马云接着说："我们要做一个中国人创办的世界上最伟大的互联网公司，10年后市值会到50亿美元"，当时马云说得"张牙舞爪的"，在场的人有的听得"偷偷翻白眼"，当然有的人信了，有的人不信。两个小时后，每个人都开始掏腰包，一共凑了50万元，这18个人拼凑起来的钱成了马云创办阿里巴巴的最初本金，这18人也就是马云的"十八罗汉"。在此后很长的时间里，这些人每个月拿500块钱的工资，在湖畔花园附近举步可达的地方租房子住，有的两三人一起合租，有人索性住进了农民房，吃饭基本就是3块钱的盒饭。吃着盒饭时，有喜欢吃霉干菜者，不无调侃地说，"等我有钱了，我就去买一屋子的霉干菜！"

摸爬滚打中，他们意识到了互联网产业应重视和优先发展企业与企业间电子商务（B2B），于是他们转向了被称为"互联网的第四模式"。1999年，阿里巴巴从高盛获得了资金注入，2000年又从软银获得了投资，两次共获得国际风险投资2500万美元。马云以"东方的智慧，西方的运作，全球的大市场"的经营管理理念，迅速招揽国际人才，全力培育和开拓国内电子商务市场和国际市场，为中国企业尤其是中小企业迎接"入世"挑战打造了一个日趋完善的电子商务平台。阿里巴巴网站持续为中国优秀的出口型生产企业提供在全球市场的"中国供应商"专业推广服务，帮助企业获取更多更有价值的国际订单，并两次被美国权威财经杂志《福布斯》评选为全球最佳B2B站点之一。

后来马云又发现了C2C这个大机遇，公司走上迅速扩张的道路。为完善整个电子商务体系，自2003年开始，马云先后创办了阿里巴巴、淘宝网、支付宝、阿里妈妈、天猫、一淘网、阿里云等国内电子商务知名品牌，马云也历任多家公司的重要职务，其中包括阿里巴巴集团董事局主席、软银集团董事、中国雅虎董事局主席、亚太经济合作组织（APEC）工商咨询委员会（ABAC）会员、杭州师范大学阿里巴巴商学院院长、华谊兄弟传媒集团董事、TNC（大自然保护协会）全球董事会董事、海博翻译社社长和全球生命科学突破奖基金会理事等。如此步步为营，到2014年9月在纽约证券交易所挂牌交易，2019年11月在香港证券交易所上市，成为仅次于谷歌的第二大互联网公司，阿里巴巴这一中国最大的电子商务企业铸就了辉煌。

• **管理启示**

有一种竹子用4年的时间，仅仅长了3厘米。从第5年开始，以每天30厘米的速度疯狂地生长，仅仅用6周的时间，就能长到15米。其实，在前面的4年，竹子将根在土壤里延伸了数百平方米。由此有人称这种现象为竹子原理。荷花原理和竹子原理给我们最大的启示就是，没有谁能够随便成功，成功需要厚积薄发，成功需要积累沉淀。

我们很多人的一生就像池塘里的荷花，一开始用力地开，但渐渐的，人们开始感到枯燥甚至厌烦，可能在第9天、第19天甚至第29天的时候放弃了坚持。很多人的奋斗也像生长的竹子，一开始铆足了劲，但是由于前面的大部分阶段都在打基础，所以成效并不那么明显，在第1年、第3年，甚至第4年的时候选择了放弃。其实，这个时候的放弃真是太可惜了，因为它离成功往往只有一步之遥。无论是荷花原理，还是竹子原理，向我们揭示的都是，拼到最后，拼的不是运气和聪明，而是毅力。认定有一天要开出"别样红"的映日荷花，认定有一天要"琼节高吹宿风枝"，让人"风流交我立忘归"，并"千磨万击还坚劲，任尔东西南北风"，那就横下一条心，扎根泥土，自我修行！

还记得张维迎院长在2010年北大光华管理学院毕业典礼上的演讲，他以小时候吃杏的亲身经历为例，告诫同学们即使毕业了也不要太过着急。"只要多等十天半月，一旦熟透了，那种清香美味胜过别人家早熟果实的好多倍""杏如人生，先苦后酸，再由酸变甜；杏如万物，长在阳地的开花早，长在背地的结果迟；杏又同人一样，有的成熟早，有的成熟晚"。张院长反复叮嘱道："很担心你们急于求成！到了新的岗位，你们会期待早早得到提拔，早早涨工资，早早成名成家，甚至早早进入福布斯排行榜。但你们应该记住老子《道德经》中的话：'企者不立，跨者不行'，生活是需要耐心的，成功是一个自然的过程，伟大是由耐心堆砌而成的！耐心意味着要经得起眼前的诱惑，意味着要道法自然，耐心不是压抑，而是修行，成熟是自觉自悟。只要你顺其自然，不急于求成，你吃到的杏一定是甜的！幸福将伴随你一生！"

人生需要储备，有多少人，没能熬过那3厘米，没能熬过第29天？很多时候，甚至可以说大多时候，人能获得成功，关键在于毅力。由此，马云感慨道："今天很残酷，明天更残酷，后天很美好，但是大多数人死在明天晚上，看不到后天的太阳"。

这种毅力，表现的不仅是一种对待工作和生活的态度，更是一种精神和品质。任正非就提出，华为提拔与培养人才的对象重点，是那些苦出身、有饥渴感、有野心、能吃苦耐劳的奋斗者。任正非心中奋斗者的特征就是：敢想、专注、吃苦、好学、缠斗、积累、坚持！在华为，谁做到这些，谁就能够厚积薄发，大有作为。

016　胡萝卜原理

• **概念解读**

　　胡萝卜原理，就是运用一种简单而成本不高的工具来激励下属，激发他们向着目标奔跑的斗志。在不同的情形下，企业可根据员工工作的具体情形和文化环境，运用不同形状或大小的"胡萝卜"，以最小的成本来激励鞭策员工。企业里可以收纳各种"胡萝卜"工具箱，有的甚至可以是不要花钱的"胡萝卜"，比如对员工表示关怀、具有特殊意义的礼物，提供和谐宽松的工作环境，让工作充满挑战性的刺激、奖状、证书或纪念章，和员工一起共进午餐，给员工自己制订工作目标的机会，策划员工之间的竞争。

• **理论应用**

　　张勇在海底捞有很多创造性的管理方式，其中，让员工可以占的"便宜"，其实大部分就是"胡萝卜"。比如，海底捞每个月发给员工的奖金，直接寄给他们老家的父母。父母通过钱多钱少就知道自己的孩子在海底捞干得怎么样了。如果有的员工干得不好，"那就都不用我管，他父母就给他打电话了。说这么好的企业你不好好干，你想干什么！"在海底捞，我们也看到，一个餐桌服务员就可以决定送顾客一盘菜或者一个大西瓜等，还有免单权。要是做到门店店长，其审批权则可以达到100万元。这些正是很多企业学海底捞学不到的地方。本来这些折扣权，反正结账台也要给的，那还不如直接给围绕桌子转的这些服务员，更让这个餐桌产生一些亲切又似有约束的味道来。

麦当劳公司每年都要在最繁忙的季节进行全明星大赛。每个分店首先选出自己店中岗位的第一名，这些人去参加区域的比赛，在区域竞赛中，获得第一名的再参加公司的比赛。整个比赛都是严格按照麦当劳各个岗位的工作程序来评定的，公司中最资深的管理层成员作为裁判。竞赛期间，员工们都是早到晚走，积极训练，因为如果能够通过全明星大赛脱颖而出，那么个人成长会有一个基本的保障，也能奠定今后职业发展的基础。在竞赛中获得优秀成绩的员工，公司有丰厚的奖励。另外，公司中那些重量级的人物都要参加颁奖大会，这样员工更有荣誉感。

"世界第一CEO"杰克·韦尔奇首创了便条式管理。韦尔奇非常注重企业领导对员工的激励作用。在任职通用电气CEO期间，他最喜欢用便条的交流方式与员工沟通，经常给员工手写便条。他手写的便条不仅可以鼓励和鞭策员工，还能推动和要求下属完成某项任务。这些便条，也就是一个个"胡萝卜"，它们蕴含着一种感情、一种力量。员工收到便条"胡萝卜"，往往如获至宝，他们首先想到的是如何收藏这个"宝贝"，激动之余，在心里已经激荡起巨大的工作热情和对企业的依恋感、归属感。这就是为什么在全球100多个国家，26.7万名通用员工能够统一在蓝色的GM徽标之下而努力为公司做出贡献的原因之一。

• 管理启示

胡萝卜原理启示管理者，激励员工的工具应该丰富多样，激励工具箱应该五彩斑斓。这是因为，随着员工薪资水平的不断提高，按照马斯洛需求层次理论，大多数员工已由最基本的生理和安全需求上升到了社交需要和尊重需要，以及自我实现的需要。对此，管理者必须有清醒的认识。尤其在当今这种多元价值观和开放文化的环境中，许多看起来不起眼的激励方法，可能比那些实际的激励内容，对员工的影响更为强烈。

也不一定要付出很大的成本，只要用得真实，用得真诚，用得恰到好处，也一定是十分有效的。

"胡萝卜"虽小，但是功效惊人，掌握并灵活运用胡萝卜原理，益莫大焉！

017　互惠性原理

• **概念解读**

　　互惠性原理指，假如人家给了我什么好处，我应当尽量回报；假如朋友帮了我一个忙，下次他开口向我求助的时候，我就很难去拒绝。或者，要是有人以某种方式对我们行事，我们理当对他还以类似的行为；倘若有人对我们让了步，我们便觉得有义务也退让一步。著名的考古学家查德·李基认为：正是因为有了互惠体系，人类才成为人类。

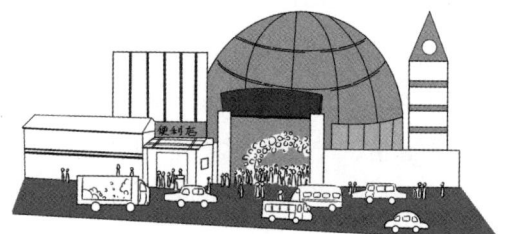

路修好后，连通了市中心，引来客流，该地区迅速发展起来。

　　互惠性原理是罗伯特·西奥迪尼在其经典之作《影响力》中提到的"说服力六大原则"之一。书中举了一个有趣的例子。你就餐后，侍者给你账单时是否会送你一片口香糖？如果没有口香糖，你会根据对服务质量的感觉来决定小费的比例；而如果有一片口香糖，你给的小费比例就会上升3.3%（占餐费的百分比）。如果是两片口香糖呢？小费的比例就会令人难以置信地上升为约20%。

• **理论应用**

　　日本化妆品企业DHC的产品在全球影响甚广，拥有清洁、抗老、美白防晒、面膜、彩妆等多种品类。曾几何时，由于金喜善在亚太地区的广告代言的明星效应，DHC在中国内地迅速为人们所认知。这家创立于1972年的化妆品公司在日本化妆品市场的洁面、卸妆、保湿品等领域的占有率均为第一，同时也风行美国、瑞士和韩国等国际市场。其成功的秘诀，除了采取通信销售模式之外，跟它的营销策略也有很大关系。DHC提供体验式的消费，在极短的时间内派送了10万余份试用装，通过免费试用等方式让消费者体验DHC产品的高品质。这一人性化的服务，让顾客更为青睐DHC的同时，也为DHC自己的营销创造了机会。如有一段时间，DHC就在中国启动了免费体验天然基础护肤六件装的活动，这一活动在市场上引起了热烈反响。会员制则是DHC通信销售模式的推手，而加入DHC会员的程序非常简单，只需通过电话或上网索取，或者在订购DHC商品的同时自动成为DHC会员，且无须缴纳任何入会费与年费。DHC会员除了可优先获赠上市新品试用装之外，还可获赠《橄榄俱乐部》杂志，通过对会员使用产品知识的小调查，还可以增加对顾客偏好的了解，增强与顾客的交互情感。《橄榄俱乐部》杂志由DHC主办，包含了产品目录与信息、美容体验信息、美容化妆技巧等内容，成为DHC与会员之间传递信息、双向沟通的纽带。此外，DHC会员还享有积分换礼品等多项优惠。

由此观之，DHC首先"先入为主"大打情感牌、信任牌，让顾客在心里产生一种"亏欠"感，从而加大了对DHC这一产品品质本身过得硬的商品的购买欲望。这一规则产生了一股巨大的驱使力量，让顾客在接受其"善意"时，感到自己有义务要偿还。而当它的产品反复在你身边出现的时候，你也就没有了拒绝的理由，就会轻轻松松被它们俘获，不由自主地掏了腰包。互惠性原理的一般性规则指出，如果有人以某种方式对接受方"施惠"，接受方会理所当然地还以对等回报行为。DHC正是运用互惠性原理的"高手"。

再举一个应用场景的例子。某服装店销售员正在给一位偏胖的女顾客销售裤子，那么，如何才能增加这位女顾客购买的概率呢？根据互惠性原理，这个销售员如果尝试先拿出一条比顾客说出的尺码大一号的裤子让她去试穿，想想这个营销效果是不是会好一些呢？我们进一步设想，当顾客试穿之后，她一定会觉得裤子大了，之后销售员再按照她说的那个尺码拿给她另一条裤子，顾客试了之后正好合适。对于这个看上去似乎多此一举的做法，千万不要小瞧了。事实上，它已经提高了这条裤子成功营销的概率，因为我们知道每个女人都是爱美的，特别是现今这个"以瘦为美"的时代，"胖"是很多女人所烦恼的事情。营销人员抓住顾客这一心理，会让她暗自觉得自己并不胖，进而提高对裤子的满意感，从而实现成交的目的。

深入分析，我们发现互惠性原理包含了许多心理学和营销学知识。买卖东西讨价还价的时候，如若卖方对买方退让一步，买方通常觉得自己有"义务"也退让一步。如西瓜售价5.0元/千克，买方还价4.0元/千克，此时摊主再提出4.5元/千克的时候，买方也会觉得在道义上有"义务"再退一步，即在4.0元/千克的基础上再提高一点，这样一来，双方在价格上逐步达成一致，最终实现成交。

• 管理启示

在日常生活和工作中，互惠性原理展示出了强大的影响力。试想当我们逛超市时，经常看到热情美丽的促销员走过来，微笑着给你递上免费商品，你会在品品这个、尝尝那个之后，还回牙签或杯子就径直走开吗？我想大多数人不会，因为我们从小就受"投我以桃，报之以李""投我以木瓜，报之以琼琚""以直报怨，以德报德"等传统文化的熏陶。

我国经济已经步入"服务经济"时代，商家店铺只要动脑筋付出了，对其转化率一定是有帮助的。当初沃尔玛的"三米微笑"原则，以及最早在营业厅提供诸如免费糖果、大堂经理、排队叫号机等顾客关怀服务的招商银行，在那个服务创新还很稀罕的年代，让我们印象十分深刻，它们的社会评价和顾客忠诚度自然就高。这也说明，"付出"的东西不必昂贵，只要是新颖的、有价值的、易于感知的，就容易产生效果。我们也能够体会到，对顾客而言，哪怕是一句话、一个笑脸、一声提示；或者一个手势、一张便条；又或是在关键时候为他们提供了急需的专业知识，都是温暖的、动人的，都可能成其下单的"诱因"。依据互惠性原理，如果一个人给了另一个人东西，如食物、金钱和照料乃至情感等，却不用担心它会是一种损失，因而大家都可以、都愿意把自己能拿得出的资源赠送给人，这样一来，交流、救助、防卫和贸易等复杂而协调的体系便有了实现的基础。

在微博、微信、易信等社交媒体上进行"转发"，也是一种"互惠性"做法。2019年11月间，我在朋友圈里看到一则消息："庆祝滴滴顺风车重新上线，我领了150.85元"。"哇，动动手指就可以得一二百元，真是天上掉馅饼，不捡

原理篇

白不捡！"这便是我当时闪过脑际的念头。结果，你猜猜是什么情况？骗子倒也不是，只是要你下载这个，链接那个，搞了六七个回合之后，最后的结果就是：心灰意懒，无功而返。当然，心里也是有了点清醒，至少"领钱"只是一厢情愿而已。可见，利用互惠性原理在互联网上还真不少见，而且有时候还得留心提防。

其实，比起这种物质上的你来我往、互施恩惠，精神上的相知相交、相倾，更为人称颂和追求。传说俞伯牙弹琴，钟子期竟能领会此曲"巍巍乎志在高山""洋洋乎志在流水。"伯牙惊曰："善哉，子之心与吾同。"子期死后，伯牙痛失知音，摔琴断弦，终身不操，故有高山流水之曲和伯牙摔琴谢知音的典故。

互惠性原理还有一种衍生形式，那就是互惠式让步。家中的小朋友是利用这种手法的高手，他们通常会跟家长提较高的要求，但当其不能被满足时，"让步"性地降低要求，似乎成了他们的惯用"伎俩"。还有，你去商城买包包，店员先带你看看10万块的包，你觉得贵，拒绝了，然后带你看2千块的包，你觉得好便宜啊，这个可以买，其实你也许原打算只是买个500块的包。在服务员提议、你拒绝、服务员和你相互退让、相互答应的一系列过程中，你内心会升起庄严的责任感和莫名的满足感，心里会想："瞧，本来她要卖我10万的块包，我没同意，才让她改卖我2千块的包，是我让她改变了初衷，是我让她做出了退让，所以，我要为她的退让承担责任，我们还是可以达成最终的一致的。"

要实现"互惠"的效果，还要讲究适度的方法，拥有良好的心态。生活中和商场里，谈判越来越多。美国谈判专家奥狄斯根据自己多年的经验得出："在每一次谈判中，你都应该准备向对方让步"。如果真能如此，可能会达到另一位谈判学家尼伦伯格的意境，那就是：一场圆满的、成功的谈判，每一方都应该是胜利者。我想补充的是，也是互惠者。这又不禁让我想起绿川幸漫画作品《夏目友人帐》里的一句台词，"我想成为一个温柔的人，因为曾被温柔的人那样对待，深深了解那种被温柔相待的感觉。"

遇到好意与恩惠，先分辨别人是真正的好意，还是利用互惠性原理来"套路"你。如果是好意，那就妥妥的接受嘛，相信一定有很多机会来"归还"别人的好意。

55

018 吉格勒原理

• **概念解读**

美国行为学家J·吉格勒提出的吉格勒理论（Giegler Theory）指出，人一定要有大志向、高目标，如果不去"好高骛远"，就只能在"矮人国"里炫耀自己的高个子。

不少人认为天才或成功是先天注定的。然而，许多天才也一事无成。最大的原因，就在于他们没有勇气给自己制订一个高远的奋斗目标，由此缺乏雄心勃勃、排除万难、迈向成功的动力。吉格勒原理告诉我们，不管一个人有多么超群的能力，如果缺少一个认定的高远目标，他将平庸无奇、一事无成。

• **理论应用**

美国伯利恒钢铁公司的创建者齐瓦勃出生在乡村，所受的教育水平也很低。18岁那年，齐瓦勃到"钢铁大王"卡内基的一个建筑工地打工。一踏进建筑工地，齐瓦勃就抱定了要做同事中最优秀的人的决心。晚上同伴们都在闲聊时，他独自躲在角落看书。面对经理的疑惑和同伴们的挖苦，他坚信公司缺少的不是基础打工者，而是管理者和技术人员，自己也不仅是给别人打工赚钱，更是为自己的梦想和远大前程努力。抱着这样的信念，齐瓦勃平步青云，直到被卡内基任命为钢铁公司的董事长，最终自己也建立了伯利恒钢铁公司，创下非凡业绩。这个故事说明，人如果从一开始就怀有高远的目标，就会呈现出与众不同的眼界，逐渐形成良好的工作习惯和方法，让每一步都朝着正确的方向前进。

　　企业也一样，要做就做出类拔萃的。1969年，迪布·汤姆斯在美国俄亥俄州成立了一家叫温迪的汉堡餐厅。在当时，美国的麦当劳、肯德基、汉堡王等大店已是大名鼎鼎。与它们比起来，温迪快餐店只是一个名不见经传的小弟弟而已。但迪布·汤姆斯毫不因为自己的小弟弟身份而气馁。他从一开始就为自己制订了一个高目标，那就是赶上快餐业老大麦当劳！

　　二十世纪八十年代，美国的快餐业竞争日趋激烈。麦当劳为保住自己老大的地位，采取了许多策略，这让迪布·汤姆斯很难有发展机会。刚开始，迪布·汤姆斯走的是隙缝路线，麦当劳把自己的顾客定位于青少年，温迪就把顾客定位在20岁以上的青壮年群体。为了吸引顾客，迪布·汤姆斯在汉堡肉馅的重量上做足了文章。在每个汉堡上，他都将牛肉增加了零点几盎司。这一不起眼的举动为温迪赢得了不小的成功，并成了日后与麦当劳叫板的有力武器。温迪一直以麦当劳作为自己的竞争对手，在这种激励中快速发展着自己。终于，一个与麦当劳抗衡的机会来了。

　　1983年，美国农业部组织了一项调查，发现麦当劳号称汉堡包有4盎司的肉馅，但从来就没超过3盎司。迪布·汤姆斯意识到自己挑战快餐业霸主地位的机会来了，于是对麦当劳大加打击，他请来了著名影星克拉拉·佩乐为自己拍摄了一则广告。美国民众对麦当劳本来就有许多不满，这则广告适时而出，马上引起了民众的广泛共鸣。一时间，"牛肉在哪里？"这句话不胫而走，迅速传遍了千家万户。在广告取得巨大影响的同时，迪布·汤姆斯的温迪快餐店的支持率也得到了飙升，当季营业额上升了18%。

　　凭借对标麦当劳的不懈努力，温迪的营业额年年上升，1990年达到了37亿美元，发展了3200多家连锁店，在美国的市场份额也上升到了15%，直逼麦当劳，坐上了美国快餐业的第三把交椅。

• **管理启示**

　　目标是每个人心中的一盏明灯，它能从一开始让你就知道自己的目的地在哪里，以及让自己清楚现在处在什么地方。一开始，心中就怀有远大目标，会让你拥有一种理性的判断准则和工作思路，逐渐形成一些良好的工作方法和习惯。心中怀有既定的长远目标，一定会让你呈现出与众不同的眼界，"心有多宽，舞台就有多大"。因此可以说，有了一个高远的奋斗目标，你的人生就成功了一半。人也好，组织也好，必须给自己设立一个高远的目标，这样逼着自己往前赶，说不定，这目标还真实现呢！我们原本可能平庸，但是因为给自己设定了更高的目标，说不定就让平庸的自己，变得优秀和与众不同！

　　此时，让我们重温文学先驱纪伯伦的一句名言，"再遥远的目标，也禁不起执着的坚持"，尤其有意义。

　　心有远大的目标是第一步，为实现心中的目标坚持不懈也至关重要。有了自己的目标以后，我们要通过各种努力为实现目标创造条件。每个目标的完成，是以一定条件为基础的。顺势而为，把握机遇也十分重要，如果能够抓住某些机遇，目标的实现可能会变得非常轻松，那些不可能完成的目标也变得有可能实现。还有一点我们也应该时刻提醒自己，目标的实现对我们个人来说确实意义重大，但是在为自己的目标奋斗的过程中，要保持应有的底线。一条是法律的红线，一条是道德的灰线，这两条都是我们事业取得成就的底线。

019　价值比较原理

• 概念解读

受迈克尔·波特（Michael E. Porter）价值链（Value Chain）理论的影响，人们认为在做决策的时候，一定要依据价值大小来决定。无论是当下还是未来，一定要站在未来的角度来度量其最终的价值大小，哪一项工作的价值最大，就应该做哪一项工作。波特于1998年在价值链理论的基础上，进一步提出了价值体系（Value System）的概念，这与后来出现的全球价值链（Global Value Chain）概念有一定的共通之处。波特研究的是企业内部创造价值的诸环节，并进一步扩展到不同的公司之间，即产业链内部。寇伽特（Kogut）也提出了价值链的概念，反映价值链的垂直分离和全球空间再配置之间的关系。格里芬在2001年分析全球范围内国际分工与产业联系问题时，提出了全球价值链概念。价值链理论的基本观点是，在一个企业众多的价值活动中，并不是每一个环节都创造价值，企业所创造的价值，实际上来自企业价值链上的某些特定的价值活动，这些真正创造价值的经营活动，就是企业价值链的战略环节。而产业价值链的"制高点"则在于先发优势或高门槛的技术优势，先发者利用知识产权保护来持续维护自身"高门槛"的行业地位。

价值比较原理，就是指依据对自身的相对价值的大小，选择适合自己的行为方式或路径。

• **理论应用**

　　2020年初，在全国人民抗击新冠肺炎疫情的紧要时刻，最吃紧的是医用防护服和口罩等防护品。民营企业湖南永霏特种防护服公司本来是生产特殊生产岗位防护服的，之前并未生产过一次性医用防护服。我们知道，要上马一次性医用防护服生产线，对生产设备和环境要求很高，需要解决洁净厂房、灭菌、消毒等问题，怎么办？而且，特殊时期关键原材料又从哪里来呢？再加上恰逢春节放假的特殊时期，工人从哪里来？这些问题不时在董事长李文辉的脑海里涌现。听到李总要转产，公司和家人都明确表明了他们的担心。"研发成本那么高的特高压防护服才投产不久，开工就要等着买原材料，要是转产医用防护服，初步匡算至少需要资金3000万元，这资金从哪里来？""即使你花大价钱建好了生产线，疫情过后怎么办？"是啊，这些确实都是非常现实的问题。但是，如果我们与医用防护服能挨上边的企业都不上马，那谁来做？疫情正在肆虐，医疗保障物资匮乏，战"疫"前线的医生护士连防护服都穿不上，那他们怎么救病人？前线传回的奋战画面、朋友圈里的求助求援，让李文辉咬牙做出了决定，"即使血本无归也要做，否则，我对不住自己的良心"。在李总说出"做"字的那一刻起，永霏公司就进入了"战场"。参加战斗的人，远不止永霏公司的职工，还有政府很多职能部门的干部。为此，湖南省新型冠状病毒肺炎防控指挥部派出专门工作组进驻永霏公司，协助解决生产过程中所有的重大问题。永霏有自己的熟练工人，有一小部分设备，就在本部先建立起了第一条生产线，开始投入生产。市政府、高新区最快速度找到时变通信基地，18小时通宵达旦加班，第二条生产线建成投产。但医用防护服关键工艺的压胶设备严重不足，工作组上报工信部紧急协调解决。人手不足，在市人保局的协调下，熟练工人从全国各地赶来。

　　随着防控形势的严峻，湖北医疗防护服供应更加紧张，仅武汉每天就要消耗15万件，而当时全国日产能仅有1.1万件。备受关注的永霏生产线前脚投产，国家防疫物资保障组驻企特派员工作组后脚就进驻了，提出更严苛的产量要求。"国家督导组几个人，眼里都满是红血丝。"李文辉说，这是真着急、也是真忧心啊！以当时的产能满足不了实际需求，工作组和企业通过再次努力扩张产能，第三条生产线——韶山夏龙无菌基地迅速组建投入使用，集灭菌检测于一体。至此，永霏人创造了自己的奇迹，在一周之内，实现三条生产线同时开工。关键时期，大幅提升的产能，贵如黄金。

自2月1日，永霏获得湖南省首张医用一次性防护服注册证，并获得生产许可证，到3月14日，永霏共计生产近27万套国标医用防护服，有力支援了国内新冠肺炎疫情防控。李总示范带头、冲锋在前，连续近2个月未休息一天，一直在坚守着。永霏人所有的坚守，不分昼夜连轴运转，只为"抢"出更多的防护服。防护服生产出来后，马上进入国家统一调配系统，企业不能干预，也不能赚取更多的利润。那么，永霏所展现的是一种怎样的价值观？显然，是以李文辉为代表的永霏人强烈的社会责任感和企业担当，所诠释的是社会价值远优于经济价值、国家利益远高于企业利益的观念。李文辉的"价值比较"，由一瞬铸就了永恒。

• 管理启示

生活中，我们知道有些人"双十一"为了抢到便宜货而深更半夜守着电脑和手机不睡觉；也知道有人为了省一二元钱的车费，宁愿多走十几分钟的路；有人为了抢几毛钱几块钱红包隔三岔五看微信而浪费很多时间；有人为了挣几百元的外快，上班偷偷干私活。

到头来，他们会发现这样做都是不值得的，得不偿失。因为，被省下来的一二元钱，远远不能弥补因为要多走十几分钟路而造成的机会成本的损失；上班干私活，体现的是不敬业、不专注的精神状态，人不在"状态"，没有"精神"，存在最大的潜在危险。

这种"价值比较"没有处理好的话，不仅仅时间利用没有效率，工作难出成果，更糟糕的是会渐渐习惯低层次的满足，忘记了远方的风景和诗意。人，一旦心志变低，就很难提升自己，让自己走到越来越高的层次上了。

还有个更需要严肃对待的问题是：有农村小孩在有条件读书的前提下过早辍学，目的是为了尽早去打工挣钱。这是一个社会问题，但首先是个观念问题，是如何对待孩子的未来的问题。对此，我们应该深思，到底是让小孩留在学校直到学有所成、拥有一技之长，还是早些把孩子赶上"人力市场"，干些由于没有技术什么人都可以干的活呢？这也是个价值比较的问题，是短期利益与长期利益的比较。

020 金姆原理

● 概念解读

金姆原理出自英国维明顿公司总裁W·金姆的名言："出色的人往往都有自己的见解，而平庸的人则往往附和别人的意见。"综观知名企业家，他们能够独树一帜地带领自己的优秀队伍不断走向辉煌，支撑着他们的正是"自己的见解"——与对手不同、与传统习惯也不同的"己见"。创新性地提出自己不一样的理念并付诸实施，产生突出甚至意想不到的市场效果，便是金姆原理。

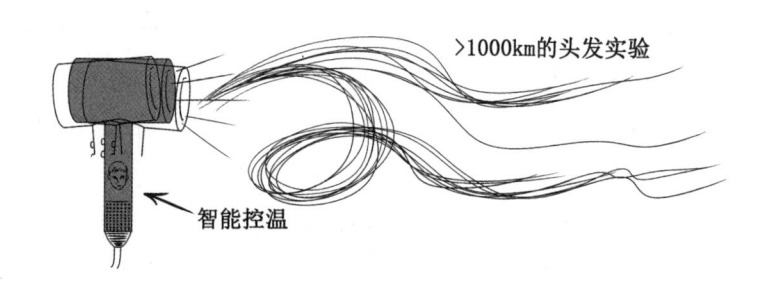

>1000km的头发实验

智能控温

● 理论应用

2018年10月11日，英国高科技企业戴森在美国纽约发布了一款名为Airwrap styler的美发造型器，没料到的是得到了全世界消费者的瞩目。趁热打铁，一周后，戴森在北京举办了一场品鉴会，解读这款美发造型器：卷发、顺发、干发于一体的卷发器。其核心原理是利用高速、高压的戴森第九代数码马达来驱动空气气流，让桶管的每个狭缝产生气流，通过压力差异使头发黏附到其表面，这样一来，人们就不用担心头发缠结问题。通过将头发中的水分与强劲气流及精准受控的温度相结合，推动空气沿发束表面方向流动，干发的同时完成造型。

詹姆斯·戴森被人称为"英国设计之王""英国乔布斯""家电界乔布斯"，他的与众不同的见解，重新定义了高级卷发器。

为了一款中空设计的吹风机，詹姆斯·戴森花费了5000万英镑，请103位工程师试验了4年时间，制作了600个原型机，使用了1000多千米长的人类头发样本做试验。他对产品要求精益求精，将吹风机做到了极致，让人们愿意掏腰包花高价购买。

人们更熟悉的比尔·盖茨、史蒂夫·乔布斯，更是"与众不同的"典范，他们在同一个领域探索，所取得的成果却不同。比尔·盖茨的 Windows 操作系统彻底改变了人们日常学习、娱乐、工作的方式；而史蒂夫·乔布斯则将个人电脑微型化、简约化、平民化，将电脑和互联网装进了人们的口袋。正如其中学老师所评价的："乔布斯是一个孤僻的学生，看待事物的角度很特别。"或许正是这种独特的个性促使乔布斯在以后的日子里能够不断发现计算机世界的奥秘，拓展苹果的高新科技，让麦金塔计算机、iPod、iTunes、iPad、iPhone 等名牌数字化电脑产品能够连年风靡全球。所有这些，正是"自己见解、独特创新"的最好佐证。

● **管理启示**

事之别在理，人之差在识。

乔布斯说："创新决定了你是领袖还是跟随者。"如果是一个成长性行业，创新就是要让产品更有效率使用，更容易使用，更容易亲近工作。如果是一个萎缩的行业，创新就是要快速地从原有模式退出来，在产品及服务变得过时、不好用之前迅速改变自己。

奥巴马总统曾经这样赞赏乔布斯："在自己的车库里创建了世界上最成功的公司，展示了美国的独创精神。"特立独行的乔布斯，在苹果公司推行"另类思考"，激发想象力、鼓励创新，拉动了整个苹果公司的创造力。表达自己的见解、走自己特色的苹果道路，这也许是乔布斯成功的最重要因素之一。

史蒂夫·乔布斯，詹姆斯·戴森，他们展现的都是创新性人格的共性，也印证了金姆定理，无论是设计、制造，还是定价、营销，他们都在走自己的路，并且远远地超越对手。他们有异曲同工之妙。这个妙，就妙在思想的开放，观念的超前，见地的独到！

詹姆斯·戴森团队在产品研发创新的过程当中采用了爱迪生式的方法，就是一件接一件地制作模型，直到满意为止。在戴森，每个人都有一个工作理念：日常使用的产品可以被改善得更好。例如，戴森的微生物实验室培养并研究细菌、霉菌和尘螨，以找到更好的方式，帮助用户除去家中的这些东西。而乔布斯的秘密同样是他对产品永远都不会满意。乔布斯将他的一生都倾注于提出问题："为什么这样行不通？"和"应当作何改变才能让它行得通？"这种执着精神，对戴森和乔布斯来说，又是一种别样的"默契"。

乔布斯和戴森之所以能成功，除了他们有创业领袖特质之外，更有工程师思维。工程师思维方式正在改变着世界。工程师的最大特征是具有模块化的系统思维方式，他们擅长把复杂问题分解，也擅长将其综合解析。《转向》的作者马达范曾说："人们不仅要了解各个组成部分及其相互关系，而且要真正领会整体以及它的意义所在。"这种基于"意义"的关系发掘和创新，正是工程师思维的本质。

"有的东西太沉，有的东西污染性太强，有的东西消耗过多能源，有的东西表现不尽如人意，有的东西使用寿命不够长，每个产品都面临成百上千个问题，而我们每天的工作，便是致力于让产品表现更出色。如果我们研发出诸如高速旋转的数码马达这样的突破性技术，对我们来说，这就是巨大的成功，因为它让众多产品得以拥有卓越表现。" 詹姆斯·戴森的产品从不屈从于市场，他总是千方百计地在设计和科技上寻求更理想的解决方案。

021　金字塔原理

• 概念解读

　　金字塔原理（Pyramid Principles）于1973年由麦肯锡国际管理咨询公司的咨询顾问巴巴拉·明托（Barbara Minto）提出，阐述了写作过程的组织原理，提倡按照普通人的阅读习惯改善写作效果。该原理认为人一般都有惰性倾向，很多时候不想看长篇大论之后再得到结论，又因为人具有好奇心，在得到了结论之后就会想知道为什么。金字塔原理提倡先摆出结论，再摆出论点来支持结论，这样的写作方式更能让读者理解和接受。综上所述，金字塔原理是一种根据人们的习惯，以结构化的写作方式来提高写作效果，使人们能够更好地理解和接受文章的一种方法论。现也引申为一种思考问题的方法。

• 理论应用

　　很多大三的学生都会困惑自己接下来到底应该做什么？针对此问题，我们用金字塔原理来分析一下：总问题是接下来应该做什么，那么自然会想到我们可做的有哪些？

对此，我们应把能做的事情尽可能地列举出来。首先，我们可以根据大学毕业之后发展方向的不同，分为读研和就业两大类，当然读研还可以进一步细分为国外读研和国内读研，国内读研又可以细分为是考研还是保研。就业也能进一步细分，这里就不一一列举了。其次，根据前面的具体类别来思考之后应该怎么做，比如选择考研需要做哪些准备？我们姑且把考研分为笔试和面试两个阶段，两个阶段又分别要做什么呢？以笔试为例，假如需考数学、英语、政治和专业课，那么下一步就应思考我现在各科能考多少分，离目标院校还有多大的差距，从而进一步确定在各科上面应该花费的时间，再细化到每个月甚至每天应该做什么，这样，目前的困惑就解决了。

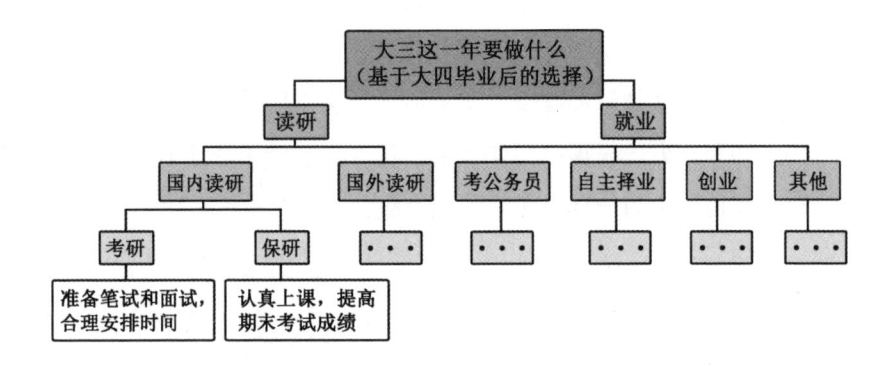

（资料来源：作者整理，大三学生的职业发展规划示意图）

金字塔原理所揭示的这种列出论点，找分论点，最后找论据的思维模式，同样适应于职场人士。A公司M君是公司项目部的助理工程师，项目部经常性的讨论，都由他来做记录，并要整理纪要分发给大家。但会议一结束他经常脑袋发麻甚至一片空白，要把会上大家的意见和观点整理出来，真是让他犯难。事实上，他就可以用金字塔原理来解决这类问题。首先找出关键问题，并明确定义问题；然后根据大家的讨论，确定问题的类型，思考不同角度或方面之间可能会存在哪些关联；接着，归纳来自不同角度或方面的解决办法，形成问题解决办法集；最后，经由经济性、技术性、环保性、材料获取便捷性、可操作性等方面的评估筛选，得出最终的解决方案。会议过程中，大家的发言也许比较散乱，而且有的人的观点可能还隐含在他的言辞和态度之外。但作为一个高水平的综合性人才，就应该有透过字里行间和发言者的声色捕捉重要信息和观点的能力。金字塔原理就可以帮助你达此目的。如果M君能这样整理会议纪要，相信与会者和决策者，不仅满意他的工作，也会对项目运营的思路更加清晰，同时还可能增强大家对项目的信心。

• 管理启示

任何事情都可以归纳出一个中心点、中心问题，或者中心思想。主要思想总是从次要思想中概括出来的；中心点，或者中心问题，都是从杂乱无章的琐碎问题中抽象出来的。金字塔原理这种重点突出、主次分明的逻辑思路为人们提供了一个很好的直奔中心问题或中心思想的思路。金字塔原理一般遵循结论先行、以上统下、归类分组、逻辑递进的分析框架。

在生活中，比较常见的是：有些人说了半天，但人们还是不理解他说的是什么；相反，有些人只是寥寥几句就把事情交代得很明白，可谓言简意赅，可能还讲得很有趣味，让大家有想继续听下去的欲望。两相对照会发现，他们最大的区别在于前者说话没逻辑，而后者很有逻辑。金字塔原理可以帮助人们有效地改善这种状况。

如果我们能在平时的生活和工作中很好地运用金字塔原理，那么，沟通效果一定会有很大改善，处理事情的效率也能得到较大的提高。这也给我们启示，遇到问题无从下手时，不妨将这个问题细化为几个小问题，通过小问题的归纳和分析来找出解决大问题的思路。同样，在遇到多个问题时，可以思考这些问题之间是否存在一定的联系，有无共同之处，进而使问题得到一定的简化。当然，金字塔原理更多的是给我们提供了一种分析问题和解决问题的思路。

022 / 90/10原理

● **概念解读**

90/10原理是说，只有大约10%的事情是我们无能为力的，而剩下的90%的事情都在我们的把握之中。一个人能否摆脱资源和条件的束缚，把一件事情做成，关键取决于我们如何对待和处理可以掌握的90%。无法控制的10%，主要指那些不可抗力，或者我们不能直接参与决定的事情。对可控的90%要通过我们自身的努力，尽力推动事情向好的方面转化，避免向不好的或坏的方面发展。

小A在奥运比赛中出了意外，结束了她6年的体育生涯（此乃人生中10%的不可控因素）。她会就此一蹶不振吗？

小A没有就此沉沦，她重返校园，积极钻研体育学科，参与对外交流。

多年后，小A成为一名优秀的体育教练。
（人生中，起决定作用的是对那90%的处理态度与作为）

● **理论应用**

吃早餐时，女儿不小心把豆浆打翻在你的衬衫上，这件事你无可奈何，也是你无法控制的10%的部分，但接下来发生的90%的事情却是由你的反应而定的。

你狠狠地骂女儿一顿，她哭了起来。你生气地换衣服，你的女儿一边哭着吃早餐，一边整理上学的书包。结果，她错过了校车。你的妻子赶着上班，你只好匆忙开车把女儿送去学校。因为已经迟到了，你超速驾驶，结果被交警拦截，并付了罚款。你到达女儿学校时，已经迟到十五分钟。你的女儿急匆匆跑入学校。

你到达公司也已经迟到了，这时你发现忘了带公文包。这是非常糟糕的一天，你感到运气每况愈下，开始渴望回家。可是当你下班回家，又感到你与妻子及女儿的关系上出现微小裂痕。

你无法控制女儿打翻豆浆一事，但其实是你在接下来五秒内的反应，让一整天的坏事开始发生的。你不同的反应，造成了所有的事情有了不同的结局。

复盘是一种很好的管理思维和方法。豆浆打翻在你身上，你的女儿几乎要哭了，但你温柔地说："亲爱的，这并不算什么，你下次小心一点就是了。"你更衣完毕并拿起你的公文包走下楼，看到女儿正在上校车。你提早五分钟到达公司，并亲切地与同事打招呼。

通过复盘可以看出，同一个开端所引起的两个不同的反应，其结果有天壤之别。

2019年4月4日，小米主要创始人雷军在清华大学作了一场关于小米创业9年历程和发展模式的报告。通过他的报告，我们发现小米之所以能够成功，就是抓住了心中笃定的"90%"。那么，小米的"90%"体现在哪里？主要体现在两个方面：一方面，体现在雷军及其创业团队不为当时产业环境所影响，坚持做优质且性价比高的产品；另一方面体现在他们着意通过创新而赢得的美誉度，特别是发掘与用户交互的方式，提高用户的体验感和受尊重感。无疑在当时手机开发商还在单纯强调技术的时代刮起了一股清风。小米创立之初，正值我国手机市场发育尚不成熟、境外"水货"手机趁机涌入之际，手机市场鱼龙混杂，老百姓选择一款适合的手机并不容易。在这样一个环境里，雷军他们横下一条心，"希望用我们的能力改变中国制造业，做感动人心的好产品，造福世界上每一个人。"雷军在报告中还说，"我们刚进入智能手机行业的时候，当时有苹果、三星、中华酷联，全是巨无霸，一个中关村十来个人的小公司，杀到一个全世界竞争最激烈的战场，奇迹发生了。小米只用了两年半，做到了中国第一、世界第三。"但小米在保持了两年中国第一的位置以后业绩下滑了，雷军直言，"光有互联网思想远远不够，如果我们对传统制造行业缺少敬畏之心，缺少愿意学习的心态，我们打不赢这场仗。"从2016年开始，小米强调补课，放下身段逐个对标，向先进学习。加之小米坚持用户思维（而非客户思维），雷军自己带头在小米社区倾听用户声音，收集了超过2.1亿个帖子的用户体验感受和建议。这种交互式的学习和改进模式极大地增强了顾客黏性，反过来又进一步促进小米产品的不断完善。于是第二个奇迹发生了，小米2017年售出了9400万台手机，回到了世界第四，2018年更上一层楼，售出了1.18亿台手机，而且其海外营收占比超40%。

• 管理启示

  在瞬息万变、科学技术飞速发展的今天，所有企业都面临着既定的10%的时代变迁和社会环境变化，这时就要看企业对这既定10%的反应和决策了。实践来看，这10%既是对各类企业的考验，又是企业界"优胜劣汰"的鞭策。

  对人的成长来说也是一样的道理。面对既定的10%，要从容淡定，重点思考怎样去安排好自己的90%。面对那些不利条件和负面因素，千万别当一块"海绵"，最好让它们像雨水在挡风玻璃上那样自然流走。也别让那些负面评价和闲言碎语缠绕着你！

  无论是大风掀翻了屋顶，还是火车延误或是一辆摩托车撞上了心爱的汽车，这一路的风景和一天的心情，都是由那90%来决定的，换句话说，是由我们自己决定的。这些点点滴滴的生活呀，那些可方可圆的工作呀，最终是幸福的、成功的，还是相反，其秘诀就在于我们如何去面对那些不可预知的失望与困难。

  由此得出些许启示，如果生命中真的有10%的际遇我们无法决定，那就欣然接受吧。我们就从改变反应和态度开始，去抓住并掌控剩下的90%，那才是绝大多数的部分！2010年出版的图书《90/10原理》，从多角度多方位阐述了人生不可改变的10%和能够把握的90%，探究了现代人的精神实质。感谢倪先平先生为我们获取正确的人生态度、享受幸福生活、活出不一样的精彩，提供了可供选择的全新解决方案。

023 / 看远忽近原理

• **概念解读**

　　很久之前，看过一部电影（很遗憾，电影的名字记不起来了），有一句很有味道的台词，大意是：当人们遇到惊险或危难之时，一般会不由自主地看远方，而忽略眼前的人和物。

　　这是为什么呢？估计是人的本能希望在更大范围内找到出路，范围越大，则可能获得生存或走出困境的机会就越多。

　　看远忽近原理，指人们遇上紧急或危急时，往往容易忽视眼前的关键环节，而去追逐更远的、可能并不靠谱的出路。

　　大家看，上图中乘坐电梯的人差点被挤成一根根麻花，大家只顾往上头看，不幸的是这个电梯里还有一个小孩正在被"挤压"，小孩被挤得差点摔倒。

● **理论应用**

在对顾客、股东、员工的重要性排序方面，不同的公司有着不同的看法，并且还有着不同的做法。我们关心顾客固然没有错，彼得·德鲁克先生不是经常让我们问问，"我们的客户在哪里"吗？股东呢？股东是投资人，投资人投资就是逐利的。那我们的员工呢？员工满街都是，无所谓吧？

其实不然。员工才是企业赖以生存和发展的根基。试想一想，企业的哪一项技术革新不是员工创造出来的？哪一样产品不是靠员工生产出来的？哪一分利润不是员工销售产品和服务换来的？员工的精神不饱满，会影响上下游的衔接，可能造成产品质量问题；员工在向客户提供服务的过程中，传播了一些错误的信息，势必影响企业的形象和订单量。因而，我认为员工才是第一位的。员工是我们的"近"处，是最需要和最值得企业管理者、领导者重视的。

二十世纪初，福特公司采取"每天工作8小时、每天5美元"的用工政策，让工人获得了更多的权益，不过，工人还是未能摆脱"机器的附庸"的命运。亨利·福特就说过，"我明明要的是一双手，怎么来了一个人"。所以，美国企业虽然凭借着"管理分离"超越了英国的"专业分工"，却陷入了劳资双方无休止的矛盾之中。美国三大汽车公司一直没有摆脱官僚主义和工会的掣肘，后来相当一段时间都是如此。而日本企业秉持"和为贵"的价值理念，找到医治美国劳资矛盾的良方。日本企业在加大技术投资的同时，也愿意加强对管理者和工人的技能培训，而且通过实施员工终身雇佣制，将企业目标和员工的个人利益结合起来，确保员工自动自发地为企业努力工作。日本企业鼓励员工彼此协作，并承担责任，这让来自美国的戴明和朱兰都愿意把其质量管理体系首先落户日本，并在日本开花结果。后来世界各地的制造企业都学习"丰田"的精益生产模式，但几乎没有哪家企业能掌握"丰田之道"，原因就在于没有哪家企业能够建立起丰田公司这样的"信任+纪律"的企业文化。日本企业的以员工为中心，视员工为最大关注焦点的做法，取得了巨大成功，是值得我们关注和研究学习的。

再举一个例子，说的是二十世纪中期美国的约翰逊商场。我们看看这个商场有什么特别？一个特别之处是水果架上苹果的排列，所有的苹果柄都朝向同一个方向，一片闪耀着光泽的红色让人眼前一亮。第二个特别之处是员工创新性的服务水平。有一年冬天，大雨造成商场停电，为了不影响顾客购物，商场继续营业，店员们拿着手电筒帮顾客一一寻找商品。虽没有了明亮的灯光，可整个商场处处移动的星光美景，更让人心动。每个顾客都对这意外的服务心存一份感激，通电后，货架上也没有丢失一件商品。这些传奇般的服务让约翰逊商场名噪一时。那么，这一切应归功于谁呢？当然是员工，是企业管理层"近"处的员工。

• 管理启示

我们可能容易在一些危急的情形下犯些错误，如家里的燃气灶出现意外（油锅起火）时，直接去找厨房角落里的燃气管道开关，而忘记首先应该关掉灶台上的燃气炉阀门；渡船游览过程中有人落水时，我们可能救人心切，而根本不去穿上就在船头的救生衣。

还有，我们经常听朋友的夫人们说："老公似乎对他的朋友都好，但为何对我老不好，老是没耐心，一说什么就凶巴巴呢？"这是不是也是"看远忽近"原理的一个家庭版本呢？

再回味一下乘电梯现象：在电梯里，由于空间狭窄，因为陌生，人们一般不会或者不愿意直面对方。大家一般都有抬头向电梯上方看的习惯，哪怕就只能看到呆板的天花板。每一个乘客似乎都有一个心理暗示，上头是安全的，所以尽管往上看；朝着希望向上走出，人就可以安心，哪怕是短暂的几十秒甚至几秒钟。听起来，这种解释是有道理的。

旋转一下，那上头不正是平面的远方吗？让自己走进自己的远方，如果能穿越，那感觉一定更妙，比如说以每秒18米的速度穿越上海塔，你更多的时候应该是抬头等待在云端拥抱那"第一高楼"的胜景。

我们都是"追梦人"！我们志存高远。然而，当你行色匆匆，奔跑在追梦路上的时候，当你盯着远方、望着高山的时候，也请留意你脚下葱郁的小草和路边唱歌的小溪！这些小草和小溪说不定就可以给你带来很多灵感和诗意。有了远方，更兼诗意，你会有更加澎湃的动力和激情。

024 路径依赖原理

• **概念解读**

路径依赖原理指，人们一旦做了某种选择，由于惯性的力量，就会使这一选择不断自我强化，并让其不轻易改变。这一原理的提出者是美国经济学家道格拉斯·诺思。他由于用"路径依赖"理论成功地阐释了经济制度的演进规律，从而获得了1993年的诺贝尔经济学奖。诺思认为，路径依赖类似于物理学中的"惯性"，一旦进入某一路径（无论是"好"的还是"坏"的）就可能对这种路径产生依赖。某一路径的既定方向会在以后发展中得到自我强化。人们过去做出的选择决定了他们现在及未来可能的选择。好的路径会对企业起到正反馈的作用，通过惯性和冲力，产生飞轮效应，企业发展因而进入良性循环；不好的路径会对企业起到负反馈的作用，就如厄运循环，企业可能会被锁定在某种无效率的状态下而导致停滞。而这些选择一旦被锁定，想要脱身就十分困难。

A：一个路口有两条路，某人习惯了走其中一条

B：久而久之……

• **理论应用**

你能想象马屁股和航天飞机之间会有什么关系吗？

1869年5月10日，联合太平洋铁路与中央太平洋铁路在美国犹他州的普鲁蒙托里角接轨，正式宣告横贯美国东西的大动脉建成。美国铁路两条铁轨之间的标准距离是4.85英尺，这是一个很奇怪的标准，究竟从何而来？原来铁路是由建电车轨道的人设计的，而这个4.85英尺正是电车所用的标准。电车轨道标准又是从哪里来的呢？原来最先造电车的人以前是造马车的，而他们是用马车的轮宽做标准。那么，马车为什么要用这个轮宽标准呢？因为那时候的马车如果用任何其他轮距的话，马车的轮子很快会在英国的老路上撞坏。为什么？因为这些路上的辙迹的宽度为4.85英尺。这些辙迹又是从何而来呢？答案是古罗马人定的，4.85英尺正是罗马战车的宽度。接下来又要问，罗马人为什么用4.85英尺作为战车的轮距宽度呢？原因很简单，这是两匹拉战车的马的屁股的宽度。

在电视上看美国航天飞机立在发射台上时，你留意看，在它的燃料箱的两旁有两个火箭推进器，这些推进器是由设在犹他州的工厂所提供的。如果可能的话，这家工厂的工程师希望把这些推进器造得再胖一些，这样容量就会大一些，但是他们不可以。为什么？因为这些推进器造好后要用火车从工厂运到发射点，路上要通过一些隧道，而这些隧道的宽度只比火车轨道的宽度宽了一点点。

故事是颇有趣的。从一定意义上说，今天世界上最先进的运输系统的设计，或许是由两千年前两匹战马的屁股宽度来决定的。历史惯性的力量是多么强大，要冲破由惯性形成的规则又是多么艰难。

路径依赖的现象在商业社会就更多了，连锁经营模式就是典型代表。

• **管理启示**

不论你做出什么样的决定都请慎重，因为你的一个小小的选择也许会影响一些非常重要的事情。从这个层面上来说，"路径依赖原理"已经向"混沌原理"转化了，因为那对著名的"蝴蝶"的"翅膀"我们每个人都有。当然，这震动的翅膀和会飞的蝴蝶，究竟会震（飞）往何处，今天和未来的你，还是有了更多的发言权。

去地铁走同样的路，买同样的报纸，打开同样的电脑，我们的行为已经越来越自动化，如同机器人一样，逐渐对自己所做的事失去了感知。很显然，若想获得有创意的思维，我们必须保持感知力。感知力指无论你在做什么，都有完全清醒的认知。没有感知力代表着你在失去机会，你没有清醒地活着。永远都在走同样的路，会容易迷失自己，不知自己身在何方。如果一直用相同的方式做相同的事情，也会永远得到相同的结果。

不吸烟，空气质量都要好上三分，我们应该要感知因为有人吸烟而破坏了环境的"窘迫"，从而努力去"抗争"并改变它！

好习惯将不只影响您的一生，您的后代子子孙孙皆会因而受益。培根说过："习惯是人生的主宰，人们应该努力追求好习惯。"从注意点滴行动开始吧，"播种一个行动，你会收获一个习惯；播种一个习惯，你会收获一个个性；播种一个个性，你会收获一个命运。"

原理篇

025 麦穗原理

• 概念解读

　　麦穗原理来源于一个经典故事。传说古希腊哲学大师苏格拉底的三个弟子曾求教老师，怎样才能找到理想的伴侣。于是苏格拉底带领弟子们来到一片麦田，让他们每人在麦田中选摘一支最大的麦穗，规定不能走回头路，且只能摘一支。第一个弟子刚刚走了几步便迫不及待地摘了一支自认为是最大的麦穗，结果发现后面还有很多大麦穗；第二位一直左顾右盼，东瞧西望，直到终点才发现，前面最大的麦穗已经错过了；第三位把麦田分为三份，走第一个三分之一时，只看不摘，分出大、中、小三类麦穗，在第二个三分之一里验证是否正确，在第三个三分之一里选择了麦穗中最大最美丽的一支。麦穗原理揭示，面对众多选择甚至诱惑时，我们要敢于出手、迅速决策，"不求最好，但求更好"，千万不要瞻前顾后，这山望着那山高，从而错过"机会窗口"，贻误最佳选择时机。

77

- **理论应用**

　　S公司是一家投资理财公司，培训师卢老师经常讲起他们公司所接触的一些案例，印象中老陈和小李的故事经常挂在卢老师的嘴边。

　　老陈一直想要换一套宽敞一点儿的新房，结果看房看了三年，也没有成功，不是房型不满意，就是位置地段不满意。当然，最重要的还是房价。这个"房价"就成了老陈选择房子时最大的"路径依赖"。

　　当银行存款利率较高时，多数人毫不犹豫地把钱全部存进了银行，获取稳定的利息收益。而小李当时只是把三分之一的资金存了定期存款，其他三分之二选择了支取更为方便、提前支取利息不吃亏的定活两便储蓄，以等待更好的投资时机。不久，国家发行国债，利率比银行高出不少，而且带有保值性质，于是小李支取了定活两便存款，购买了国债。这一投资决定让小李获益不少。国债利息加上保值贴息，年收益高达20%以上，五年时间资产翻了一番。小李精于理财，投资不孤注一掷，更不因循守旧，用他的理智和果敢，摘取了投资过程中最大的"麦穗"。小李的投资行为，也启发我们在经济决策中该如何做正确判断，以能够在金黄的麦浪中收获更大。

- **管理启示**

　　从苏格拉底让弟子找最大的麦穗的故事中可以看出，三个弟子中相对比较智慧的还是第三个弟子。在寻找伴侣这件事上，这三个弟子，第一个代表了社会上的"闪婚"一族，遇到一个觉得合适的人就不假思索地迅速结婚，结婚后才发现对方其实不是自己理想的伴侣，于是"闪婚"的人有很多伴之以"闪离"，结果很悲剧。第二个弟子属于挑剔的心态，不明白自己要的是什么，总是挑来捡去，结果这也不行那也不行，把最行的和相对比较行的都错过了。最后一个弟子则有一个比较明白的心态，他知道自己的伴侣应该是什么样的，或许他找到的不是最漂亮的，不是最出色的，但必定是最适合自己的，这就达到了双赢的结果。很多人总说自己的缘分没有到，其实不然，只是自己没有把握好机会而已。事实上，生活的真谛就是"要服气"。当"执子之手与子偕老"时，面对你的爱人，你要幸福地说："你就是我一生中，要寻找的那个人。"或者洋气地说："I was born to love you."

不仅爱情如此，在商场上找客户，也可以套用麦穗原理。散落在东南西北的客户，就是麦田里的麦穗，不一定要找到最大的那个客户，找到能让你赚钱的客户，来来往往能持久的就很好。

无论是对爱情，还是生意，抑或其他，只要认真观察，以平衡心态去理智分析，然后果断决策，一般不会错到哪里去。

即便选错了，那又何妨呢？选错了，就要有容忍错误的心境，恰如墨菲效应所谓，越担心犯错误就越可能犯错误。更何况此类"错误"是由别人的"不完美"造成的，那我们就学会与"不完美"共处，让自己轻松，也让别人轻松。

前几天去朋友果园里摘梨子，从面向阳光的一面看过去，硕大的浅黄色梨子让人垂涎，但摘下梨子后发现其背着阳光的一面竟然有褶子，在心里闪过一丝失意之后也不好意思摘了又丢回去，待削了皮后发现除了褶子下面的水分少之外，其他并无区别。因而，表面的"不完美"，其实也还未必就是不完美的。

我们心中追求完美，意味着不断突破、追求极致的工作态度和精益求精的工匠精神，这一定是值得鼓励的。因为每一个1%服务质量的改进，可能带来10%及更多销售额的提高。但要警惕的是，不要追求生活中的完美，因为很难有现实生活上的完美！

026 / 木桶原理

• **概念解读**

　　木桶原理是说由多块木板围起来的一个圆木桶，其盛水量由最短的那块板子的长度决定。把这个理论延伸到企业经营管理中，一个企业的绩效，往往由其管理短板决定，因为企业内部的管理是相互促进、相互制约的，如果某一个部门薄弱，就必然影响其他部门。因此，企业要时常检视自己，按照不同的拆解标准对企业的管理进行要素分类，并对比分析，一致确认企业发展的短板，然后"死磕"短板，做相应的因果分析，寻找"补短"突破之路。

• **理论应用**

　　几年前，有一件事情深深地刺激了格力集团的董明珠。那就是，国人到日本抢购电饭煲和马桶盖。难道国产电饭煲不能煮饭吗？显然不是。只是随着我国人民生活水平、消费水平的提高，对商品特别是日用品的品质要求提高了。国人对电饭煲的需求已经从"煮熟"升级到了"米饭口感好、电饭煲操作便捷、做工精良"。就是说，我们没有留意的一些功能和造型要求，成了产品竞争的短板。

怎么办？只有迎头赶上，补上"短板"才是出路。"中国没理由连个电饭煲都做不好！"带着这份豪迈之情，格力宣告进军电饭煲领域。电饭煲虽小，可以见大，由此，我们看到了中国制造如何由大变强。2015年，格力提出"让世界爱上中国造"的品牌定位，以科技创新、智能制造引领中国制造，来一场中国制造的品质革命，以"品质"把顾客"抢回来"。董明珠曾透露，格力一名熟练工每分钟可以打140颗螺钉，"这已经是一个很了不起的数字，但是我们通过对生产线自动化改造，一台工业机器人每分钟可以打1400个螺钉。人工可能会因为疲劳等原因出现瑕疵，而机器人没有这个问题。"这还仅仅是智能化改造的冰山一角，通过整个生产系统的智能化改造，格力掀起了一场又一场提质、降本、增效的"品质革命"。也就是说，以格力为代表的家电企业，在争相抬头仰望互联网星空的同时，也在静下心来思考消费者真正需要的是什么。而过去，对消费者心理的关注正是我们的"短板"。

绩效管理中常用到的BSC平衡计分卡，也是木桶原理的一个很好的运用。企业应在流程、人员、财务及营销四个方面不留"短板"，以达到一个系统性的平衡。

• 管理启示

毋庸置疑，掌握木桶原理对我们的工作、学习和生活是非常有用的。我们应该主动寻找自己的短板，然后针对短板，寻找学习、改进和提高的办法。这正如一台电脑，如果操作系统、显示器和内存配置都很高级，只是鼠标或键盘很老旧，那么，你在使用电脑的时候也会很受影响，体验感就会大大下降。

特别要注意的是，我们经常看不清自己的缺点或弱点。缺点通常指某人的性格、习惯、品德等方面的缺陷，如马虎、懒惰、怕吃苦、爱炫耀、图享受等。这些正是我们需要正视的问题。缺点是可以通过学习、比对来改正的。缺点与短处或短板是有区别的。短处或短板通常是天生的，与生俱来的。一个人的个子矮，这不是"缺点""弱点"，更不能说是"问题"，只能说是"短板"或"劣势"。

因而，我们要思考企业的短板或者弱点在哪里，它的问题又在哪里？我们要改正的是弱点、缺点，要改善的是短板、短处。我们不能"眉毛胡子一把抓"，把"短板"或"劣势"当"问题"，那自然会弱化或掩盖真正的问题，一定是有害的，甚至是危险的。

027 七何原理

• 概念解读

七何原理指我们思考和处理问题时所遵循的5W2H原则，也叫七问分析法或5W2H分析法，由第二次世界大战中美国陆军兵器修理部首创。通过问七个"为何"，把要解决的问题全景呈现出来而不疏漏，便捷、实用，又易于理解，富有启发意义。七何原理用五个以W开头的英语单词和两个以H开头的英语单词进行设问，发现解决问题的线索，也有利于寻找发明思路，助推发明创造。5W2H分别指：

(1) What——是什么？目的是什么？做什么工作？

(2) Why——为什么要做？可不可以不做？有没有替代方案？

(3) Who——谁？由谁来做？

(4) When——何时？什么时间做？什么时机最适宜？

(5) Where——何处？在哪里做？

(6) How——怎么做？如何提高效率？如何实施？方法是什么？

（7）How much——多少？做到什么程度？数量如何？质量水平如何？费用产出如何？

经过这七个问题的"自问"或"他问"，对某一问题的解决方案或创新发明的寻找，是否有更加清晰的思路了呢？答案是肯定的。我国著名教育家陶行知先生提出6W2H法，增加了一个Which（哪个），他把这种提问模式叫作教人聪明的"八大贤人"。

● 理论应用

美国华盛顿广场的杰弗逊纪念馆大厦，年久失修，表面斑驳陈旧。政府非常担心，派专家调查原因。调查的最初结果认为侵蚀建筑物的是酸雨，但后来的研究表明，酸雨不会造成那么大的损害。最后才发现原来是冲洗墙壁所含的清洁剂对建筑物有强烈的腐蚀作用，而该大厦墙壁每日被冲洗的次数大大多于其他建筑，因此腐蚀就比较严重。

问题是为什么每天清洗呢？因为大厦被大量的鸟粪弄得很脏。为什么大厦有那么多鸟粪？因为大厦周围聚集了很多燕子。为什么燕子专爱聚集在这里？因为建筑物上有燕子爱吃的蜘蛛。为什么这里的蜘蛛特别多？因为墙上有蜘蛛最喜欢吃的飞虫。为什么这里的飞虫这么多？因为飞虫在这里繁殖特别快。为什么飞虫在这里繁殖特别快？因为这里的尘埃最适宜飞虫繁殖。为什么这里的尘埃最适宜飞虫繁殖？其原因并不在尘埃，而是尘埃在从窗子照射进来的强光作用下，形成了独特的刺激致使飞虫繁殖加快。

解决问题的最终方法是：拉上窗帘。杰弗逊大厦至今完好。通过以上的分析发现，有些问题并不像我们看起来的那样复杂，只是我们还没有找到解决问题的简单办法。而如何才能找到这个"简单办法"？七何分析法，就是一个很好的选择。

● 管理启示

检验对一个问题的思虑是否全面，运用七何原理是非常必要的。因为，人的思维总是有缺陷，或者不连续，或者被打扰。如果能够有一个准则，并按此准则或步骤去操作，出错的概率会大大减少。

提出问题与发现问题和解决问题都是极其重要的。创造力高的人，都具有善于提问题的能力。如果提问题中常有"假如……""如果……""是否……"这样的设问，或者"……才能更好"的探讨，我想这就离最终解决问题不远了，这也是TRIZ里面IFR[①]的基本要义。

在发明设计中，对问题不敏感，看不出毛病是与平时不善于提问有密切关系的。对一个问题追根刨底，有可能发现新的知识和新的疑问。所以从根本上说，学会发明首先要学会提问，善于提问。阻碍提问的因素，一是怕提问多，被别人看成什么也不懂的傻瓜；二是随着年龄和知识的增长，提问欲望渐渐淡薄。如果提问得不到答复和鼓励，反而遭人讥讽，在人的潜意识中就形成了这种看法：好提问、好挑毛病的人是扰乱别人的讨厌鬼，最好紧闭嘴唇，不看、不闻、不问，但是这恰恰阻碍了人的创造性的发挥。

5Why分析法，似乎就是专为"提问者"而设计的一种思维方式。它针对一个问题点，连续以5个"为什么"来自问，以打破砂锅问到底的态度，追究其根本原因。当然，"5次"只是个概数，有时可能只要3次，有时也许要10次。5Why法的关键就是要鼓励解决问题的人，努力避开主观或自负的假设和逻辑陷阱，从结果着手，沿着因果关系链条，顺藤摸瓜，直至找出原有问题的根本答案。我们看看丰田公司是如何找出生产线上机器停转的原因的。丰田公司确定的问题是：为什么机器停转？

Why：为什么机器停转？——超过负荷，保险丝断了。

Why：为什么超负荷？——轴承润滑油不够。

Why：为什么润滑不够？——润滑泵吸不上油来。

Why：为什么吸不上油来——油泵磨损、松动了。

Why：为什么油泵磨损——没有安装过滤器，混进了铁屑等杂质。

看得出，正是这种穷根究底的态度和方法，让丰田公司最终找到了生产线上机器停转的原因，为最终恢复生产铺开了路。显然，七何原理和5Why分析法，在企业经营管理和社会生产生活诸方面，均具有重要的应用价值。

[①] IFR（Ideal Final Result，最终理想解），TRIZ理论中的重要概念和思想，它明确理想解所在的方向和位置，保证在问题解决过程中沿着此目标前进并获得最终理想解，从而避免可能走的弯路。

028 少选择原理

• **概念解读**

　　人的一生中有很多选择，但并不是选择越多越好，相反，少一些选择，把时间和精力集中在你不得不做的事情上，或者你喜欢甚至热爱的事情上，能够相对容易地获得成功。这就是少选择原理的含义。

　　如上图所示，图中下方这个人在行进的道路上，面临的机会和选择少一些，看得出他走起路来显得特别轻松，对到达自己的目的地充满信心。而与之相对的是，上方的那个人则出现苦恼和彷徨，原因就在于选择太多，以至于不知所措。

• **理论应用**

　　徐州工程机械集团有限公司（以下简称徐工）是中国工程机械行业规模最大、产品最齐全、最具竞争力和影响力的大型企业集团，荣获2020年全球工程机械制造商50强第4名。徐工提供的产品包括工程起重机械、铲土运输机械、压实机械、路面机械、混凝土机械、消防机械、环卫机械以及其他工程机械。徐工深入布局全球市场，向178个国家和地区出口20万台主机，主要指标连续28年居行业第一。"走出去"的徐工，用坚守和创新为中国品牌代言。徐工董事长王民说："我们要往工程机械的'珠穆朗玛峰'登顶，解决10%的最后技术难题，靠的就是坚守、专注、创新、改革的精神，一气呵成不停步，才能铸就大国重器，成为被全球用户尊重的世界级企业。"徐工全球首台八轴1200吨风电专用全地面起重机向电力系统大客户发车，在国内百吨以上超级移动式起重机市场以60%的占有率完全替代进口。据国家海关出口数据，2019年，徐工品牌出口和自营出口总额分别领先国内同行，双双稳居行业第一位，其中，工程机械板块收入约800亿元，同样稳居国内第一。

由此观之，正是这种深耕一业、精益求精的企业发展战略，决定了徐工自1989年成立以来，始终保持中国工程机械行业排头兵的地位，位居世界工程机械行业前列，也成就了其极强的竞争力和影响力。加上其业内领先的产品创新能力和国内最完善的零部件制造体系，以及混改后优质资产的注入，徐工机械将乘着新老基建逐步落地的政策东风，收获专一化、精深化发展的硕果。"徐工"是行业首个"中国驰名商标"，"徐工徐工，助您成功"虽为一句广告语，但的确为其用户带来了许多成功。

我们知道，印度移民在美国大公司中担任CEO的非常多，比如微软首席执行官沙提雅·纳德拉、谷歌的皮柴、花旗集团的前首席执行官潘伟迪等。担任《财富》500强公司副总裁的印度裔也很多。加州大学伯克利分校和斯坦福大学的一项调查表明，截至2012年，印度裔做高管的公司占到了硅谷所有公司的33.2%，这一数字目前还在增加，而在硅谷的人口数量中，印度裔只占6%。

绝大部分到了美国的印度人，死心塌地在新的国家里做好自己的工作，并且在并不宽的上升通道里一心一意往上爬。印度男人在生活上也没有太多的诱惑可以让自己分心，另外，由于女性在婚后常常不上班，承担了教育孩子和管理家务的事情，也让男人有更多的时间花在工作上。当然，这也让他们在职场上比较有竞争力。相比之下，美国人在自己的主场有太多的选择，不仅在婚姻上如此，在工作上也是这样。因此，很多美国人不仅有选择困难症，用中国的话说就是"挑花了眼"，而且常常不能专心在一家公司、一个领域做太长时间。我们常常说美国人很潇洒，潇洒的另一面却是不够执着。

芝加哥大学商学院的奚恺元教授从幸福学的角度给出了合理的解释，那就是印度人缺乏选择的状态，以及不选择而产生的幸福感和成就感，帮助了他们的精英在公司里取得成功。

除了事业之外，时至今日大多数印度人还是采用传统而古老的择偶方式，即有点像中国古代的父母之命、媒妁之言，并且婚姻双方需要门当户对，因而他们在婚姻上的选择也就很少。那么，是不是印度人对婚姻的满意程度普遍会低呢？美国盖洛普等调查机构在对国民的幸福指数调查时发现，印度人对婚姻的满意程度并不比美国人差，同等收入水平的印度人，幸福指数远比美国人要高。在美国的印度人，对婚姻的满意程度和整体幸福感要远远高于美国平均水平，离婚率则在各个族裔中是最低的。

• **管理启示**

通常我们认为，有更多选择时我们会过得更幸福，但事实并非如此。印度人对婚姻没有选择，只好更仔细地经营他们的婚姻和家庭了，反而比只注重选择、不注重经营家庭的人要幸福得多。人们的经济收入通常会在成功地选择职业或者更换工作单位后有较大幅度的提高，但是人的幸福感和成就的取得，大多并不是多次反复选择的结果，而是在没有多少选择时深度经营、精耕细作的结果。这种现象可以称为"不选择反而获得幸福"。

很多时候，我们把太多的精力花在了选择上，而不是经营上，导致难以精进。其实，成功与否，幸福与否，不在于选择的多寡，而在于是否能集中精力和时间对自己所喜爱的事业用心经营，在于是否对自己的小步前进用心累积！

一句话，或许少些选择会让我们更幸福、更成功。

一个我自己亲身经历的例子就是，我们二十世纪六十年代出生的人，在农村要想改变面朝黄土背朝天的生活，唯一的出路就是"千军万马"挤着高考这个"独木桥"。那时大学里能提供的学位有限，一个自然班能考上三五个学生就不错了，于是，我们"拼多多"地学呀学，甚至把古代的"凿壁偷光""囊萤夜读"的学习技法也使上，终于"功夫不负有心人"，"博得"了个十里八乡出了个大学生的"美誉"。这便是没有更多选择的结果。假使当初我们还有很多其他的选择，可能读书也就不那么用功，自然也难以考上大学，人生之路可能是另一番景象，自不待言。

我们生在一个好的时代，有很多展示自己才华的舞台和机会，这本身是好事。但如果"选择"太多，"机会"太多，要想精进是很难的。我自己又是一个典型的例子，来湘潭大学整整十年了，时间不长，讲授的课程却不少。给本科学生所讲授的课程包括《企业战略管理》《技术管理》《管理学前沿讲座》《企业文化》《管理咨询》《管理学原理》《创新思维技法》《创新工程实践》《创新创业基础》《商务英语》；为研究生主讲的课程有《人力资源开发与管理专题》《沟通管理》《组织行为学》《职业生涯规划与创业指导》《绩效与薪酬管理》（MBA方向）等。上了这么多门课程，怎么"聚焦"呢？所以，我是个名副其实的"博士"，但不是个专家。上的课程过多，无疑严重制约了自己的深度，也影响了成果的产出。这是选择不当，或者说"太多"选择的结果，虽然当时在我们系里排课也是"服从"安排，解决"燃眉之急"的，现在回想起来，还是有些怅惘的。

029 稀缺性原理

• **概念解读**

相对于人的欲望而言，经济物品以及生产这些物品的资源总是不足的，这就是经济学所说的稀缺性。无论是政府、企业还是个人，所拥有的资源都是有限的，稀缺性的存在，决定了它们必须要做出选择。既然要做出选择，就必须要考虑该"舍弃"什么。那么，由于稀缺性所引致的必须做出选择，并且选择者必须为其做出的决定负责任，这就是稀缺性原理。资源的稀缺性是经济学的前提之一。稀缺性可以用边际效应递减规律来解释。

• **理论应用**

贵州茅台酒厂因为茅台酒而名闻天下。茅台酒是世界三大名酒之一，是酿造者的智慧与天地之灵气和独特的酒文化的结晶。茅台酒的生产继承了古代酿造工艺的精华，闪烁着现代科技的光彩。如此不愁嫁的"闺女"本是不应担心销售的。是的，对此它似乎从未担心过。只是，怎么卖个好价格，这里面就有些学问了。有一年，茅台酒的价格涨得很高，即便如此，在市场上也买不到茅台酒。不少经销商反映，"从国庆节过后根本拿不到货"。茅台酒涨价之前，普通53度出厂价为499元，一级批发价在970元左右，终端价北京达到1500元，而在广东则达到1500元以上。各地都面临一个共同问题：有钱买不到货。事实上，除了茅台产能释放速度落后于消费市场增长速度这一原因外，茅台也利用消费群体追求品牌和品位的消费心理，进行"饥饿营销"，一次次造成"稀缺"印象，一次次高明地变相推动涨价。这就是高档品或奢侈品，采用饥饿营销手段，助推营销以提高销售额的策略。其道理就是我们平时说的"物以稀为贵"。

当一个商品开始稀缺的时候，它就开始变贵了。当你订机票时，如果网页上显示"只剩下3张"，你大多时候都会赶紧下手。一旦得手，你对这张机票的心理价值就提高了。1975年，三位心理学家Worchel、Lee和Adewole进行稀缺性研究之初，设计了一个让人们评价巧克力饼干味道的实验：一组人员拿到的是装了10块饼干的罐子，而另一组人员拿到的罐子里只装了两块，结果后一组人员给饼干的评分比前一组高一倍——虽然饼干是一模一样的。这一经典实验充分地展示了稀缺性会如何影响我们的判断。

• **管理启示**

稀缺性导致了竞争和选择，营销人员适当运用稀缺性原理，可以很好地促进销售，提高销售额。在商场货柜上琳琅满目的商品，背后是厂商付费多少的"争夺"。生产快速消费品CPG（Consumer Packaged Goods）的宝洁，就花了很多钱以让其产品出现在优越的货架位置，确保拥有多数人视线正中央的高度和引人注意的展示槽，而不是位于难以被注意到的货架。对内容搜索类公司来说，首页推送资源是有限的、稀缺的，因而"付费以获得更好的广告位"成了通用做法。亚马逊平台上的商家可以付费让自己在搜索排名中靠前，或者被标上"亚马逊的选择"（Amazon's Choice）这样的徽章，从而提高销售额。音乐创作人创作了无数作品，唱片公司、DJ和其他时尚引领者就需要为用户做出"在所有这些选择中，哪首歌应该被听到"的选择。

"稀缺性"也是组织核心竞争力的重要特征之一。组织要从战略高度去培植"稀缺"的产品和服务，利用稀缺性原理，去经营"稀缺性"。

030　斜木桶原理

• **概念解读**

在木桶原理的基础上，我们进一步假定，还是一个由不同长短的木板箍成的木桶，当木桶倾斜放置的时候（见下图），显而易见，木桶的盛水量不再受最短的木板制约，而往往由最长的木板决定。就是说，一个倾斜放置的木桶，把最长的板子放在最下面，就能让盛水量最大化。

斜木桶原理指不一定要每一处都比别人强，只要在一处发挥自己的特长，突出自己的优势，克敌制胜即可。它是一种提倡特色突显的创新战略，要求企业能打破思维定式，着眼未来，找准自己的特色和优势，然后尽量"扬长"，而不管"短"如何，从而实现自身在某一个方面的胜利。在企业，可通过产品或业务优化，由一两个单品的胜利，拓展至全部的胜利。

• **理论应用**

有谁能想到我们每天习以为常的木梳能成就一家公司？重庆谭木匠工艺品有限公司在梳子上"起舞"，把梳子做成文化，做成了全国的大品牌。成立于1993

年的谭木匠，凭借其独特的文化内涵和工艺美学，赢得了社会大众的喜爱，2020年CNPP大数据平台提供支持的十大木梳子品牌网店排行榜中推荐指数第一。谭木匠梳子以木为本质，以小叶紫檀为原料，匠心而作，彰显"我善治木"本色。尽管谭木匠梳子相较于白象、沙宣、丽娜等中外名牌木梳起步较晚，但其能找准自己的定位，突出现代制造技术与传统手工艺技术相结合的特色，发挥现代流行时尚与中国传统文化工艺相融合的优势，淋漓尽致地彰显其产品集合艺术性、工艺性、观赏性、收藏性与实用性于一身的个性，可谓避短扬长、充分运用斜木桶理论的"高手"了。

康师傅让小小的方便面走遍全球；义乌的小商品在默默无闻中走出国门……这些毫不起眼的隐形冠军都是白手起家，他们愈战愈勇，势如破竹，带动所有木板一起成长，最终成为一个领域的发言人，建立自己的标准。

人的成长也是一样，要发现并"死磕"自己的特长。奥托·瓦拉郝就是一个典型的例子。瓦拉郝由于在脂环族化合物研究中的突出贡献，于1910年获诺贝尔化学奖，他的成才之路充满传奇色彩。他开始读中学时，父母为他选择的是一条文学之路，不料一个学期下来，老师为他写下这样的评语："瓦拉郝很用功，但过分拘泥，这样的人即使有着完美的品德，也绝不可能在文学上发挥出来。"瓦拉郝又改学油画，可他既不善于构图，又不善于润色，对艺术的理解力也不强，成绩在班上是倒数第一，学校的评语更是令人难以接受："你是绘画艺术方面不可造就之才。"面对如此"笨拙"的学生，绝大部分老师认为他已成才无望，只有化学老师认为他做事一丝不苟，具备做好化学实验的潜质，建议他试学化学。父母接受了化学老师的建议。这下，瓦拉郝智慧的火花一下被点着了。文学艺术的"不可造就之才"一下子变成了公认的化学方面的"前程远大的高才生"，最终获得了诺贝尔化学奖。

• **管理启示**

要开辟一个崭新的天地，也许尖锐的钉子比笨拙的榔头更容易。市场上总是有"霸权"，弱小的新生力量根本无法与之抗衡，正面冲突就如以卵击石。所以避实就虚、扬长避短才是明智之举。

据说，有一次，爱因斯坦上物理实验课时不慎弄伤了右手。教授看到后叹口气说："哎，你为什么非要学物理呢？为什么不去学医学、法律或语言呢？"爱因斯坦回答："我觉得自己对物理有一种特别的爱好和才能。"这句话在当时听起来似乎有点自负，却真实地说明了爱因斯坦对自己的特长有充分的认识和把握。我们找到特长后，要正确地发挥它，即使再微不足道，不可能的事也将实现。

松下幸之助曾说，人生成功的诀窍在于经营自己的个性长处，经营长处能使自己的人生增值，否则，必将使自己的人生贬值。

能够让企业在激烈的市场竞争中存活下来并发展壮大的，多是这个公司的长处。所以，我们的眼光不要死盯着自己的"短板"，恰恰相反，应该审视自己的长板，思考如何让自己的"长板"变得更长。短板只有与长板放在一起时，才会显得短，所以扬长避短不仅必要，还要讲究方法。

因而，我们都应该做我们擅长的，而不应该做我们不擅长的。把我们不擅长的，交给那些擅长的人吧。由此看来，有些小微企业把一些自己不擅长的职能或活动外包出去，实为明智之举。

认识自己的优点和短处是非常重要的，但不要把所有的时间和精力都花费在补足自己的短板上。如果补足短板需要花费的代价太高，姑且就随它去吧。人无完人，能够利用自己最擅长的能力，发挥其最大的效益，获得最大的收益，才是最重要的。人生本短，如果能够有机会发挥自己最擅长的能力，有所获，有所乐，即便有短板或软肋，也不会对最终良好成绩的取得有大的妨碍。由此也说明，有时候人不要太过苛求自己，要学会与自己的不足相处，甚至具备某些弱势心态，又有何妨？

不过，所有的长板的优势都是暂时的，所以，当我们的长板还算是"长"的时候，要最大化其产出，而不是等着长板要失去优势的时候，才开始发力。我们有了一项领先的技术，如果顾虑于别人的偷师学艺，而不肯快速地面市，等着竞争对手迎头赶上的时候，我们的长板技术，最后可能无法在市场得到最大化的收益。

利用木桶原理可以让我们更强大；利用斜木桶原理可以让我们更成功。你怎么认为呢？无论是基于你自己，还是基于你所在的组织，希望都能抽时间思考这些问题。

031 / 厌损原理

• **概念解读**

这一原理和它的字面意思基本相同：一旦拥有了某样东西，你就非常不想失去。心理学家Daniel Kahneman做过这么一个实验。他召集了一群人，给一些人每人发一个杯子，给一些人每人发一包巧克力，有的人什么也没给。然后，这些人被要求在两种方案中做选择：有杯子或巧克力的，可以选择换成巧克力或杯子；什么都没有的人，可以选择要杯子或要巧克力。结果是，什么都没有的人，有大概一半的人选择了杯子（另一半的人选择了巧克力）；而发了杯子的人，86%的人没有选择换成巧克力，依然保留了杯子——从概率上来说，最后应该是约50%的人拿着杯子。"厌恶损失"让人们不愿意失去已经拥有的杯子。有了杯子，要去换成巧克力，这巧克力还不知道什么时候到手呢！

- **理论应用**

　　中央电视台有一个沃克牌净水器的广告,广告词是这样写的:"生活在变,水质也在变。家庭的水还好吗?家庭用水看的是品质和服务。沃克净水机,核心科技,RO反渗透过滤技术,可以有效去除水里的有害细菌微生物、铁锈和泥沙等杂质,过滤精度高。为了让大家对产品放心,从现在开始一分钱不花,免费试用十五天,您可以用净化后的水,做做饭、泡泡茶,体验一下好水生活。不满意无条件拆机,满意留下后,每月付199元,13个月付清。售后服务更放心,先体验后购买,产品放心,一个月一付款,售后有保障。饮水我要干净的。核心科技,贴心服务,净水选沃克。"沃克集团开展"先体验,再购买,满意后还可以分月付款"的大型诚信活动。很多人看了广告为之动心,纷纷下单。可是,即便净水器有什么问题,只要能克服得过去,也就算了,用了半个月的惯性使然,拆走机器会感觉不便。这其实也就在心里有了依赖净水器的投影,所以,只要没有什么大的质量问题,一般都会购买,如此一来,这净水器不就销售出去了吗?究其背后原因,其实就是利用了人们规避损失的心理。

　　《中国新闻周刊》2019年7月17日报道:"根据交通运输部规定,自2019年7月起,全国实施ETC车载装置设备免费安装,力争到2019年底ETC安装率超过80%。目前国内汽车保有量大约2.4亿辆,但ETC安装率不到四成。要达到该目标,今年汽车ETC安装量将超过1亿辆。"显然,交通部门给出了利好政策,希望更多车辆能配合办理ETC,但就是有车主不愿意办。究其原因,就与厌损心理有关。这些人会认为,一旦办了ETC,自己的银行卡就要与之绑定,那就会泄露自己的账户信息,想来风险太大了,索性就不办,而宁愿忍受经常在高速路收费站排着长队、翻着钱包等不方便。

　　电视剧《归去来》里有一个镜头,讲到花花公子成然,当听说书澈要谈新女友时,第一反应是吃惊;再问对象是谁时,他的第一反应,莫名其妙地想到了他自己的商婚对象绿卡,怎么也没有"正常"地想到会是与书澈"门当户对"的萧清。因为,在成然心里,萧清是他要追求的目标,是他的单相思。在成然的潜意识里,他就有一种本能的厌损心理。

• **管理启示**

通过上述例子，我们应该怎样"对待"厌损心理？不妨了解一下，心理学研究中的有关人类对外部世界的认识可分为三个区域：舒适区（Comfort Zone）、学习区（Stretch Zone）和恐慌区（Stress Zone）。在舒适区，我们得心应手，每天处于熟悉的环境中，做在行的事情，和熟悉的人交际，甚至你就是这个领域的专家，对这个区域中的人和事感觉很舒适。但在舒适区学到的东西很少，进步缓慢，而且一旦跳出这个领域，面对不熟悉的环境及变化，你可能会觉得有压力，无所适从。学习区是我们很少接触，甚至未曾涉足的领域，充满新鲜事物，在这里可以充分锻炼自我、挑战自我。而在恐慌区，由于对事物的不确定和未知，会感到忧虑、恐惧甚至不堪重负。这太正常了，因为趋利避害是生物的本能，但作为人类，我们要面对的是更为复杂的人类社会，这使得我们不能仅仅依靠本能去做事或分析问题。比如，对"趋利避害"这个概念的理解，我们需要判断什么是"利"，什么是"害"，再延伸一下，尝试着把时间线拉长去看待"利"和"害"，当前可能是"害"，但以后可能是"利"。所谓的"利害"其实还有个"差序"和"时序"的问题。

我们都可能遇到学习和工作上的"高原现象"，即暂时的停顿或者下降的现象。其实这也是一种相对的舒适区问题，在这里待的时间长了，自然会感觉自己没有进步了，想踏出舒适区，但又一直处于踌躇不定的状态。其实影响你决策的就是损失规避，当然还有时间成本和不确定性。

在如今的数字化时代，免费模式盛行，因而厌损原理具有更重要的意义。比如你可以在一款免费软件上增加一种功能，让用户限时试用，试用期满后，一些免费客户就会因为不愿失去这项功能而变成付费用户。不过，消费者也慢慢地熟悉了这些营销"花招"，会有一些对策。对策之一是某些人会在某种程度上获得免疫力，但是对大部分人来说，厌损心理无法克服，总是无法拒绝自身一些根深蒂固的欲望和需求。就像我们熟知的青蛙背蝎子过河最后双双葬身河中的故事那样：当青蛙在水里用最后的力气问蝎子，你为什么还是蜇了我？蝎子的回答是"I can't help it, it's in my nature."（我忍不住啊，这是我的天性）。天性，就是这么难以改变。

要转换工作岗位，或者重新找单位，人一般都会犹豫，甚至害怕失去前面的工作，因而许多人通常的做法是，先找好下家再提出辞职要求。对于入错行业或岗位的职场新人，我建议一旦找到了自己喜欢的行业或岗位就马上行动，否则随着现有待遇的提高会导致你决定要转行转业时因要承受更多的损失而放弃。而这，很可能就会将一个人"屈才"一辈子！

钱钟书先生书中提到，婚姻好比是一座围城，进去了的人虽然可能不满意想出来，但是要真正走出来，还是需要极大的勇气的，没有人可以随随便便在这围城自由进出。这里体现的其实也是人们的厌损心理，跟转行转专业一样，该痛下决心的时候还是不能含糊的。

032 一万小时原理

• **概念解读**

　　一万小时原理指，不管你做什么事情，只要坚持做一万个小时，应该都可以成为该领域的专家，或至少是行家里手。美国两位畅销书作家，丹尼尔·科伊尔的《一万小时天才理论》与马尔科姆·格拉德威尔的《异类》，其核心都是"一万小时"的积累。算一算，如果我们每天工作8个小时，一周工作5天，那么成为一个领域的专家至少需要5年，除此，无它！这就是一万小时原理所要告诉我们的核心要义。

| 3000 小时 | 7500 小时 | 10000 小时 |

　　上图所示，一位练习钢琴的女孩，当她弹奏3000个小时的时候，还不太熟练；当弹奏7500个小时的时候，已经较为熟练了；当弹奏达10000个小时的时候，则随心所欲，潇洒演绎，沉浸于音乐的美妙之中了！

• **理论应用**

　　以"为世界带来全新视角"为使命的大疆创新科技有限公司（以下简称大疆），凭借完全自主研发的创新技术，制造了包括消费级、专业级、行业级等惊艳世人的无人机产品，截至2018年估值突破240亿美元，员工发展到1.4万名，成为无人机行业的"独角兽"。

　　出生于1980年的创始人汪滔从小痴迷于航模，小时候从父亲那里得到一架遥控直升机，开启了他的飞行梦想。不过直升机飞了不久就"掉"下来了，于是，他幻想着，直升机要是能在空中悬停，那会有多么美妙啊！

正是这个梦想使汪滔毅然决然地选择了学习电子工程专业。2005年，在香港科技大学毕业设计的最终演示阶段，本应悬停在空中的飞机掉了下来，结果得了一个C，让他失去了去欧盟名校继续深造的机会。幸运的是，他遇到了导师也是后来的同事李泽湘教授。得李教授指点后，汪滔开始研究无人机飞控系统，在宿舍中做出了飞行控制器的原型，由此点燃了他创业的激情，他是典型的"宿舍创业派"。2006年，大疆在深圳成立，最先瞄准的是海外航模论坛用户以及更关注航拍技术的影视从业人员，比如美国好莱坞的市场。但创业维艰，同年年底，公司出现财务困难，幸得陆迪投资9万美元解囊相救，才渡过难关。

汪滔酷爱技术，讲究产品品位，认为无人机产业主要是要沉下心做技术。大疆最早的技术起源于飞控，如今已经在通信、控制、动力、相机、陀螺仪稳定云台等一整套技术上有了技术沉淀；从专注于直升机的飞控系统到多旋翼无人机飞控系统的研发，如今已经拥有了包括飞控、云台、图传以及图像稳定系统等领域的技术积累。从创立开始，大疆就以产品研发为导向，强调工程师文化，曾将首款农业植保无人机以该项目组的一位工程师的ID命名，这也是公司尊重技术、尊重人才的体现。大疆还通过RoboMaster机器人大赛，挖掘出更多工程方面的人才。

2011—2016年，大疆在欧美、韩国等地开疆拓土，全球的销售额增加了约160倍。在2017年，大疆营业额达到了180亿元，海外营收约占80%。先国外，后国内，大疆开辟了一条与众不同的全球化路线。2018年，大疆发现国内短视频市场正悄然升起，开始加码国内市场。短视频的消费需求催生了更多"无人机"变种产品，很快中国大陆地区成为大疆业务增长最快的市场。

当然，极速成长中的大疆也有烦恼。例如，如何平衡技术与管理的问题、内部腐败问题、危机事件公关问题，都曾给大疆带来不少冲击。但这些终归是成长中的问题。

回望大疆的发展历程，创始人汪滔正是基于对无人机的执着追求，从最初"悬停"的单一愿望，到要解决稳定性、清晰度、传输距离的任务清单，再到消费级一体机，以及现在的无人机场景式的应用和"无人机平台生态圈"的建立，十几年如一日，终于闯出了中国智造的崭新天地，让大疆因为"基因和品位都难以被模仿"而一直保持着"系统优势"。无疑，这是对一万小时原理的极好诠释。虽然，汪滔的一万小时跟别人的一万小时可能不同，别人的通常是瞄准了一个目标前进，而汪滔在跨越一个又一个目标之后，还不断摸索自己的新目标！"大疆目前正在做的都跟机器人视觉相关，如果在这方面取得突破，将在无人驾驶、工业制造等方面取得用武之地"。我们有理由相信，在接下来的一万小时和更多的一万小时里，正如汪滔所说："未来，无所不能！"

• **管理启示**

"台上一分钟，台下十年功""十年寒窗无人问，一朝成名天下知"，"十年功"也好，"十年寒窗"也罢，走的都是一段段孤独的心旅，"熬"的时间是漫长的，"熬"的内容是晦涩的，而这些正是成长的学费。

有时候，你明明看到了成功的曙光，可脚下却满是荆棘。那就说明，我们的修为尚不到，还未满一万小时。一万小时原理的关键在于，一万小时是最低限，而且没有例外之人。没有人仅用3000小时就能达到世界级水准，7500小时也不行，一定要10000小时。10年！每天3小时！无论你是谁。这等于是在告诉大家，一万小时的练习，是走向成功的必经之路。"不经历风雨，怎能见彩虹？没有人能随随便便成功。"

二十世纪九十年代初，瑞典心理学家安德斯·埃里克森在柏林音乐学院做过调查，学小提琴大约都从5岁开始，起初每个人都是每周练习两三个小时，但从8岁起，那些最优秀的学生练习时间延长，9岁时每周练习6小时，12岁时每周练习8小时，14岁时每周练习16小时，直到20岁时每周练习30多小时，共10000小时。音乐神童莫扎特，在6岁生日之前，他的音乐家父亲已经指导他练习了3500个小时。他21岁写出最脍炙人口的第九号协奏曲时，可想而知已经练习了多少小时。国际象棋神童鲍比·菲舍尔，17岁就奇迹般奠定了大师地位，但在这之前他也投入了10年的时间进行艰苦训练。

科学家发现，在对作曲家、篮球运动员、小说家、钢琴家、象棋选手的研究中，数字10000反复出现。

一万小时的苦功夫不仅对训练一个人的技能是必要的，对一个团队做出一款卓越的产品也是必要的。任何好的产品都需要足够的人力和时间来打磨，花的功夫不够，得到的就只会是粗制滥造的产品。我们发现，有些小公司之所以能做出好的产品以助其成功，就是基于"聚焦"上"加班"。聚焦使产品得到足够的人力，加班使产品积累到一万小时的门槛，由此水到渠成地成功了。

作家格拉德威尔在《异类》一书中指出："人们眼中的天才之所以卓越非凡，并非天资超人一等，而是付出了持续不断的努力。一万小时的锤炼是任何人从平凡变成超凡的必要条件。"英国神经学家Daniel Levitin的研究证实了这一点，认为人类脑部确实需要这么长的时间，去理解和吸收一种知识或者技能，然后才能达到大师级水平。顶尖的运动员、音乐家、棋手，需要花一万小时，才能让一项技艺至臻完美。

我愿引用冰心先生《繁星·春水》里的一句话与读者朋友共勉："成功的花，人们只惊慕它现时的明艳！然而当初它的芽儿，浸透了奋斗的泪泉，洒遍了牺牲的血雨。"

033 越简越难原理

• **概念解读**

越简越难原理指的是，越是那些看起来简单的事情，真正做起来却发现很困难，而那些看起来高难度的事情，却往往会比较"容易"做成。原因并不在于事情本身的难易程度，而在于对待事物的心态和由此所持的态度和热情，以及所受压力大小和紧张程度而调动的情绪和努力。大多数人都愿意选择相对容易的事情来做，结果导致竞争者的基数特别庞大，竞争自然很激烈，最终不一定成功，很多以失败告终。如果一开始就选择一件高难度的事情，其他人还没有尝试就望而却步了，就变成了少数人的竞争，甚至是没有竞争，当然也就容易成功了。

• **理论应用**

越简单的事情反而越难做成的现象在我们的生活中很常见，这里举一个大学生就业、创业的例子。互联网技术和智能物流的发展为电商和微商行业提供了巨大的发展机会，而这些行业也是最吸引大学生就业、创业的行业，为什么呢？因为大家都觉得投资成本小、简单易学，只要注册一个账号，进一点货就可以在淘宝或者是朋友圈开张了。那这些人最后都成功了吗？结果是不尽如人意的，大多数人都发觉，做电商和微商并没有宣传或想象中那么容易，几乎赚不到什么钱。为什么？就是因为这种行业几乎没有壁垒、没有门槛，所有人都能够进来，我们必须明白一个道理，无论是能够赚取高额利润的生意，还是有着高薪和社会地位的工作，都有很高的门槛，都是只有少数人才能够进入的。所以，如果你想让未来的日子变得轻松些，让你的前程变得阳光灿烂，你就必须去挑战那些看起来有难度的事情。

任正非就是这么做的，在华为创立之初，他就决定要做一件困难的事情——研发自己的芯片，当时华为很多人包括许多高管都不很理解，任正非为什么要做这种费力不讨好的困难事情。我们都知道，芯片研究属于基础科研的范畴，不仅投入大、难度大、耗费时间长，而且更重要的是，当时外国的芯片已经非常成熟了，华为完全可以直接购买外国更好的芯片，为什么还要舍易求难呢？所以当时反对的声音非常大，但任正非最后还是力排众议，在全球范围内招聘研发人员，建立科研机构和实验室，开始了华为芯片研究计划。从可编程逻辑开发项目团队开始造芯行动，花了十几年从通信芯片的ASCII化，到完全自主芯片化，到最终助力5G技术独领风骚，领先世界，拿下2570项5G专利。随后华为又从通信芯片逐步向计算芯片扩展，先后实现了麒麟系列嵌入式CPU及鲲鹏ARM64服务器CPU，华为自主研发的处理器已经完成对智能手机、PC、可穿戴设备、智能电视、服务器等设备的覆盖。在Windows、Android、Linux等主流操作系统一统天下时，华为也挽起袖子搞起了自己的操作系统。经过多年的积累，激动人心的时刻终于来了，2019年8月9日，在广东东莞松山湖，华为正式发布自主研发的鸿蒙操作系统。据介绍，鸿蒙系统是基于微内核的全场景分布式OS，可按需扩展，实现更广泛的系统安全，主要用于物联网，特点是低时延，甚至可到毫秒级乃至亚毫秒级。无疑，鸿蒙系统及其未来的升级版本，将作为华为一个可资依赖的核心竞争力独行天下，对华为来说具有里程碑意义。

我们不得不佩服任正非的高瞻远瞩，如果当初他也觉得芯片研究很难而不去做的话，那么关键时刻要拿出"备胎"就不可能了。

• **管理启示**

简单的事情，虽然"简单"，但把简单的事情重复十次、百次做好，那就了不起。海尔集团总裁张瑞敏曾说："把简单的事千百遍做好，就是不简单；把大家都认为容易的事认真地做好就是不容易。"比如，给我们大家每天按时开门、锁门的保安，如果哪天他迟到了一会儿或者把一个人锁在屋里，那我们就都会出来"声讨"不已；可现在没有出现这样的事情，就说明他长期以来开门锁门这个小事都做得好，做到极致了，那就非常不容易。

  推而广之，我们是不是应该为我们身边的城市清洁工点个赞？是不是也该为我们建筑工地上码砖的砌匠点个赞？是不是该为轰鸣的机器旁那些车工钳工师傅点个赞？是不是也该为在农田里弯着腰一行一行插着秧苗的农民伯伯点个赞？

  因为这些平凡岗位上的工人、农民，他们都在做着我们习以为常的简单的事情，且简单地重复，日复一日、年复一年地重复着，这本身就不简单了。更何况，在当今灵活用工、灵活就业、岗位流动便捷的时代，能坚守自己的岗位而不心浮气躁，当属难矣。

原理篇

034 至则原理

• **概念解读**

至则原理来源于古语"水至清则无鱼，人至察则无徒"，意思是说，水太清澈了，鱼就难以长成，或者有点鱼也容易被人捕走；人不能太过精明或计较，总要给别人留点空间，也给自己留有余地，做到"有些话不必说尽，有些事不必做尽"，做个"得体"的人，后多引申为可以追求极致和"更好"，但做人做事要留有余地，不要做得过于极致或精细，否则可能会适得其反，甚或带来大的损失。

• **理论应用**

昆明有一家取名"千里眼"的电视遥控器生产企业，CEO谌总曾奉足球教练米卢的"态度决定一切"为治企宝典。他最喜欢员工办公桌上资料堆积如山的状态，很在意员工是否埋头在资料堆里，很享受办公大厅里劈劈啪啪的电脑键盘声。下班是万万不可准点走人的，偶尔下班时早走了两天，谌总就会关心你"是

105

不是谈了新男朋友""是不是最近身体状态不佳"。同样重要的是,加班单一定要填得有节制;加班餐能省则要省;晚9点之前必须要离开,这样,公司就可以省下员工手册明确规定的加班出租车费。又要马儿跑得快,又要马儿不吃草,就是这位谌总追求的理想乌托邦吧。

每年加薪时CEO会借口利润不理想,主动向董事会要求降低员工的加薪幅度。控制了成本,讨好了董事会,苦了可怜的员工。如此,什么都要管,而且还管得这么"狠"!"察"得这么准!那自然留不住人,员工们个个身在曹营心在汉!

曾国藩年轻的时候,以理学清流自居,认为自己按照圣贤道理,忠心耿耿就能成就功业,结果今天弹劾这位大臣,明天跟那位大臣辩论,眼睛里容不得沙子,最后处处碰壁。中年之后,再度出山,他才知道圆融通达的道理。为了成就大事,手下人犯小错误,权当没看见。为了筹集军饷,对一些乡绅的不良行为他也睁一只眼闭一只眼。去朝廷报销军费的时候,他更是左右逢源,融通关系。正因为他不"至察",才成为了晚清重臣。

• 管理启示

凡事都有一个度,给人一定的空间,也是给自己回旋的余地。看过很多企业的发展历程之后,我深深感受到,企业如能给员工,包括其中层管理者,赋予一定的权力和责任,让其有充分的发挥空间,一定会带来意想不到的积极效果,其程度甚至可以达到由于管得过严过细的效果的十倍、百倍。这就要看我们企业家或企业管理者朋友,能否大度从容,甚至洒脱些。在2020年春全民抗击新冠肺炎疫情的紧要关头,安徽老乡鸡餐饮有限公司的员工看到公司没有生意、损失巨大,主动写下"自愿放弃疫情期间的工资,与公司同舟共济,共渡难关"的联名信。元宵节当晚,董事长束从轩发了一个视频,面对员工表现出的大爱精神,手撕联名信,并表示,公司虽然损失巨大,但"哪怕是卖房子、卖车子,我们也会千方百计确保1.6万名员工有饭吃、有班上。"这样团结一心的凝聚力和鱼水情深的劳资关系,折射的正是至则原理的本质。

"水至清则无鱼",水一定程度的"清",本来是适合鱼类生存的,但当矛盾双方在一定条件下转化之后,水太过清澈的时候,反而不适合鱼的生长。据报道，有一个"书呆子"博士为了保护自己的孩子不受细菌感染，给孩子喝蒸馏水，结果孩子因为一场小病而丧生。道理很简单，蒸馏水喂养大的孩子，免疫力和抵抗力几乎为零。看来，我们老家一句俗语"邋遢邋遢，子孙发达"，还真有道理的。

水太清，鱼就藏不住身，没有鱼的池塘是不完整的；对人要求太严苛，就没有人能做他的朋友，没有朋友的人生是孤独的。一个人过分精明，对一切要求太严苛，就不会有跟随者。过分计较人的小缺点，也不利于团结人，不利于团队建设和发展。这似与"难得糊涂""人生贵在糊涂"有异曲同工之妙，也反衬了"聪明反被聪明误"的道理。我们为人处世，恰恰需要这样一点胸怀和包容去理解和接受人或事的不足之处，而不是吹毛求疵、斤斤计较。仔细观察那些成就大事业的人，哪个不是揣着明白装糊涂，充分发挥身边人的长处，容忍身边人的缺陷，最大限度地调动一切可以利用的资源。

还有一种"清澈"，叫说话。有的人话说得太过直白，真让人受不了。"劝君不用分明语，语出分明出转难。"张小娴在《相逢》里也说，所谓得体，就是有些话不必说尽，有些事不必做尽。

事事认真，追求完美，本未尝不是好事，只是让自己太累，也不能让别人轻松！

这一原理体现在企业管理上，是要提醒管理者们关注企业内个体的独特需求，包容个体的差异性，在管理上要针对不同个性的员工实施一定程度的灵活管理、多元管理。如果无视个体的差异，不能在差异中看到个体的优点和独特性，心中只有僵化的"整齐一致"，就可能会抹杀员工的潜力和创造力，导致企业失去最终的长期发展的根本。

"海纳百川，有容乃大"，正是因为大江大河能容纳一切，能纳清泉，也不拒污流，才能形成其自我循环的生态空间。

035 做人先做事原理

• **概念解读**

做人先做事原则是说，我们不要表白甚至标榜自己有多么厉害、多么可爱，要先做事情让别人看看。让结果说话，有了结果，他人就能看出你做事的态度是认真还是不认真，是全力以赴还是半认真半敷衍。所以，请少去表白，多做实事；少去辩白，清者自清；更莫去强求，付出了才有回报！

第二天　　　　　　　一个星期后

• **理论应用**

华为公司从来就不标榜自己，而是用自己的实际行动践行着藏在心中的企业理念。30多年以来，华为始终坚持为客户创造价值的理念。日本地震、尼泊尔地震时，华为人都没有撤退。2011年，日本发生9.0级地震，引发福岛核泄漏，当别的电信设备供应商撤离日本时，华为选择留了下来。在代表处开会时经常会有余震来凑热闹，起初大家都很紧张，到后面就习以为常了。与此同时，华为的工程师穿着防护服，走向福岛，抢修通信设备。无论是在海拔最高的珠穆朗玛峰、地球最北端的挪威通信基站，还是炎热的亚马孙丛林……以客户为中心，履行合约、诚信交付是奋斗在一百多个国家和地区的十几万华为员工坚持的原则，持续艰苦奋斗的精神使他们赢得了客户的信任。2020年初，在抗击突如其来的新冠肺炎疫情中，华为更是做的比说的多。华为第一时间成立春节疫情保障项目组。在一片空白处开通5G，涉及网络规划、勘测施工、光纤铺设、基站架设和调试等一系列建设流程，还需要对电网和配套设施进行改造。在这样特殊的时期，那是天大的难事了。但华为人硬是靠硬核的技术和一贯顽强的作风，支撑电信运营商，3天内开通了火神山5G基站，助力抗疫大局。此外，华为捐赠了一体化高清视频会议终端TE20视频会议设备和管理平台，以"精确到分钟"的作业流程，完成了一套套5G远程会诊平台系统的安装、调试与交付，高清的画质，可实现异地医疗专家远程诊断。AI辅助诊断服务，CT量化结果秒级输出，相较于医生手工勾画ROI进行量化评估的传统方式，极大地提升了诊断效率。如此这般，华为用实实在在的"事迹"告诉人们，它是一个什么样的公司。

做人何尝不是如此呢？严介和先生，就主张人生第一步先做事后做人，或者说做人先做事。他说，起步应该先做事、后做人，多做事、少做人，边做事、边做人。这一步走出来了，才有可能向第二步迈进，先做人、后做事，边做事、边做人，边做人、边做事，叫多做人少做事。当事情做得完美，人也做得非常得体的时候，你又提升了，向人生的最高境界冲刺，那就只做人、不做事，只做裁判员不做运动员，或者说只做教练员不做运动员，就是成功人士了。严介和先生进一步解释道，其实这和历史是吻合的。劳动诞生人类，我们的祖先是四爪朝地的，因为需要劳动，需要抵御外来的侵略者，要去反抗，要拿起石头去砸，人就站了起来，变成一撇一捺，形成了一个"人"，因事而诞生了人，这是返璞归真，应该这么去看。

• **管理启示**

这个原理告诉我们，要想成为一个真正的有价值的人物，必须从做事开始。要想成为教师，必须从学生开始；要想成为将军，必须从士兵开始；要想成为经理人，必须从基层员工开始。这似乎跟我们传统意义上的"做事先做人"的原理相抵触。其实也未必。"做事先做人"，强调的是我们在做事情的时候，首先要端正心态，要多想想做事的目的和意义，也要多想想如何正当地、合理合法地利用相关资源，发挥主观能动性，去把这个事情做好。在做事之前，一般来说，分配事情的领导，首先会考虑一个人的思想品德、做事方式和特点，再考虑他的能力大小。也就是说，能力和资源相对而言是次要的，领受任务的人的品行和做事的风格、沟通能力、组织协调能力等才是最重要的。这些无疑都是没错的。

那么，为什么我又想强调做人先做事呢？这是说，在信息技术越来越发达、各种线上线下沟通方式越来越普及的今天，办公室几乎不需要挡板，企业也可以无边界，人与人之间的交流、企业与企业之间的交往，越来越便捷和高效。对一个人的了解，对一个企业的判定，似乎也越来越容易。人可以声称自己是一个怎样的人，企业也可以把自己的官网做得漂亮、上档次，我们还可以通过媒体报道、微信公众号或者群分享等多种方式来进一步了解一个人、知悉一家企业，那么，究竟"你是怎样的一个人""你是不是这样的一个人""你是不是一家有社会责任的企业""你是不是一家受尊敬的企业"，就只有通过做好你自己给大家看，做出你的产品让社会来品。这就是我所理解的做人先做事之含义。

效应篇

036 / C位效应

• 概念解读

C位，网络流行语，来源于《DOTA》《英雄联盟》等游戏领域，指Carry或Center，"核心位置"的意思。C位的"C"有多种翻译，早期在游戏领域一直是Carry位的意思，指能够在游戏中担任主力、带领队伍的角色。C位这个词在游戏中应用得越来越广，后来逐渐转到生活当中。某一个人在团队中处于核心位置，人们便认为其处于Center位。在影视剧或综艺海报中，这个位置上就是最重要的人。

C位效应，指团队成员抢占核心位置，并能够带动全场节奏，从而提高团队业务实绩的一系列反应。

马路上的C位

• 理论应用

2019年被称为"5G元年"，随着5G应用的逐渐普及，各大手机厂商纷纷加大5G手机投放力度。2019年年底，华为抢先发布nova6 5G，该型号手机一上市就受到了年轻人的青睐，在年轻圈层中坐稳潮流C位。nova6 5G支持SA/NSA双模组网模式，相比仅支持NSA单模组网的手机，能够真正发挥5G SA组网高带宽、低时延的特性。随着2020年1月1日国内5G入网政策的变化，未来NSA单模5G机型将被淘汰。而华为nova6 5G依旧可以享受真正5G疾速网络服务，完全为用户解决后顾之忧，让用户的5G生活一"部"到位。

以AR/VR游戏举例，前两年一款名为《Pokemon GO》的AR游戏风靡世界，它将虚拟物体放入现实世界，实现了"虚实结合"的游戏体验。然而，受4G网速制约，AR游戏只能停留在比较简单的交互层面；曾经风靡一时的VR眼镜，也受制于网络时延和运算性能原因，容易造成晕眩感，体验不佳。到了5G时代，以上问题都迎刃而解。nova6 5G不仅有更高的网速、更低的时延，还有强大的麒麟990芯片。自研的双NPU神经网络单元，具有强大的AI运算能力，可以大大增强AR、VR能力，带来全新玩法。作为年轻人的首款5G潮流自拍旗舰手机，华为nova6 5G也是带年轻人走向5G世界的万能钥匙。

至此，我们可以说，华为5G手机成功抢得C位。

• 管理启示

C位就是核心或者说最突出的位置，并且C位一词也在与时俱进，又颇有"黑马"的意思，指不声不响却让人大吃一惊、眼前一亮。这样的C位在企业内部各业务部门中也有，不过在行业发展中更为明显，我们经常可以在网络新闻中看到"某某公司C位出道"或者"某某公司成功拿到某行业的C位"等。

2019年春晚，小品《占位子》讲述了小学开学时几位家长使出浑身解数为孩子占"C位"的故事。故事将当下学生和家长们为了获得优质教育资源的拼命状态展现得淋漓尽致。"好座位"预示着"优质"的教育资源，"好座位"有限，"优质"的教育资源自然也有限。小品制造的笑声背后，留给观众的是更多理性的思考——家长真有必要如此费心为孩子抢占教室"黄金位"吗？坐上C位，孩子就能变成学霸吗？座位好意味着听讲的效率高，学习好的概率更大。但这也只是一个"概率"，孩子学习成绩好不好，关键在于孩子学习的自觉性和心智模式，而不在于"座位"的好坏。

同样，在职场里的我们也不能盲目攀比，以为某某同事所在的岗位容易出成绩，绩效会好，就要去抢，去谋得那个职位。其实，一个岗位能不能出成绩，关键在于人对待工作的态度及其胜任能力。

037 巴德尔-迈因霍夫效应

• 概念解读

如下图所示，小男孩与同学在野外偶然发现长出四片叶子的三叶草，但这种奇特的三叶草给他留下了深刻的印象，他在潜意识里认为它会为他带来好运。后来，这种幸运草经常性地出现在他的"下意识"里，在一次家庭春游中，他到处寻找着这种幸运草。

当你听说某一产品后，是否会发现这个产品老是出现在你的视野里？当你喜爱某一个人的时候，是否会觉得他（她）总会"晃悠"在你的眼前？这就是巴德尔-迈因霍夫效应。

一家人去春游

说到巴德尔-迈因霍夫效应的起源，不得不提及在1986年St. Paul Pioneer Press的读者Terry Mullen给"Bulletin Board"（一个专门收集搞笑事的栏目）写的一封信，说他第一次听说"巴德尔和迈因霍夫集团"（德国恐怖组织"赤色军团"），之后不久又从另一个渠道很巧合地看到了这个词。这个故事刊登之后，读者不断提交自己经历过的类似事件，这个现象也因此被命名为"巴德尔-迈因霍夫现象"。这个现象是由于人们的大脑会选择性地关注自己感兴趣的事物，大脑第一次发现一个事物，然后对它产生了兴趣，在之后的时间里便会刻意去注意这个事物，同时忽略其他不在意的事物。按心理学家PS Mag的解释，这一现象是两种思维过程的产物：一种思维过程是选择性记忆，另一种思维过程是大脑中的"确信偏误"。选择性记忆的作用会让你下意识关注你的所爱所念，结果"它"就会经常进入你的眼帘或脑际，而"确信偏误"会让你感到"它"确实无处不在。

• **理论应用**

这一效应在生活中经常出现。比如当你听到一首好听的歌，你的耳边仿佛总是萦绕这首歌。当你买了一辆大众汽车，好像整条路上跑的都是大众汽车。你在看新闻的时候发现了一个不认识的字，于是去查字典，接着没过多久又在其他杂志上看到了这个字。你与一个之前从来没有印象的人在朋友的介绍下认识了，之后发现这个人经常出现在自己的生活中，而之前却没有注意到这一点。在公司的生产经营中要经常利用这一点，尤其在品牌培养和产品销售过程中，企业经常制造一些选择性的场景、人物或事件，让顾客对此难以忘怀。

凉茶品牌"王老吉"从默默无闻到一鸣惊人，就是将巴德尔-迈因霍夫效应运用得炉火纯青。2002年，众多消费者缺乏对凉茶的认知，认为凉茶就是药，而不少消费者又有很强的"降火"需求，"王老吉"公司通过对经销商与消费者的调研，确立了"预防上火"的品牌定位。围绕该定位，"王老吉"斥资4000万元买下中央电视台黄金广告时段，进行广告轰炸，将广告内容在生活场景中再现，促使消费者在吃火锅、烧烤时自然联想到"怕上火，喝王老吉"。此外，"王老吉"还在终端媒体上，通过布局电子显示屏、POP广告等多种形式潜移默化地暗示消费者"怕上火，就喝王老吉！"。在餐饮渠道上，"王老吉"利用吊旗、展示架、餐巾纸等各种招式，使出浑身解数吸引消费者的眼球。在公关活动中，"王老吉"在汶川地震时捐款1亿元，在聚焦全网目光的同时，也让消费者的好感度飙升。这一系列做法都是在利用巴德尔-迈因霍夫效应，让人们感觉"王老吉"好像无处不在，觉得这是一个可靠的品牌，同时，它"降火"的产品特色也深入人心。于是，"王老吉"一路热销，2008年罐装销量突破100亿元大关，成为中国饮料"第一罐"，同时也将品牌印记深深烙在了大众心中。

• **管理启示**

　　有特色的事物在眼前出现了一次之后，人们的心里就会对此产生一定的印象，而有意或无意地忽视其他没有特别注意的事物，由此会感觉同样的事情自从出现之后就经常出现在各个不同的场景。因此，企业在营销方面可以利用这一点，一方面让自己的宣传变得有特色，以让顾客对此产生印象，另外也可特意制造这样的"巧合"，在多个场景再现，以加深顾客对产品的印象。"王老吉"通过多场景、多手段宣传"降火"的产品特色，让顾客只要处于类似的场景中就会想到"怕上火，喝王老吉"这一广告词，从而助推其成功。

　　相信2010年春晚王菲演绎的《传奇》，唱出了许多"老男人"的辛酸往事，让他们回忆上了自己的初恋，自从有了初恋，便有了自己的恋爱的标准；也正是因为有了这个"可恨"的标准，让有些人在爱情的长河里跌跌撞撞，为始终未能修得心中的正果而遗憾半生。听听"只因为在人群中多看了你一眼"的低吟浅唱，就可以想想"再也没能忘掉你的容颜"会是多么折磨人！无论是"在天边""在眼前"，还是"在脑海""在心田"，就再也没有"走远"。在这些人的情感世界里，这个"初恋"就是巴德尔-迈因霍夫效应所揭示的原理。

038 保龄球效应

• 概念解读

保龄球效应指面对下属不太令人满意的成绩，采取积极鼓励的方式会比消极打击的方式更有利于下属的成长和成绩的提升。这一原理来自于行为科学：两名保龄球教练分别训练各自的队员。他们的队员都是一球打倒了7只瓶。教练甲对自己的队员说："很好！打倒了7只瓶。"他的队员听了教练的赞扬很受鼓舞，心里想，下次一定再加把劲，把剩下的3只瓶也打倒。教练乙则对他的队员说："怎么搞的？还有3只瓶没打倒。"队员听了教练的指责，心里很不服气，暗想，你怎么就看不见我已经打倒的那7只瓶。结果，教练甲训练的队员成绩不断上升，教练乙训练的队员打得一次不如一次。这个效应说的是积极鼓励和消极鼓励的问题。心理学家研究证明，积极鼓励和消极鼓励（主要指制裁）之间具有不对称性。受过处罚的人不会简单地减少做坏事的心思，充其量是学会了如何逃避处罚。而积极鼓励则是一项开发宝藏的工作。受到积极鼓励的行为会逐渐占去越来越多的时间和精力，这会导致一种自然的演变过程，员工身上的一个闪光点会放大为耀眼的光辉，同时还会"挤掉"不良行为。

• 理论应用

2019年，日本经济新闻社与日本一桥大学创新研究中心联合发布全球主要企业"创新力"排行榜，阿里巴巴排在第9位，是中国唯一一家进入前10的企业。谈到阿里的科技崛起之路就不可回避阿里的首席架构师——王坚。王坚博士是阿里云的研发者，也是阿里最受争议的领导，曾被骂了整整4年，在开会时委屈到流泪。要知道，在2009年，云计算这个概念实在是太新了，同时开发成本极高，难度极大，常人根本无法理解砸大钱却看不到希望的实验。于是，一位员工在阿里总裁大会上直截了当地对马云说："马总，你别听王坚瞎扯！他就是一个骗子。"但显然，马云不这么认为，马云没有过多地干预王坚。王坚就这样坚持了4年，终于把阿里云研发成功了，给阿里巴巴带来了很大的盈利。据了解，阿里云每年盈利一百多亿！尽管前期失败比成功多得多，但是马云顶住众多员工对王坚的指责，始终相信和鼓励王坚，持续为阿里云的研发投入巨额资金，才成就了王坚和阿里云的成功。面对项目的长期失败，马云有充足的理由指责王坚，将项目下马，但如果这样，就不可能有阿里的今天。这就是"保龄球效应"积极鼓励的典例。

改革开放初期，我国南方某县一家企业第一次直接同外商做生意，亏了2万多元，这在当时可不是一个小数目。在一次大会上这家企业老总惴惴不安地等待接受上级领导的处理。但让这位老总颇感意外的是，县长在大会上不但没有批评他们，反而还表扬了他们，说他们的"首创精神"难能可贵，希望发扬下去。该企业大为振奋，信心大增，总结经验从头再来，结果第二笔生意就挣了钱。

• 管理启示

从保龄球效应可以知道，团队应该积极营造相互尊重、相互包容、相互砥砺的文化氛围，只有这样员工才可能甩开膀子、撸起袖子跟你跑、朝前冲、加油干，团队领袖才可能得到正向反馈和力量的积蓄，带领团队，朝着既定目标登高迈进。

无论对自己还是对别人，我们都应持积极的心态。心态积极，就能从错误中找经验、找方法，无论是管理者还是被管理者，都在为组织赋能。

在一个组织里，克服内耗、不互相排斥或贬低，是组织实现目标的重要原则。当然，一个重要前提就是要洞悉人性弱点。美国"成人教育之父"戴尔·卡耐基，运用社会学和心理学知识，对人性进行了深刻的探讨和分析，帮助无数的人重获自尊，获得事业的成功和人生的快乐。他在《人性的弱点》一书里，通过栩栩如生的故事和通俗易懂的原则，挖掘潜藏在人性中的弱点。其中一篇《真诚地赞赏别人》讲了一个故事。卡耐基在纽约的一家邮电局寄信，发现那位管挂号信的职员对自己的工作很不耐烦。于是，卡耐基看着他，很诚恳地对他说："你的头发太漂亮了。"那人抬起头来，有点惊讶，脸上露出无法掩饰的笑容。他谦虚地说："哪里，不如从前了。"卡耐基对他说："这是真的，简直像年轻人的头发一样！"他高兴极了，很快帮卡耐基办完了手续。当卡耐基准备离开的时候，他又对卡耐基说："许多人都问我究竟用了什么秘方，其实它是天生的。"

一个了解对方更了解自己的人才可能在生活中游刃有余，更可能让团队工作不受伤害；一个善于控制自己的语言、驾驭与同事相处之术的人，才可能让那三只没有被打中的保龄球，一并"全中"！这样的人，才配得上他带的团队和组织。

039 爆款效应

• **概念解读**

爆款指在商品销售中供不应求，在一定时间内销售量很高且呈现爆发式增长的商品，即通常所说的卖得很好、人气很高的商品。爆款效应，就是商家针对单品做的一次策划活动，能够在很短时间（往往是几小时）内达到高于5000个单位的单品销售量，并且也实现其他产品连带销售的效果。这是一种现代营销方式，策划此类活动需要勇气和把控能力。无疑，运用爆款效应，选择和打造单品，对于店铺的流量和销售量均会起到决定性的作用。

• **理论应用**

爆款商品的出现可以追溯到很久之前，但是爆款效应真正大规模地应用到现实商品的销售中还是由于搭上了互联网经济这列快车。

2018年的一款耳朵会动的兔子帽子就意外地成了年度爆款。起初这款帽子的消费者绝大多数是女孩子，后来消费者群体逐渐扩大到从儿童到青少年再到成年人三大群体。进入淘宝，输入相关的关键词进行搜索不难发现，很多店铺的月销量都在1000～3000，根据当时淘宝店铺的一般情况，这已经是一个可观的销量了，而且这些店铺的商品说明中都加入了"抖音同款"的字样。

综观当下的爆款商品，基本都和快手、抖音等这些短视频即时分享软件以及斗鱼等直播平台捆绑互动，同时也包括一系列的联名产品。2020年2月5日，淘宝天猫卡兰薇旗舰店一款抖音同款兔子耳朵帽子月成交达1.1万笔。淘宝上的很多商家打造爆款商品，现在都喜欢借助这些视频软件、网络红人以及知名主播来造势。在年轻人这个庞大的群体中，很多网络红人和大主播知名度超过了一线演员，而且往往动辄拥有几百万甚至上千万的粉丝，他们的带货能力也是催生爆款的一股新生力量。

很多爆款商品都具有符合小众需求，能突出个性的特点，或者赋予产品新特点，铺设与消费者的交互"桥梁"，引发消费者的情感共鸣，而且价格比较亲民，在大众的购买力范围内。比如江小白，20元一瓶，靠着营销创新，创造了年销售额逾10亿元的传奇，打造了国民度超高的新生代白酒爆款。江小白通过一物一码技术，为每瓶产品赋予一个二维码，推出带码的表达瓶。消费者扫码输入想表达的文字，上传照片，便可自动生成一个专属你的酒瓶。如果内容被选中，江小白会将其打在瓶身上批量生产。类似于"我把所有人喝趴下，就为和你说句悄悄话""把自己灌醉，给别人一个机会""我们那些，共同的记忆，是最好的下酒菜"等走心的文案，让每个消费者都能成为创作者，增强了消费者的独特体验，实现了江小白与终端消费者的无缝沟通。

• **管理启示**

爆款效应可以说几乎是把羊群效应，或者说消费者的从众心理发挥到了极致，甚至于在这种潮流下，商品本身的价值对很多消费者来说已经不再重要了，重要的是拥有、攀比以及追风。网络爆款的出现也让我们再一次认识到互联网经济的魅力与神奇，让我们见识到网络传播的力度，"网红效应"突然变成了网络爆款出现的巨大推动力。突然间，我们似乎进入了所谓的"网红经济"时代，借力营销变成了一个很有价值的营销方式，而我们要借的"力"就是网红效应和互联网经济。这告诉我们，无论是线上还是线下，引流宣传是很重要的，同时洞悉消费者心理，把握消费潮流，顺应经济发展趋势并借助有力的外部资源，才能成功地打造出爆款商品，甚至使其成为天天爆款的热销产品，进而为企业带来巨大的经济效益。

爆款商品受众比较集中，需求大致相似。一款商品成为爆款，一定的原因是因为该商品的受众或者说用户是一个比较集中的消费者群体，他们的集中消费促成了爆款的出现。因此，要打造爆款，就要研究如何在集中的顾客"频道"上引起相同或相似的"震动"，让产品和微观企业起到羊群中的领头羊作用，助推网络经济等新经济形态的发展。

当然，要做到"共振"，就要研究如何打通线上线下结合变现的通道。那么，如何打通变现的通道呢？有专业人士指出，可在微信上离用户最近的朋友圈、公众号和小程序等三个常用地带构建用户系统，做到"六个统一"和"五个起来"。"六个统一"是指统一身份（或形象标识）、统一培训（含公司使命、愿景、价值观等）、统一推广（要讲求时间一致、目标任务一致、行动一致）、统一考核（对行动和结果各有偏重）、统一管理（含产品、数据和内容）以及统一结算。"五个起来"指虚拟的大店搭起来、培训的任务发起来、管理监督动起来、营销的内容推起来、跟进成交要做起来。从中我们可以看出，引流也好、变现也罢，爆款的打造，考验的还是管理的基本功：体系设计和落实推进。

040 爆米花效应

• 概念解读

制作爆米花时，本来一颗颗小小的玉米粒，在瞬时压强作用下迅速膨胀，最终那一粒粒玉米粒儿"呼啸"而出，称变成比原来玉米粒大三到五倍甚至十几倍的爆米花，这种"突然变异放大"的现象，就是爆米花效应（Popcorn Effect）。很明显，这种效应侧重的是"变异放大"，与一般的"放大"有所差异。

与"滚雪球效应"对比，这两个效应作用的结果都是"放大"，但是其本质和实现路径有所区别。从本质来说，爆米花效应是一种"瞬时"的变异放大，而滚雪球效应则为"长期"的积累放大；从实现路径上来看，这二者都离不开自身努力与外在机遇，但是显而易见，爆米花效应更依靠内在动力，通过内部高压，释放极限动能，如此才会"一步登天"，而滚雪球效应则更注重内外力的共同"修炼"，既要有外部的环境和条件，同时内部也要能达到"滚动"的起始势能，如此才能一圈又一圈地慢慢变大。

• 理论应用

在改革开放政策的推动下，以万科为代表，在其进行股份制改造和进入资本市场之后，其他许多的房地产企业纷纷仿效，让房地产行业得到了"井喷式"发展。

万科上市前叫"深圳现代企业有限公司"，隶属于深圳市政府下属的深圳特发集团。1988年，万科进行股份制改造，需要脱离原有的产权投资和行政隶属关系，以股份公司的身份与特发集团平起平坐，这显然刺痛了当时的特发集团，也遭到了那些不愿放弃"大锅饭"和"铁饭碗"的员工们的反对。然而，正是这种内部压力构成了万科"爆发"的内部条件。深圳市政府发出的企业股份化号召，则构成了外部条件。当内部和外部条件都具备时，"爆米花"很快出炉。

"不破不立，破而后立。"回溯历史，万科——这个在当年第一个给深圳市体改办交去股份制改革报告的公司，在阵痛中获得了新生。股份制改革对万科的意义在于，它不但改变了万科的资本结构，扩大了资金规模，而且促进了万科的经营管理向着规范化、模式化和现代化方向迈进。

单看万科上市后的前20年，我们就能感知其"爆米花"效应的威力。2007年8月，万科的市值一度达到了2022亿元，超过了当年同期美国帕尔迪、霍顿房屋、莱纳、桑达克斯等四大房地产公司总市值之和。2008年初，万科宣布公司2007年销售额达到523.6亿元，创下国内房地产企业销售新纪录。后来，通过资本市场主导的房地产行业兼并渐次展开，万科逐步成为中国房地产行业乃至中国资本市场的一个标杆。万科通过资本运营，成功实现了从业务多元化到业务专业化的调整，后来又将自己定位于精细化——在专注的住宅领域做到更专业、更优秀、更卓越，万科的"减法法则"助推其成为行业领头羊，万科的发展给中国房地产企业带来了示范效应。显然，资本市场成了万科实现爆米花效应的"导火索"。"高标准、规范、透明"的内部管理，法律条件和市场环境逐步成熟的外部条件，共同成就了万科的品质和品牌。

• 管理启示

从以上材料可以看出，组织要对外界环境具有高度敏觉性，才能抓住机遇，迎接挑战。这就需要打造一支具有战略眼光、配备决策系统、拥有执行能力的高效率团队，借助外界的"春风"甚至是"冬风"，顺势而为或独辟蹊径，实现爆米花效应。

当然，这种急速发展也有很大可能带来弊端，毕竟爆米花中间是空的嘛。从历史来看，短暂的爆发式增长很可能带来泡沫经济，因此，行业或组织需要建立监督检测系统，及时防范风险。比如前些年，由于社会心理产生的虚拟需求的过度膨胀，导致房地产价格虚高，带来了商品房的大量积压。

管理学大师彼得·德鲁克先生曾经指出，二十一世纪的组织，最有价值的是组织内的知识工作者和他们的生产力。在当前及未来环境中，加强自身储备，开发创造力，是个人核心能力的来源；发掘创新要素，赋能组织发展，是组织核心能力的根基。个人需要保持"终身学习"的态度，有效进行"网络学习"；组织需要营造学习的氛围，打造学习型组织。有人甚至认为，学习比知识重要。附带还说，方法比努力重要，见识比经验重要。通过学习累积，通过选择方法，通过增长见识，"爆米花"就可以集聚势能，轰隆轰隆的"爆炸"时刻，指日可待。

个人和组织要"爆发"，须具有厚积薄发之功，要依赖平时修炼。何以修炼？学习与思考为要。"学所以益才也，砺所以致刃也"。

041 / 冰激凌效应

• **概念解读**

　　冰激凌效应，指卖冰激凌必须从冬天开始，因为冬天吃冰激凌的人少，市场行情不好，所以会逼迫你降低成本，改善服务。如果能在冬天的逆境中生存，就再也不会害怕夏天的竞争了。这个效应告诉我们，在经济不景气时学会沉着和坚韧，不分严寒酷暑坚持不懈，无论淡季旺季矢志不渝，才能走过黑暗，走向黎明。

• **理论应用**

　　1954年，王永庆投资塑料业，当时台湾地区对聚乙烯化合物树脂的需求量少，台塑首期年产100吨，而年需求量只有20吨，更何况还有几个加工厂获得了日本供应的更廉价的聚乙烯化合物树脂。台塑创办不久，就遇上了经济不景气周期。有一段时间，全公司一个月才卖出去1吨聚氯乙烯。由于台湾地区企业界对台塑的产品没有信心，造成了台塑产品大量积压滞销。这对台塑打击很大，公司几乎倒闭。面对这一现实，王永庆反复分析研究，最后决定继续扩大生产！王永庆进行二次扩产后，台塑的月产量提高到1200吨，而产量激增的直接结果是：聚氯乙烯的成本大幅降低，从而在根本上解决了销售问题，使企业步入了快速成长的通道。

后来，谈起这一决策的考虑时，王永庆说："经济不景气的时候，可能是企业投资扩产的最佳时机。因为经济低迷的时候，也是考验企业'体质'的最佳时期。在这样的'危难'时刻里，只有坚强的企业家与创业者才能生存下来，与其守株待兔，不如勇敢创造市场。只有大量生产，才能降低成本，压低售价，从而使产品不受地区限制，吸引更多的顾客。

"而在解决了生存问题之后，聪明的企业家就需要做一些有效又有前瞻性的投资计划，以便获得先发优势，化危机为契机。同时，在经济不景气的时候，进行投资扩产所需的建设成本也比较低，扩产又是降低成本的重要方法之一。并且，由于经济的发展总是遵循一定的周期规律，所以如果在经济不景气之际建设一家新的工厂，通过一两年的建设之后，经济肯定又会在逐渐恢复中，这样就正好可以赶上好时机了。"

后来的发展实践表明，王永庆的这一决策是十分正确的。经过投资扩产，台塑的经营门类不断增加，产品内容包括塑胶产品、纤维制品、精密化学工业用品等，涉足电子原材料、重工机械、钢铁、发电等事业，在石化工业领域，建立起从原油进口、运输、冶炼、裂解、加工制造到成品油零售完整的产业链。今天，台塑集团已发展成为台湾地区最大的工业企业集团之一，资产总额近3万亿新台币，并进入全球化学工业的前50强。王永庆又创办了一个加工台塑产品的公司，即南亚塑胶工业公司，专为台塑进行下游加工生产。

• **管理启示**

在市场竞争中，商业行情有涨有跌，经济状况同样有繁荣也有萧条。这些都不是以人的意志为转移的，也不是人想改变就能改变的。在经济景气的时候，有的经营者会跟上潮流大捞一笔；但是等到经济萧条的时候，他们只有闭紧门户挨过黑暗期。这样做，自然可以躲过惊涛骇浪，但"不经历风雨，哪能见彩虹"，不受"千锤万凿"铸造金刚钻，不历"烈火焚烧"跨过火焰山，是不能成就"金身"的。

因而，一个企业要想做大做强，就必须学会把握经济不景气时的机会。当行业遇上政策调整期，或者遇上经济周期的低迷期时，大多数人可能感叹"生不逢时"或者英雄无用武之地，有的人干脆偃旗息鼓了，但这反而正是探索机会、布局新举措的理想时机。

当经济再度复苏时，敢于把握冷门机遇的企业将能获取比以往更多的机会。王永庆是在经济萧条时把握冷门机遇的杰出代表，也是冰激凌哲学思想的最佳实践者。

2020年疫情危机，对于很多企业来说，也许是个分水岭。如果企业还在依赖传统模式发展，不做出根本的转变，发展就会受到限制，甚至被淘汰；如果能够运用冰激凌效应思维，"逆向"操作，激活自我，兴许就能化危为机，甚至凤凰涅槃，开启崭新局面。

写到此，耳边又回荡起几句曼妙歌声：我愿逆流而上，依偎在她身旁，无奈前有险滩，道路又远又长；我愿顺流而下，找寻她的方向，却见依稀仿佛，她在水的中央。我愿逆流而上，与她轻言细语，无奈前有险滩，道路曲折无已；我愿顺流而下，找寻她的足迹，却见仿佛依稀，她在水中伫立……

042 / 长尾效应

• 概念解读

长尾效应（Long Tail Effect）由美国《连线》杂志主编克里斯·安德森（Chris Anderson）首次提出，指聚焦利润或价值甚小但数量庞大的客户群，将所有非主流的市场累加起来就会形成一个比主流市场还大的市场。长尾效应本是经济学领域用来描述用户需求的正态曲线，其头部就是正态曲线中间突起的部分，尾部指两边相对平缓的部分。很显然，头部集中了需求一致的红海市场，尾部显示出需求分散、数量庞大的蓝海市场。假设多数人喜欢喝原味酸奶，那么纯牛奶、甜奶、高钙奶、脱脂奶等其他味道则可以看作是小众市场，如果某个企业能够生产并占领其小众市场，那么该公司的市场份额也是很大的，甚至可能超过原味酸奶的市场。

• 理论应用

传统的广告业是有钱商家的天下，而资金不充裕的商家则很难采用广告，所以也很少上广告，属于典型的"长尾"没有得到利用的产业。2001年，刚成立才两年的谷歌公司发现，在搜索的关键词当中，排前十的搜索词只占全部搜索词的3%左右，可见，大量的搜索词并不是热门的，但每一个搜索词都有成为一个广告的机会，并能够从中获利。现实是只有能够支付巨额广告费的公司在这些少量的热搜词上植入广告，谷歌看到了其中潜在的商机，并设计了一个模式，即通过将每次点击需要支付的费用设置得很低，使广告的单位成本变得很低，商家只需要根据点击率的多少来支付广告费用，这使得任何人都能成为谷歌的广告商，充分地利用了这个小众市场。谷歌的这一做法可谓一举多得，一方面使之前众多想要打广告但却没有支付能力的商家有了宣传的渠道，另一方面也提供了更加多样化的需求，让商家有了更多的选择，而谷歌公司则从中获取了巨额利润。就这样，谷歌把"长尾"充分利用起来，让自己好好地赚了一笔。

2008年，奥巴马竞选总统时，在长尾理论指导下，给自己弄了一条"长长的尾巴"。他建立了一个美国政界史无前例的筹款机制，吸引大量"散户"，只要有电脑、手机的就可以筹款捐款。奥巴马在当年2月份便筹到5500万美元，其中4500万美元来自网络，94%的捐款由200美元或更少的捐赠构成。当时的竞争对手希拉里这一比例为26%，麦凯恩为13%。3月份，又有1276000人为奥巴马捐款。这样，奥巴马阵营的筹款数额就获得了快速的增长，由此助推奥巴马竞选成功。从某种意义上说，奥巴马的胜利是互联网的胜利，是长尾理论的胜利。

• **管理启示**

谷歌公司发现了广告行业的"长尾"市场，并对其进行开发和利用，产生了巨大的价值。这给我们巨大的启示：不要忽视"长尾"市场的巨大潜力，不要认为每个单一的细微市场所能带来的经济利益很少就"瞧不上眼"。有时候，把主流市场之外的市场份额集中到一起产生的价值，可能超过主流市场。日常生活中也一样，比如很多人只对大额支付进行规划，甚至想方设法去砍价，但对一些"小物件"的购买则无所谓，殊不知，看看账单会吓一跳，这些看似不起眼的小物件所花费的金钱甚至更多。如果能够对小物件进行更好的规划，则能节省一大笔开销。

从另外一个角度思考，也说明个体的力量有限，而把多个力量较小的个体集中起来则能产生较大的效应。所以不管是个人还是企业，所能服务的市场终究有限，所能满足的需求也很有限，但是若将多个人或者多个企业的力量集中起来，则更能满足多样化的需求，也能增强自身的竞争能力。

进行市场渗透的时候，要进行"需求"分析。那些集中在头部的需求，大多是流行品类；集中在尾部的往往是个性化的、零散的小量的需求。恰恰是这些差异化的、少量的需求，会在需求曲线上形成一条长长的"尾巴"。所谓长尾效应就在于它的数量上，将所有非流行的市场累加起来就会形成一个比流行市场还大的市场。尤其在网络时代，个性化的需求越来越多，而定制化的成本的降低，也使得这一效应更加明显。

我们知道，资金筹措是一件不容易的事情。于是，众筹（crowdfunding）成为一种创新的募资方式，由于它具有低门槛、多样性、依靠大众力量等特点，而备受欢迎。它一般借助网络平台，向群众募资，用来支持包含灾害重建、创业融资、设计发明、科学研究、大病救助以及公共专案等各类活动，这也是受长尾效应启发的结果。近年来，大大小小的众筹平台不断涌现，确实给有资金需求者带来了方便，有的也为百姓提供了投资选择。"轻松筹"就是一种为求助者提供高效、便捷的筹款渠道的大病救助模式，在这种强关系的交际圈里，你十元、我十元地捐赠，也可凑个大数字来，这对身处困境的患者及其家属来说，可是极其珍贵的。这种"众人拾柴火焰高"的小小善举，可以拯救一个人、一个家庭，我们当乐而为之。当然，我们要警惕那些制造虚假故事、招摇撞骗之流。但随着大数据技术的增强应用，我们所担心的这类鉴别成本慢慢就不会高了。

043 第22条军规效应

● 概念解读

长篇小说《第22条军规》讲述的是，第二次世界大战期间，驻扎在地中海的一个美国空军基地，有一条编号为22的军规，即第22条军规（Catch-22）。这条军规规定，空军飞行员飞够25次就可以退役。但是规定又强调，你必须绝对服从命令，否则就无法退役。因此上级可以不断给飞行员增加飞行次数，而飞行员却不能违抗。如此反复，永无休止，疯狂、无理、虚伪而又残忍。军规还规定，只有疯子才能获准免于飞行，但必须由本人提出申请；而你一旦提出申请，恰好证明你是一个正常人，就必须服役，穿梭于高射炮和导弹之间，游走于送命的边缘。在这一点上，军规又变成一个圈套和陷阱，一个绑住士兵的绳索，看似冠冕堂皇其实无耻至极。这样，"第22条军规"就成了难以逾越、自相矛盾、"坑爹"的暗黑规则代名词。

第22条军规效应，指任何自相矛盾、不合逻辑的规定或条件所造成的无法摆脱的困境、难以逾越的障碍，表示人们处于左右为难的境地，或者是一件事陷入了死循环，跌进逻辑陷阱，等等。

项目开启时　　　　　　　　　　项目结束后

- 理论应用

　　LD公司是一家生产非标准钢构件的小型民营企业，为当地几家军工企业的配套企业生产车间用脚手架、工装车、机位台，也承接工厂板房、扶梯和施工围挡等生产订单。公司大多为订单生产，产品质量可靠，业务一直比较稳定，且常年有75~80名员工，近5年内每年的营业收入均在1.5亿~1.8亿元范围内，起伏不大。公司为突破发展瓶颈，自2015年以来，出台了一系列激励政策，包括绩效考核和薪酬分配政策。公司还特别为员工制订了较为明确的职业发展规划，每位员工除了管理通道之外，还有专业发展通道。公司明确规定，鼓励员工充分发挥主观能动性和创造性，大力奖励表现优异的员工：如果员工表现优秀，每年能销售2000万元以上，奖励新马泰旅游一次；如果管理人员优秀，其所在部门连续两年未有任何顾客（含内部员工）投诉，则从下月开始享受上一层级管理岗位待遇，并奖励新马泰旅游一次。看得出，这些制度确实不错，只不过实施5年以来，公司还从没有人"享用"过，很明显，这个制度设计有问题。也许公司会认为，没有谁拿到这些奖励，只能说明大家还"不够优秀"而已，既然还"不够优秀"，那就不能享受奖励待遇，这样就很可能形成一种非良性循环。

　　这个案例和"第22条军规"非常相似——它设置了一个悖论，硬是把你装进去，却不管你是否能够走出来。和"第22条军规"有些许相似，不靠谱、折腾人的种种规定禁令，在我们的身边并不少见。所以，我们要像警惕"第22条军规"那样，尽量避免无法执行的规定出台。

- 管理启示

　　《第22条军规》是美国作家约瑟夫·海勒创作的长篇小说。该小说以第二次世界大战为背景，通过对二战期间驻扎在地中海一个名叫皮亚诺扎岛上的美国空军飞行大队所发生的一系列事件的描写，揭示了一个非理性的、无秩序的、梦魇似的荒诞世界，体现了美国式的"黑色幽默"。回望人类历史，具有无上权力和随意性的第22条军规并不存在而又无处不在，它是一种有组织的混乱和制度化疯狂的象征。它既是一条具体而荒谬的法律条文，更是一种抽象的专制现实。它永远对，你永远错；它总有理，你总没有理。它总是与官僚体制如影随形，使你永远无法摆脱，无法逾越。

战争是人类最大的悲剧，带给人类的灾难比任何一种自然灾害都更为深重。战争年代，也许丑恶的人心比战争更悲催、更可怕，规则不仅无用，更是像一个个圈套与陷阱，看似稀稀疏疏，实则密不透风。如果社会上的真假、善恶、美丑都失去了正常的辨识标准，善良、正义与正直的人被看作是疯子，虚与委蛇、投机倒把的人被认为是勇士，那一切都会乱套。因而，无论战争年代还是和平年代，标准意识、规矩意识，就显得特别珍贵。

企业或其他组织，要尽量避免"第22条军规"这样的规章，要做到严肃律令，一经颁布，就要执行，而且要执行到位，抓细抓实，抓出成效。

要把管理的事情想得简单，管理其实就是减熵[①]的过程，也就是降低组织的混乱程度。管理可以简化为PDCA，PDCA本身就是一个减熵的过程。根据目标设计一个方案，在执行的过程中，检查、发现有什么不妥，及时去调整、完善，之后再付诸实施。每一个循环都是把那些累积的熵去掉的过程。这就是组织的成长性思维。

[①] 减熵："熵"概念源于物理学，常被用于计算系统的混乱程度，进而可用于度量大至宇宙、自然界、国家和社会，小至组织、生命个体的秩序状况。"熵增"就是功能减弱，如人的衰老、员工的懈怠和组织的混乱等；"熵减"指功能增强，如人通过摄入食物，组织通过建立秩序让功能增强。

044 短裙效应

• **概念解读**

我们偶尔在街上看到一些女士冬天还穿着短裙，甚是惹眼，难道她们不怕冷？

1920年，美国宾夕法尼大学经济学家泰勒阐述了一观点："经济增长时，女人会穿短裙，因为她们要炫耀里面的长筒丝袜。"日本立正大学心理学家、教授西户伟称，经济好转男性收入增加，令他们重拾自尊，变得有自信及更积极。他们的好心情会先反映在工作上，然后在爱情上。西户伟指出，男性对视觉刺激尤为敏感，喜欢女性穿迷你裙。因为这个缘故，女性都会买迷你裙，希望吸引异性，这令迷你裙畅销起来。短裙是属于女人的，故事也是属于女人的。时尚专家研究说，时尚的风向标，就是裙子每年以0.7厘米的速度缩短。

于是，"蝴蝶"飞来了。在此情况下，男女约会的次数会增加，更多男女被撮合，还将推动餐饮业及休闲娱乐业的消费。女性吸引男性后，当然希望自己变得更漂亮而留住男人的心，她们会买护肤品、节食产品、香水等，又会去做美容，带旺这些行业。迷你裙复兴也会导致数码相机或即影即有相机的销量上升，因为女性都希望拍下自己的修长美腿。也有女性担心穿迷你裙会过分暴露，成为色狼目标，她们会购买"防狼"用品，有些也可能会买大的手袋在坐下来时放在腿上，以防走光。

由此，有人提出了著名的"裙摆理论"（Hemline Theory），核心思想就是经济越好，裙子越短，或者裙子越短，经济越有向好的趋势，此为短裙效应。

100个管理学原理

- **理论应用**

　　进入冬天以后,我们发现饮料厂家的广告明显减少,可是有一家依然独秀,那就是"要爽由自己"的可口可乐。可口可乐就没有淡季的观念,认为任何时候企业都要向消费者持续有效地宣传自己的品牌。2012年11月,可口可乐公司在冬天推出了一个很温暖的创意视频——《这个冬天给你更多》,该广告就是反其道而行之,就像女人在冬天穿短裙一样。本来饮料销售是有淡旺季之分的,擅长在夏天赞助体育赛事而推动销量的可口可公司,偏偏在冬天推出这样的一个广告,其初衷就是希望消费者能感受到可口可乐在冬天一样可以燃起大家的激情,释放"更多"的快乐和能量。该广告虽没有明星代言,没有复杂的故事情节,主角就是可口可乐产品本身,但产生了很明显的效果。广告中温馨的画面,赋予了可口可乐更多温情和温暖,为新推出的600ml汽水类产品做前期宣传,更加强化了可口可乐的品牌形象。

　　在杭州西湖边,有一家潮流玩具收藏店KeepallBOX,意为Keep all the Good Stuff inside of the Box,"把所有美好之物放入这个盒子中"的意思。有别于传统收藏画廊里的古玩、字画,这里收藏的主要是鞋子、公仔、画作、家具和包包等,其中有著名的KAWS Companion公仔、Vitra复刻Jean Prouve的桌椅、1988年FIOS Taraxacum设计的吊灯、设计师马克·纽森（Marc Newson）为"香槟王"（Dom Perignon）设计的冰桶、安迪·沃霍尔（Andy Warhol）的"金宝汤罐头"版画、Bearbrick 的经典系列玩具等。显然,在这儿的藏品除了增值（如《昏点点》1号版画,非原作的限量复制品于2020年3月在网上交易平台拍出24740元的市场价）以外,店主看重的是一种"潮流"或趋势。由于人们可支配收入的大幅提高和消费群体的年轻化,年轻群体所处时代背景的不同、成长的体验不同,他们对于艺术产品的理解与传统的看法和见解有了很大的不同,他们成了投资艺术商品的主流群体。而事实上,这种反"潮流"的新型产业的确蕴藏着巨大的市场潜力和发展空间。

- **管理启示**

　　短裙效应至少给我们两点启示:一是要有创新精神和创新意识,不要囿于现有资源条件；二是要有趋势判断的能力，迎合趋势并驾驭趋势。

虽然冬天穿短裙子要挨冻，但这是一个典型的"蓝海"，因为大多数竞品退出了市场；盛夏女性穿短裙，则是百分之百的"红海"，因为所有的竞品都上市竞争，收益明显减小，而且还有劣币驱逐良币的风险。在营销中，常说的一句话是"淡季做市场，旺季做销量"，意思就是企业时时刻刻都应该想到品牌塑造的重要性，特别是在淡季的时候，要让消费者能时常记忆你的品牌，从而在旺季时达到销售更多产品的目的。

同时，我们还要注意经济学中的互补产品的力量。2010年纽约和伦敦时装周上，从Tibi、Marc Jacobs、Mackage、Anna Sui到Nicole Miller，处处是裤袜的踪迹。由此，高至大腿的袜子就是接下来几年流行的时尚单品，例如Brian Reyes的走秀模特所穿短裙配长袜，就给人留下深刻印象。

另外，冬天穿短裙，仍要穿过冬大衣。这就提醒企业，一定要有过冬的资本。当冬天来临时，企业怎么在能够御寒的情况下还能够很好地表现自己？这就需要财务总监们紧盯自己的现金流。如果企业的资金都是应收账款，都在渠道商身上压着，那么企业过冬时将非常危险。企业现金流量在很大程度上决定着企业的生存和发展能力。有较多企业不清楚其现金可用程度，甚至明明各个部门的业绩都比之前更好，企业的整体情况却大不如前，这就要求企业在做好财务结构分析和产品赢利水平分析的基础上，确定企业可支付、可投资的水平和方向。由此一来，街上的"短裙"可以为企业的决策提供参考。

045 / 多米诺骨牌效应

● 概念解读

在一个相互联系的系统中，一个很小的初始能量就可能产生一系列的连锁反应，人们把这种现象称为多米诺骨牌效应（Domino Effect）或多米诺效应。

下图是多米诺骨牌效应的生动体现：A市首富陈某儿子因吸毒被抓，经警察调查毒品来源，发现陈某涉嫌贩毒，消息一出，陈某名下××公司股市一日剧跌，警察顺着公司的利益链条深入调查后，发现市长陆某涉嫌受贿，遂被抓。

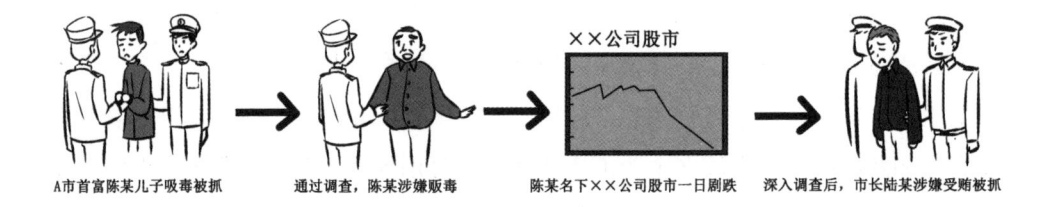

A市首富陈某儿子吸毒被抓 → 通过调查，陈某涉嫌贩毒 → 陈某名下××公司股市一日剧跌 → 深入调查后，市长陆某涉嫌受贿被抓

● 理论应用

本田（Honda）公司的一则汽车广告堪称经典。它的经典不仅仅在于它耗时4天4夜，通过精密计算各零部件之间的运动轨迹，在拍摄了第605次之后一气呵成引出整部车才取得成功，它的经典更体现在，这个广告完全是用真车里的零件，利用多米诺骨牌效应，把一辆崭新的Accord（雅阁）轿车的主要生产环节，完美地呈现出来了。为何要运用多米诺骨牌来呈现其主要生产环节呢？创作者就是想告诉人们：一辆由成百上千个不同的零部件构成的轿车，从结构上看是彼此紧密联系的，从功能上看又是彼此分工协作并相互依赖的，其中任何一个零部件的缺失或受损，都可能造成其他零部件的功能障碍，从而传导并影响整个车辆的运动。

效应篇

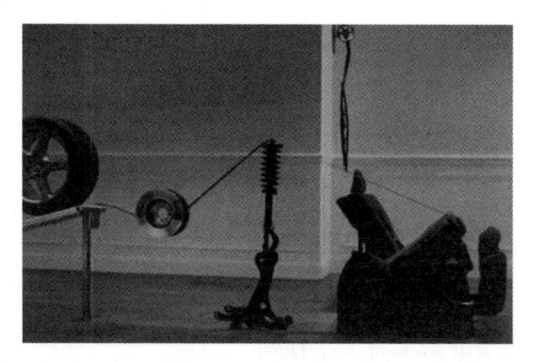

[资料来源：本田（Honda）公司的一则创意广告片截图]

读者朋友可以从网上免费观赏到该视频。上图是视频播放过程中截取的一个画面。从视频中，我们可以清晰地看到一个深沟球轴承从平台上滚动而下撞击了一个不完全齿轮，不完全齿轮获得动力继续向前滚动撞击了小齿轮并使之掉落，小齿轮自由落体通过撬动摆放在半滑坡上的垫片，从而驱动垫片上汽车凸轮轴转动，接着撞击了置于曲轴上方的排气管……置于弹簧顶端的螺钉受到震动，沿螺旋线旋转而下接通了蓄电池的正负极，而蓄电池连接车载音响，接通后开始播放音乐，由多个音响发出的声波使音响上方的挡风玻璃产生震动，随后置于挡风玻璃上方的弹簧向边缘滚动，坠落时将下方脚踏板下压，触发液压元件通过带传动控制连杆向下按压车钥匙开关，使汽车自动关闭后备厢并解除制动，车身通过倾斜的翘板向前运动，车体也由于摩擦力停止继续向前运动，完成了最终展示。

简单说来，我们清晰地看到一个圆形的螺丝从平台上滚下撞到一个个大大小小的零件，然后像多米诺骨牌一样，发动机、前盖、水箱、轮胎、座椅、大灯、靠背、车门、操控台、钥匙……你想得到的和想不到的零件都在一条由多米诺骨牌连成的线索下展现在眼前，让人眼花缭乱的同时，不免感叹Accord轿车还可以当玩具来玩。由此，我们在感叹科学的严密的同时，也惊叹于多米诺骨牌效应的魅力。

• **管理启示**

多米诺骨牌效应告诉我们：一个很微小的力量能够引起的或许只是察觉不到的渐变，但它所引发的却可能是翻天覆地的变化。

一个善的念想，一桩好的行为，通常的结果会是美好的，还会释放有益社会的正能量；一个恶的念头，一次损人的行为，带来的伤害和后果可能是无法挽回的。多米诺骨牌效应就是从正面与负面揭示了这一效应的威力是如此的强大。其正面效应为，当每个人认真又谨慎地做事时，大家用耐心与毅力将其支撑，用责任呵护其成长，这样一来，可以将骨牌排列得长而壮观，不会发生倾倒。其负面效应为，当忽视了一个小的破坏性质的力量时，那么这种破坏性质的力量就会传递，它们产生的"惯力"就会导致一个比一个更加快速地倒塌，如果没有及时纠正过来，事情恶性质的结果将无法挽回。

在企业的运营中，每个人都是企业整个链条上的一环。如果这个链条上出现一点小的纰漏，经过"多米诺效应"的传导，可能会演变成一个巨大的错误，给企业带来毁灭性的灾难。小的漏洞没有及时弥补，同样也能够最终毁掉一个运作良好的企业。同时，每个企业都如同产业链中的一环，这个链条中的某个环节出现问题，就可能引发一连串的连锁反应，最终导致毁灭性的打击。企业应注重优势积累的过程，警惕那些极其微小的变化，建立预警机制，防患于未然，将危险及时排除化解。

多米诺骨牌效应的物理解析是：骨牌竖着时，重心较高，倒下时重心下降，倒下后，其重力势能转化成动能，倒在第二张牌上，动能就转移到第二张牌上，第二张牌将第一张牌转移来的动能和自己倒下过程中由本身的重力势能转化来的动能之和，再传到第三张牌上，依此类推，后面所有的牌都是这样倒下的。这就说明，在相互联系、相互关联的系统中，如果把每天的能量传递给下一天，能量是会累积并变得深厚的。比如每天坚持写作、练琴，经过一万小时的专心练习，从量变到质变，从一个量级到另一个量级，不知不觉地，你已经走在了成功的大道上。

我们也可以思考一下与多米诺骨牌效应类似的蝴蝶效应，二者有何异同？

046 凡勃仑效应

● 概念解读

　　凡勃仑效应（Veblen Effect）指消费者对一种商品需求的程度因其标价较高而不是较低而增加的现象，它反映了人们挥霍性消费的心理愿望。商品价格定得越高，越能受到消费者的青睐，这便是凡勃仑效应。该现象最早由美国经济学家凡勃仑提出，而对应的商品也被称为凡勃仑商品。

　　凡勃仑效应的经济学原理是，当产品或服务价格上升时会被认为是提高了质量，其需求量也随之上升，导致商品需求与价格的关系与一般的供求关系规律相悖离：价格上升，需求量反而会增加。那么，当消费者购买能彰显其身份地位的高档/豪华产品和服务时，被认为是得到了更多更好的体验及享受，需求随价格上升而增加。凡勃仑效应进一步告诉我们，高端消费人群影响并带动消费行为，并成为意见领袖。当商品价格下降时，有的消费者会认为是该商品品质滑落，或认为其独占性丧失，从而停止再购买该商品。

• 理论应用

　　了解了凡勃仑效应，我们便可以利用它来探索新的经营策略。例如凭借媒体的宣传，将企业的形象转化为商品或服务上的声誉，使商品附带上一种高层次的形象，给人以"名贵"和"超凡脱俗"的印象，从而加强消费者对商品的好感。

　　我们经常在生活中看到这样的情景：款式、皮质差不多的皮鞋，在普通的鞋店卖80元，进入大商场的柜台，就要卖到几百元，却总有人愿意买。

　　柬埔寨吴哥窟景区有一家玉器店，有一天，店老板让营业员把两只相同的玉镯标上不同的价格出售，其中一只标价一百美元，一只标价八百美元。年轻的营业员觉得奇怪，就问老板："同样的东西，为什么一个比另一个贵七百美元？标价八百美元的那一只能卖出去吗？"

　　老板笑而不答。不一会儿，一群外国游客走了进来，开始挑选自己喜欢的商品。一位女士拿起那两只手镯，很仔细地比较了一会儿，然后买下了那只标价八百美元的玉镯。这时，她的同伴说："这只看起来和那只一百美元的没什么区别……"买玉镯的那位女士立刻打断了她的质疑："有区别，这两只镯子的质地不一样。"

　　顾客走后，营业员问老板："她为何要买八百美元的那只？两只玉镯真的质地不一样吗？"老板听了耸耸肩："质地完全一样，不同的只有价格。"外国游客普遍对亚洲玉器的了解程度不深，这时候，价格就成了他们分辨好坏的一个重要指标——虽然这是个错误的指标，但依然有很多人会陷入这个陷阱中不能自拔。

　　事实上，利用凡勃仑效应也并非灵丹妙药。看看2019年上半年"三索大战"就知道了。据著名市调机构群智咨询对外公布2019上半年全球市场总结报告显示：上半年，全球电视市场的格局发生了很大的变化。除了第一的三星和第四的海信，其他位置均出现了变化。尤其是中国用户"情有独钟"的索尼，直接从第五名降至第九名。为何？从索尼Z9G售价就可见一斑，其起售价为119999元，同尺寸的三星Q900产品售价只为84999元，两者差价高达35000元，甚至在京东等平台三星系列产品的优惠力度还要远大于索尼。索尼市场下滑，首因就是"定价过高"，一度出现了索尼在"赚取巨额利润"的声音。这样说起来，技术和价格依旧是承载市场的最好方式，而不仅仅是品牌了。

- **管理启示**

  商品其实有两个价值：一个是功能性价值，即商品的使用性；一个是炫耀性价值，即商品带给购买者的财富、地位、阶层和身份等可以炫耀的优越感。雕牌洗衣液最初上市时打出"只买对的，不买贵的"广告语，体现的是功效定位策略，是以满足用户在洗涤方面的功能为主要诉求从而快速占领市场。一般来说，我们在支付能力范围之内，购买符合自己生活真实需要的商品，那才是有意义的、理性的消费。这里要注意两点：一是该商品必须是我们生活所需的；二是该商品本身要在实际功能上对我们日常生活有直接和明显的帮助，并且能够在使用价值与心里价值方面达到平衡。那么，为何又有那么多人热衷于"只买贵的，不买对的"？在很多人心目中，名牌的一般都会贵，贵的都应该是名牌名店的。因而，很多人宁愿费很大力气，花高价钱从国外购买马桶盖、电饭煲等，除了要辛苦托运、搬送和为外国税收做贡献之外，赚得个虚荣，可能是他们主要的收获了。

  随着经济的发展，人们的消费会随着收入的增加，逐步由追求数量和质量过渡到追求品位格调。这种价值的转换在消费者从数量、质量购买阶段过渡到感性购买阶段时，就成为可能。实际上，感性消费已经逐渐成为一种时尚，而只要消费者有能力进行这种感性购买时，凡勃仑效应就可以被有效地转化为提高市场份额的营销策略。

047 飞轮效应

● **概念解读**

飞轮效应（Flywheel Effect）指为了使静止的飞轮转动起来，一开始你必须使很大的力气，一圈一圈反复地推，每转一圈都很费力，但是每一圈的努力都不会白费，飞轮会转动得越来越快。当达到一个很高的速度后，要想让飞轮在短时间内停下来，就必须要有很大的外力。

● **理论应用**

钢铁行业是一个资金密集型、技术密集型的行业，进入门槛很高，一般企业很难入得其内，但有一家小公司却改写了历史。美国纽柯钢铁公司（Nucor Steel）就是这样的一个小公司，它在1965年开始推动"飞轮"，当时只试图避免破产，后来则因为找不到可靠的供应商，决定建立起自己的钢铁厂。1969年第一台小型棒材轧机正式投产，1979年开始生产冷轧精加工产品，1986年开始进行紧固件加工生产，1988年开始生产宽翼缘梁及建筑用钢，1989年开始生产优质扁钢。进入二十一世纪以来，不再满足于依靠自建项目扩展业务，开始以收购、合资建厂的方式继续发展壮大。纽柯钢铁公司拥有每年500万吨含铁废料的处理能力，成为北美地区最大的废旧资源回收商。从第一个客户，到更多的客户上门！一圈又一圈，一年复一年，"飞轮"累积了充足的动力。

曾有人回忆1975年与当时纽柯的总裁艾佛森的一次谈话。艾佛森说，"我想我们应该可以成为美国排名第一的钢铁公司。"对方反问道，"那么，你打算什么时候成为全美第一？"他说："我不知道。但是只要我们继续做我们目前在做的事情，我看不出有什么理由我们不能成为全美第一。"现在回头看看，尽管纽柯花了20年才达到这个目标，但是纽柯钢铁公司一直努力不懈地推动"飞轮"，终于上榜《财富》500强，成为全美最会赚钱的钢铁公司，在技术上引领了世界钢铁生产的新潮流。

纽柯钢铁公司一步一步坚持不懈地推动公司事业的"飞轮"，终于让自己飞快地旋转起来，进入一个良好的循环阶段，而无须额外费多大力气，这就是飞轮效应的极佳印证。

• **管理启示**

飞轮效应告诉我们，在每件事情的开头，都必须付出艰巨的努力，才能使事业之轮转动起来，而一旦你的事业走上平稳发展的快车道，一切都会好起来。万事开头难，努力再努力，光明就在前头。持续的改善和提升，蕴藏了巨大的力量。只要有了实际的成就——尽管刚开始还非常微不足道，但要明白它正处于逐步上升的累积阶段。

是的，只要做出实际的成就，哪怕是一丁点儿的、一丝一粒的，都会逐步累积，而让自己"转动"起来。因而，不要小瞧一点一滴的进步，如无此，飞轮怎么转动得起来呢？许多听起来不错的战略最终失败，是因为缺乏足够的执着去启动飞轮！一时的热情，三分钟热度就想吃成胖子，不肯踏踏实实、一步一个脚印干下去，这样的心态是不可能让飞轮转动起来的。

不过，我们也应该注意避免棘轮效应。棘轮效应指人的消费习惯形成之后就不可逆了，即人总是易于向上攀升，而很难向下调整，这也是飞轮效应的一种体现。F先生花了100美元买了一个烧烤架，后来烧烤架的点火钮坏了，架板也生锈了。F先生想去商场买一个新的，结果发现新的烧烤架增加了很多功能，售价要300美元了。他想，他的旧烤架可同时烤两只火鸡、一只小乳猪和40斤玉米，这些功能对他来说已经足够了。于是，F先生去修理了旧的烤架，拒绝购买功能远远超出实际需要的烤架。但事实上，并非每一个人都像他这么想，因为这种新烤架在美国很畅销，且年创产值已经达到12亿美元。为此，F先生深刻地感受到，这种无意义的先进产品正驱赶着人们不断消费，人们对并非必要的物品的盲目欲望却像热病一样蔓延。十八世纪法国哲学家丹尼斯·狄德罗所说"新睡袍导致新书房、新领带导致新西装"的攀升消费模式，正是揭示了这个道理。"由俭入奢易，由奢入俭难"，说的也是这个道理。

我们要尽量发挥飞轮效应的正效应，而避免其负效应。无疑，创新可以让飞轮高效地飞转。我们鼓励创新，但创新必须是有意义的、有价值的。无意义的工作和无意义的创新，会消耗飞轮的动能，甚至会绞断飞轮的链条，导致中途停摆。

《基督山伯爵》里有一句话，有两种药包治百病：时间和沉默。飞轮在转动的时候，就不记得喧哗了，而时间会见证这一切的。

048 风口效应

• **概念解读**

　　风口效应，也称飞猪效应、飞猪理论（Flying Pig Theory），借用小米创始人雷军说过的话：创业，就是要做一头站在风口上的猪，风口站对了，猪也可以飞起来。风口效应现多泛指在互联网经济时代，站在某一机遇（多指政策）的风口，依靠专研、创新等来抓住时代机遇、顺应市场潮流，"扶摇直上"，很快实现设定目标的过程。很明显，风口效应是"互联网思维"最重要的注脚之一，给全社会，特别是创业者以诸多启示。

• **理论应用**

　　现实中有很多关于风口效应应用的例子。尽管马云嘲讽过雷军的这个"飞猪理论"，但无法否认，马云的阿里巴巴，尤其是旗下的淘宝，毫无疑问是在互联网的风口上成长发展起来的。淘宝网是中国深受欢迎的网购零售平台，由马云于2003年5月在浙江省杭州市创立。2004年前，互联网实验室电子商务网站CISI人气榜上，还没有淘宝网的位置；2004年2月开始，淘宝网以每月768.00%的速度上升到仅次于eBay易趣的第二位；1年后，淘宝网排名已经超过eBay易趣，位居第一。来自艾瑞市场咨询的报告显示，2004年中国网上拍卖市场规模实现了217.8%的增长，全年成交金额从2003年的10.7亿元增至2004年的34亿元。2006年，淘宝网第一次在中国实现了一个可能——互联网不仅仅是作为一个应用工具存在，它将最终成为生活的基本要素。而这一切都是建立在当时的一个风口上：互联网经济。马云是一个很有前瞻性的人，从1997年他创办阿里巴巴时就体现出了这一点。那时我国的互联网刚刚起步，但马云已经意识到，互联网将成为人们生活的一个重要组成部分，尽管那时互联网在我国刚刚开始，但是互联网经济将是二十一世纪的时代主流。也正是二十一世纪初互联网蓬勃发展的十年，造就了淘宝网和阿里巴巴的成功。马云不仅准确地预测到了我国互联网的发展态势，也发现了中国庞大的潜在用户群体，认识到了互联网会成为人们的一种生活方式。

• 管理启示

　　风口效应确实有其合理之处，充分体现了市场风向和时代机遇对企业成功发展的重要性。但也有较多人认为，这个理论过分放大了机遇的重要性，是机会主义，是对创新的毒杀。然而，风口效应作为一种理论，也应该随时代而发展，不断完善和创新，才能对企业的发展起到促进作用。正如雷军后来解释说的那样，飞猪要想飞得更远，也要下苦功夫钻研创新，不是所有的猪都能飞起来。如果一味地仰仗机会主义，想要投机取巧，是难以发展和成功的。所以，无论是企业还是个人，在抓住时代机遇、把握市场走向的同时，也要不断充实自己、增强实力，飞得高不算成功，所谓成功是能够在风口上飞得更远、更稳。

049 高速路口效应

• **概念解读**

当你驾车要通过收费站，进入高速公路的时候，忽然看到站口的闸门是关闭的，一个可能的原因是雾大，没有达到安全通行条件。正常情况下，我们一般都是耐心等待闸门开启，而闸门的开启又必须以"云开雾散"为先决条件。我们就等呀等，等到离自己要办事的目标时间很近时，才想起是否要换一条路，如转向去走普通公路。事实上，要是早些就做决定，不在这高速路收费站等这么久，就不会赶时间甚至迟到。这便是高速路口效应，它反映的是对待"确定性"与"不确定性"的关系问题。

5分钟后　　10分钟后

• **理论应用**

日本的钢铁和煤炭资源短缺，渴望购买煤和铁。澳大利亚出产煤和铁，并且在国际贸易中不愁找不到买主。按理来说，日本煤炭能源中心的谈判代表应该到澳大利亚去谈生意，但日本人总是想尽办法把澳大利亚人请到日本去谈生意。这实际上可以理解为，日本人在增加自己的"确定性"，而减少自己的"不确定性"，从而为谈判胜利做好自己的准备。

澳大利亚人一向较为谨慎，讲究礼仪，不会过分侵犯东道主的权益。澳大利亚人到了日本，日本方面和澳大利亚方面在谈判桌上的相互地位就发生了显著的变化。澳大利亚的谈判代表到日本之后几天，就急于回国，因此在谈判桌上常常表现出急躁的情绪；而作为东道主的日本谈判代表则不慌不忙地讨价还价，轻而易举地掌握了谈判桌上的主动权。结果日本方面获得了原本认为难以获得的东西。这也印证了居家效应，说的是一个人在家里或自己最熟悉的环境中，其言行举止一般会表现得自信和从容。日本人在自己的国家里，自然能够按照自己的"安排"，让澳方"客随主便"、不知不觉地迁就了不少。反过来想一想，假使日本人去了澳大利亚，接受澳方的安排，会这么自在和自信地去"摆平"对方吗？应该说是很难的。很显然，当条件和环境在自己的掌控之中时，自己对事物未来发展的趋势和可能的结果出现的"确定性"增加，而要实现自身目标，当然要尽量减少"不确定性"的困扰，从而增加成功的"可能"，这便是高速路口效应的极好应用。

• 管理启示

在"不确定性"面前，人似乎是脆弱的。因而，很多时候，我们害怕的不是对未来的预测，而是应对难以预测的未来。所以，增强应对不确定性的本领至关重要。一个重要的应对之策，就是要增强快速决策的能力。有时当决不决，反受其害。曾有一个故事说，一头驴子又饿又渴，主人在它的左右分别放置了食物和水，距离大致相当。驴子在中间犹豫不决，不知道是先取食物，还是先喝水，结果在左右来回的折返和折腾之中，这只驴子竟然倒地而卒。本来，有食物和水，可以"确定性"地保命了，但是，驴子在一个不重要的决策中强化了"不确定性"，白白地葬送了自己的性命。

为此，有人提出了杠铃策略，说在杠铃两头都有准备，合理分配时间、精力和其他资源，这样利于全局思考，既不盲目自信，也不贸然行事，可避免满盘皆输的局面，让自己"确定性"地成功。美国作家纳西姆·尼古拉斯·塔勒布在《反脆弱》一书中指出，"反脆弱"能力的精髓就是在不确定性中获益。

当然，很多事情一开始很难判定，需要时间和等待来帮忙。等待虽然未免烦人，但等待代表着希望。虽然其结果是不确定的，但人心向善，总希望结果是美好的，所以我们也才会愿意去等待。当今世界正面临百年未有之大变局，企业的战略决策越来越艰难，市场环境的不确定性在增加。那么，基于此，企业是不是应该有"等待"的心理准备？当然，究竟等多久才不算"傻等"？这确实很难判断。但可以肯定的是，绝不是以"云开雾散"为标准。

2020年春，新冠肺炎疫情引发的"蝴蝶效应"显著扩大。但不确定的是环境，确定的是我们自己。对于企业而言，越是艰难的时候，越要强调人的作用，重视人的主观努力，强调企业自身的能力，而非环境的约束。只有这样，才可以真正与不确定性相处。对于企业管理者而言，其经营意志力、发展的信心以及应对变化的能力就显现得极为重要。所以，此时此刻更需要企业领导者发挥作用，引领组织成员摆脱危机，不能呆坐在高速路口前的车子里面傻等，独自嗟叹而无所作为，而要快速决策、快速行动，该掉头时赶紧掉头，该转向时赶紧转向。否则，一定会错过应对危急的最佳窗口期。

管理学大师德鲁克先生在《21世纪管理挑战》一书中指出，具备自我管理艺术是必要的，因为未来的员工将在他们的组织中生存下来，对大多数人来说，终生学习新技能和新职业将成为规则："管理自己是人类事务中的一场革命。"

050 滚雪球效应

- 概念解读

　　见过雪的孩子大都玩过滚雪球游戏。一个小小的冰块、石头或者一把雪，在雪地上滚动就会膨胀成一个大雪球。小的雪球在滚动初期，还需要借助外力的推动，当雪球的体积足够大，可依靠其自身惯性向前推进的时候，外在动力的作用就会相对弱化。随着雪球的不断滚动，与地面的接触面会越来越大，雪球便会越滚越大。

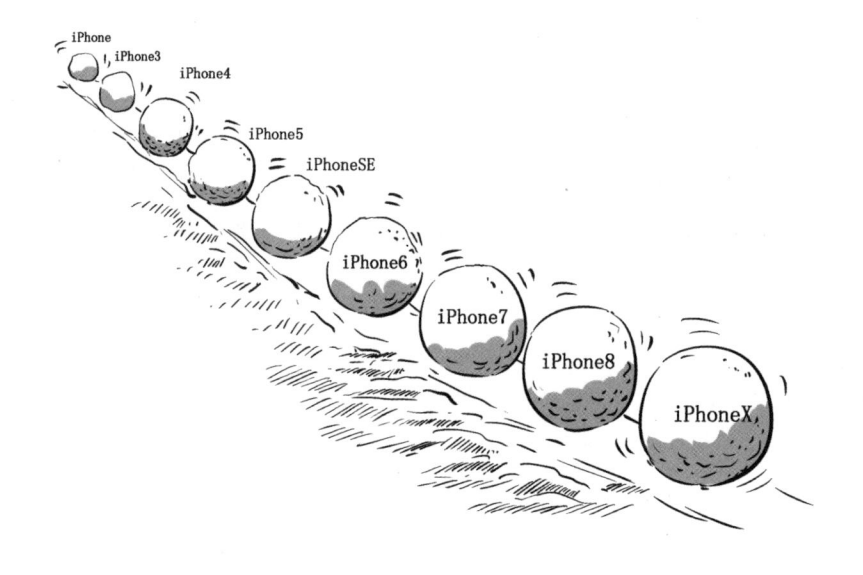

　　滚雪球效应指一旦获得了起始的动能，雪球就会越滚越大，优势会越来越明显。只要你有足够的力气和兴趣，这个雪球会滚成足够惊人的体积。就像上图所示，iPhone系列先是借助苹果已有的品牌基础和技术优势，在2007年进军智能手机市场，打下基础；之后不断提升手机功能，保持领先优势，在国际品牌咨询机构Interbrand发布2019年全球品牌100强榜单中，苹果蝉联榜首。

• **理论应用**

阿里巴巴从1999年以50万元人民币创业到2018年1185万亿的市值，淘宝、支付宝可谓无人不知。阿里巴巴之所以能取得如此大的成功，很大程度是因为利用平台，提供免费服务来"滚雪球"。它的盈利模式就在于会员规模，通过大规模吸收会员实现"人头经济"。从最初寥寥无几的从事电子商务的企业开始滚起，雪球越滚越大，目前国内大多数开展电子商务的企业都成了阿里巴巴的客户，其服务的中国企业会员在2011年就已超过了500万家。如今，淘宝、天猫更是沉淀了7.2亿的月活用户，全球2万个品牌每年仅在天猫首发的新品数量就达到2000多万款，真是让人咋舌。阿里巴巴的独特之处在于，通过帮助其他企业做生意而构筑自己的生意，在平台上打造繁杂多样、错落有序的生态体系。它的用户结构复杂，既有B端企业，也有海量的C端消费者。淘宝这个"潘多拉魔盒"一旦打开，便引来巨大的流量，才几年光景，就下饺子般孵化出支付宝、天猫、菜鸟、盒马、阿里云，再加上收购来的优酷土豆、虾米音乐、饿了么口碑等业务单元，战略蓝图上完成了从批发到零售、从实物到虚拟、从线上到线下的"三级跳"。

"阿里巴巴是水泥，把大量的中小企业粘在一起，就具备了和大企业抗衡的实力。"马云这样解释他的"滚雪球"理念。

另一个案例是百得厨卫。起初，百得厨卫在安徽六安区域的代理商把大量的精力都投放到团队塑造方面，全力以赴扶持分销商做好市场推广，激活消费者和品牌之间的高效互动，从而获得忠实的百得粉丝，快速提升销售额和品牌信誉度，为百得厨卫在六安市场决胜打下基础。百得厨卫六安市场的销售代理团队也拿出了亮眼的业绩，不仅取得了当地消费者的认可，也在2016年的几次促销活动中连续几次销售过百万。于一个品牌运营来说，一旦获得了起始的优势，雪球就会越滚越大，优势会越来越明显。基础做扎实，方向把控好，接下来，就是一个不断正向叠加、水到渠成的"滚雪球"过程。

百得厨卫的成功表现也表明，我们可以将"团队建设"和"品牌打造"看作"滚雪球效应"之斜坡和压力。它们一旦做功，便会产生滚雪球效应。长期奋战于市场一线的代理商团队，与终端消费者的接触最密切，代理商团队越完善、越专业，对消费者的服务就更到位，品牌形象的树立就更立竿见影。那么，在执行活动之中，业绩就是最好的回报与见证，而且还会像滚雪球一样，越做越大，越干越起劲。

• **管理启示**

　　巴菲特说："人生如滚雪球，重要的是找到很湿的雪和很长的山坡。"1994年10月10日巴菲特在内布拉斯加大学的演讲中说："复利有点像从山上往下滚雪球。最开始时雪球很小，但是往下滚的时间足够长（从我买入第一支股票至今，我的山坡有53年这么长），而且雪球黏得适当紧，最后雪球会很大很大。"巴菲特的"湿雪"，指的是在合适的环境中投入能不断滚动增长的资金；"长坡"指的是能让资金有足够的时间滚大变强的企业。雪很湿，收益率就会高；坡很长，复利增值的时间就会持续得久。

　　有一种成功，叫永不言弃；有一种结果，叫荷花满塘。然而很多人的一生就像池塘里的荷花，一开始用力地开，玩命地开，但渐渐开始感到枯燥甚至是厌烦，可能在第9天、第19天甚至第29天的时候放弃了坚持，这时往往离成功只有一步之遥。

　　多少人败给了这一步之遥的坚持？多少人在感叹为什么幸运的人不是我？多少人埋怨为什么努力换不来想要的收获？

　　其实我们只是败给最后一点点的坚守，败给了一丝丝懒惰，败给了枯燥厌烦，败给了急于求成，败给了还不够努力。

　　也许我们无法名留千古，无法富可敌国，无法登上世界的顶峰，但是平凡的我们一样也期待自己的才华和能力如一池盛放的荷花，怎么做呢？唯有从现在开始改变，从现在开始坚持。

　　"改变"并不复杂。如果想养成早起的习惯，只需要在前一天早睡，早睡的前提无非是少看一集肥皂剧或者少玩一个小时的手机，仅此而已。要记住，所谓改变，并不是"脱胎换骨"，而是一个循序渐进的过程。不必急功近利，不必追求立竿见影，只要每天能比前一天有一点突破、一点改善，而且朝着正确的目标持续地做下去，就一定会把自己的势能，先凝成一个"小雪球"，并能够围绕这个"小雪球"，将它越滚越大，形成自己人生和事业发展的支撑点。

051 / 过度理由效应

● **概念解读**

过度理由效应（Over-Justification Effect）指为了使自己和别人的行为看起来合理，只要有理由能解释，人们都趋向于不太愿意去寻找更多的或者更深层次的理由。而且，在寻找理由时，总是先找那些显而易见的外在理由，如果外部理由足以对行为做出解释，人们一般就不再去寻找内部的理由了。显然，这是一种社会心理学现象。

● **理论应用**

A公司的人力资源管理政策由来已久。前几年，由于行业未饱和，A公司的市场占有率节节攀升，员工们年终拿的奖金不仅丰厚，而且一年更比一年高，自然工作热情高涨，干劲十足。无论是生产部还是销售部、市场服务部，工作气氛浓郁，处处一派欣欣向荣的景象。但自去年以来，似乎行业发展出现了拐点，整个行业业绩都不好，自然公司也没挣到钱。于是，公司没有给员工发年终奖，原来说至少会发13个月工资，结果要过年放假了，还是没有着落。就这样，大伙儿窝着一肚子气过了年。过完年，还是这些人，可个个"判若两人"，没有了工作热情。有的人还在背后议论，"这样不守信的地方不能待了，干脆等着公司开除算了。"

这个现象可以用美国著名心理学家德西（Deci Edward）的实验来解释。

1971年，德西做了一个实验。他以大学生为被试对象，请他们单独解决测试智力的问题。实验分三个阶段：第一阶段，每个被试对象自己解题，不给奖励；第二阶段，被试对象分为两组——奖励组和无奖励组，奖励组被试对象解决一个问题就得到1美元的报酬；第三阶段，自由休息时间，被试对象想做什么就做什么。该实验的目的在于考察被试对象是否维持对解题的兴趣。实验结果发现，与奖励组相比较，无奖励组休息时仍继续解题，奖励组虽然在有报酬时解题十分努力，但在不能获得报酬的休息时间，明显失去了对解题的兴趣。第二阶段时奖励组的金钱奖励，作为外加的过度理由，造成明显的过度理由效应，使奖励组被试对象对解题"本身有兴趣"的态度出现了变化。到第三阶段，奖励一旦失去，态度已经改变的奖励组被试对象，没有奖励则就没有继续解题的理由，而无奖励组被试对象对解题的兴趣，没有受到过度理由效应的损害，因而第三阶段仍保持着对解题的热情。

另外，我们也看到，人们都有给事情找理由的习惯，所以很多商家利用"过度理由效应"给消费者"寻找"一个可信的非买不可的理由以促进销售业绩。在维萨卡和万事达卡为用户提供"花旗购物卡"的服务活动中，它们告诉消费者"使用花旗购物卡可以让您享受到20万种名牌商品的最低价"。结果出人意料的是，消费者对此的反应很冷淡。经过自省，它们发现自己的错误就是为消费者解释了利益，却没有为消费者提供令人信服的理由。于是它们在后续的宣传中说"使用花旗购物卡购物可以让您享受20万种名牌商品的最低价，因为我们的计算机一刻不停地监控着全国各地5万家零售商的价格，以保证您能够享受市场上的最低价位"。广告一经刊出，注册人数大增，几乎爆棚。

- **管理启示**

过度理由效应的存在，给我们以下两方面的启示。

第一，不要止步于任何外部理由，而要深入发掘外部理由背后的原因，哪怕这种理由看上去是一种无稽之谈。

网络上有这样一个故事。一天，一个客户写信给美国通用汽车公司的庞帝雅克部门，抱怨：他家习惯每天饭后吃冰激凌，最近买了一部新的庞帝雅克，每次只要他买的冰激凌是香草口味，从店里出来车子就发动不了。但如果买的是其他口味，车子发动就很顺利。于是，通用庞帝雅克派一位工程师去查看究竟，发现的确是这样。这位工程师当然不相信这辆车子对香草过敏。经过深入了解他得出结论，这位车主买香草冰激凌所花的时间比其他口味的要少。原来，香草冰激凌最畅销，为方便顾客选购，店家就将香草口味的冰激凌陈列在单独的冰柜中，并将冰柜放置在店的收银台附近，而将其他口味的冰激凌放置在离收银台较远的地方。

深入查究，发现问题出在"蒸气锁"上。当这位车主买其他口味的冰激凌时，由于时间较长，引擎有足够的时间散热，重新发动时就没有太大的问题。买香草冰激凌花的时间短，引擎还无法让"蒸气锁"有足够的时间散热。

第二，如果我们希望某种行为得以保持，就不要给它过于充分的外部理由。

企业要充分利用使命和愿景去感染人、影响并成就人。把行业里优秀的员工吸引到平台上来，把"舞台"交给员工，让他们去"跳舞"。处于管理岗位的人都会发现，奖励的刺激会在某种程度上促使人保持高涨的热情，对处于低潮中的人尤其必需。但长此以往，就会使奖励成为工作的"过度理由"，一旦失去外在奖励或者奖励无法满足其需要时，结果就会不如从前。

学校和家庭，何尝又不是如此呢？当学生尚没有形成自发内在学习动机时，教师和家长可以从外界给以激励刺激，以推动学生的学习活动，这种奖励是必要和有效的。但当学生发现学习的意义时，就不必再用过去的"糖衣炮弹"来刺激他们了。孩子们大了，就不需要"过度理由"了。

经营家庭和一份感情，也是一样。不要让对方把少有的几次额外奖励，当作平常饭。爱一个人不需要理由。电视剧《归去来》在末尾，淡淡地描述了缪盈和宁鸣的爱情故事：常青藤大学毕业了，缪盈确定要回来扛起伟业公司董事长重任，宁鸣由于有"守护爷爷"行动监控仪的发明，硅谷里几大IT大佬已经向他挥舞了橄榄枝，光辉前景确信无疑。然而，宁鸣却是一句"不是因为你需要我，而是因为我需要你"毅然决然地，陪同缪盈回国了。深爱，哪怕对一方来说毫无意义，也无须多言，无须过度理由。

052 / 海潮效应

• 概念解读

海潮效应也称吸引力法则，指人们通过自己的所作所为，给人们一个参照，告诉人们自己喜欢什么类型的人，由此吸引类似的人聚拢到自己身边。这正如海水因天体的引力而涌起海潮，引力大则出现大潮，引力小则出现小潮，引力过弱则无潮，由此便称为海潮效应。

（图：城门上挂了个马头，路人疑问"怎么在城门上挂了个马头？"）

• 理论应用

无论是治企之方，还是为政之道，组织管理首在择人，"用一贤人则群贤毕至"，体现的是示范效应，反之，则会使贤人成"闲人"。因此，树立起用贤人的"大旗"，发挥优秀人才的作用和影响力，才能使群贤毕至。

管理有力的公司，组织建设的一个重要内容就是开展组织职业生涯规划，一般都会为员工设计好职业发展通道，并将员工发展晋升的目标、标准和原则，清晰地告诉管理者，传递到员工。从伊梅尔特时期开始以绩效和成长价值为维度而开发的"GE九宫格",到阿里巴巴使用"业绩"和"价值观"两个维度发展的"四宫格",再到京东4S的人才观,无不向社会树立起一面面旗帜,昭示着这些企业选人、育人、用人和发展人的思想理念与方法。京东4S人才观的实施,吸引了很多成熟优秀的管理者加入京东。在京东十几万人的员工队伍中,依据"七上八下"原则,有七分成熟的员工就可以上了,百分之八十的管理者应该是从内部提拔而不是从外部招聘的。年轻的VP29岁,最年轻的总监只有26岁,虽然他们的管理经验也许还不成熟,社会历练并不足够宽,但是他们的创新、他们的激情、他们的不设限在这个时代是最宝贵的东西。

有的学术型高校和科研院所,将绩效考核的重心向科研倾斜,发表一篇A类刊物的文章,一次性有6万～7万元奖励;发表一篇B类刊物的文章,一次性有3万～5万元奖励;发表一篇C类刊物的文章,一次性有超过1万元的奖励。这样一来,一个科研能力强的年轻博士,一般情况下一年可以拿到40万～50万元的绩效奖励,这对于中国内地二三线城市的高校教师来讲,那是很不错的了。由此可以产生强烈的海潮效应,吸引更多类似的学者进入该校,以对冲由于地域较偏而造成的人才流失。

• 管理启示

就企业而言,在人力资源管理中,重视人才、培养人才对企业的发展越来越重要。所以,必须要建立相应的激励机制,要么是经济上的,要么是职位和责任方面的,要么是品牌文化上的,以形成"压力差",一旦"海风"刮起,便可以形成不同程度的海潮效应。在当下经济结构调整、行业面临洗牌、正常利润越来越薄的大趋势下,重视非物质性激励,包括职位的迁升、权利和责任的扩大、地位的提升,让员工在精神上和能力发挥上产生满足感和压迫感,同时辅以包括国内外进修、学习和交流等提高其业务素质和管理能力的活动,是更受欢迎的。谷歌首席人才官拉斯洛·博克在其力作《重新定义团队:谷歌是如何工作的》中指出,优质人才组成的员工团队不仅能做出令人满意的成绩,还能吸引更多优质人才的加入。顶尖的员工团队就像一个羊群,你只要招到几个优质人才,就会有一大群优质人才跟风过来。就社会发展而言,要进一步形成尊重知识、尊重人才的良好风气,使举贤、用贤成为共识。

053 赫洛克效应

• **概念解读**

每个人都渴望被称赞，表扬在激励中起着十分重要的作用。心理学家赫洛克（E. B. Hunlock）曾做过一个实验：在四种不同诱因下完成工作任务。把工作者分为四个小组，分别是表扬组，工作后被称赞和表扬；受训组，工作后受到批评；忽视组，不予评价但可以旁听其他小组的评价；控制组，与其他三组隔离，并不予评价。通过上述实验，赫洛克发现：控制组绩效最差，表扬组和受训组工作优于忽视组，其中表扬组优于受训组。希望得到表扬是每个人本性的追求，被称赞和表扬对个人和集体的发展起着积极的促进作用，这一现象被称为赫洛克效应。

• **理论应用**

朱江洪从华南理工大学机械系毕业后，被分到广西百色的一个机械厂，由于工作出色、技术过硬，他从一名技术员逐渐做到了厂长。这是他职业生涯里获得的第一次大"赞美"。他在自传《我执掌格力的24年》的第一章就写道："如果大学毕业参加工作时不愿当工人，或者干活偷懒，不吃苦耐劳，能提你当质检员吗？没有在质检岗位上的积极努力和工作经验，能提升你当技术员吗？如果前面的工作没有打下良好的基础，能叫你当车间主任吗？车间主任都做不好，能叫你当生产、质检、技术的科长吗？没有这些扎实的基础，大家能选你当厂长吗？"一连问了五个"能……吗"，充分反映出朱江洪积极向上、自信豪迈的精神面貌和踏实肯干的工作作风。"当了厂长"，他在自传里用"居然"这个词修饰，"居然当了厂长"反映出他一心一意只想着把工作干好的热忱。不过，他也坦言，"从此走上了长达30多年企业主要领导人的'不归路'"。特别是，他第一次当厂长时还不满37岁，集各种权力于一身，压力之大、责任之重可想而知。但他很快就燃起了纪律、产品、销售的"三把火"，硬是把百色矿山机械厂"烧"成了行业内唯一产品覆盖全国的企业。

1988年他回到了故乡珠海，当了珠海特区工业发展总公司下属公司的总经理，当时这个公司已经亏损了将近300万元。但在他接手后的次年，公司就盈利了77万元，从此以后公司的发展更是蒸蒸日上，1991年就成为广东省的先进企业。朱江洪也备受行业认可，得到了"扭亏专家"的称号。这是他职业生涯里获得的第二次大"赞美"。他认真思考企业的出路，认为企业需要有叫得响的品牌才可以立足，就将自己随手写下的"格力"注册成了商标，万万没想到，多年后格力会成为中国电器的代名词之一。1992年，格力电器公司组建，他出任总经理。最开始时，格力电器只有一条技术落后的空调组装线，年产量仅2万台左右。但他化压力为动力，凭借敏锐的目光，提出格力必须扬长避短、走专一化发展道路的战略方针。有了战略方针，但资金呢？技术呢？资金使朱江洪几乎走投无路，最后珠海农行贷给了他20万元。可别小瞧这20万元，这可是格力如今千亿资产的本金。朱江洪制订了"八严方针"，以质量为中心全面整顿格力，严把质量关，卧薪尝胆，研发核心技术，让格力产品有了质的飞跃，打造了一支有能力、有思想的技术研发团队。至2012年退休时，他把一个营业额超过800亿元、位居世界产销第一的格力，交到了继任者手上。这是他职业生涯里获得的第三次大"赞美"。

通过朱江洪的例子，我们看得出，只有经历了"九九八十一难"的磨砺，才能展现出"左手拿鞭、右手拿刀"的英雄气概。这其中一定有很多很多大大小小的褒和贬。但我们更赞赏当时主管部门对朱江洪的"赞美",没有这些肯定、褒扬和赞美,也就成就不了一名优秀企业家。

• 管理启示

在学习上,学生渴望得到赞美,哪怕是小表扬,也会使好学生变得更加优秀,让努力者有更大的进步;对所谓的坏学生的批评和忽视,往往是让他们"不断"退步的根源。在工作上,对员工适时地赞美,哪怕是小表扬,能够让他们发挥自身的特长,努力做到扬长避短;而过度的忽视或者批评会引起他们的抱怨和懈怠。在赛场上,对运动员进行激励,可以有效地激发运动员的潜力,教练一句"很棒",可能就成为运动员成绩爆发的导火索。

赫洛克效应起作用的原因在于,赞美具有催化和膨胀作用,赞美能够有效调动起人的竞争热情。对每一个想进步、有热心的人,即使他只是在某一个小的方面做出一个微乎其微的贡献,我们也要及时、诚恳地献上赞许和高度认可的评价以及鼓励。这会唤醒人们希望再次听到"赞美"的想法,从而强化被赞美者的后继行为。其次,赞美能让人的偶然动作演变成持久的行为。很多人对自己的长处、特点,包括很多细小的优势都没有发觉,也许那些优势和特长还正处于萌芽状态,一经发现并被认可,就会成长壮大。经过多次反复的赞美式的激励,人的偶然的外在行为就会逐渐变为内在素质,从而演变为长期行为。

竞争激烈的全球经济使大多数组织都面临着严酷的成本压力,做什么事情都需要钱,这使得把"赞美"作为一项激励措施显得特别实际与有效。因为同其他激励方式相比,赞美的成本几乎是零,只需动动嘴,伸出大拇指,或者给个微笑,就能达此目的。

当然,要给予及时、适度的赞美,需要准确了解身边每个人的优势和特长,这样我们"赞美"起来,才会更加贴切而真诚。例如,你要称赞某人长得漂亮,说"你的眼睛特别像张曼玉"要比"你跟张曼玉一样漂亮"效果好得多!

不要吝啬你的赞美了!适时、有效地对他人进行赞美,是一种美德。不仅如此,赞美还要及时,正如我们要把好消息在第一时间分享给他人一样。

054 懒马效应

• **概念解读**

两匹马各拉一车货,一匹马走得快,一匹马慢腾腾。于是主人把后面的货全搬到前面走得快的马的身上。后面的马笑了:"切!越努力越遭折磨!"主人看到一匹马也能够拉车,就让后边的马留在家里干零活。转眼来到年底,主人家准备过年。招待客人时,发现肉不够了。主人看到"闲逛"的那匹马,就把它杀了,变成了美味待客。而那匹拉车的马,虽然累但还能继续活着。

现用"懒马"比喻职场中那些干活慢又偷懒的员工,这些人如果不积极努力地工作,就离被解雇不远了。

• **理论应用**

丙丁两个商贩在每天早晨有很多人匆匆经过的路边摆了小摊,给过往的行人提供早餐(假设丙丁两商贩分别代表丙丁两个餐饮公司)。两人都卖米线,而且米线的质量和口感基本上也没有什么差别。但仔细观察,会发现有一处不同,即商贩丁要比商贩丙多一道程序。商贩丁在煮好每一份米线后,并不直接放置到调好油盐酱醋的碗里,而是将其冷却处理一遍,再置于碗里并加汤加肉末,这样一来,做好的早餐送到顾客手中的时候温度正好可以食用。商贩丙觉得这样很麻烦,认为多这一步也没什么用,还增加自己的工作量,所以顾客往往要多等几分钟,米线才能入口。自然地,正在吃早餐的人会花费更多的时间,后面排队等待的人也会因此多耗费时间，而来来往往的人都很赶时间。所以很明显，结果是商贩丁的生意比商贩丙的要好很多。这样一年下来，商贩丁已经买了车和房，而商贩丙还在苦撑，并感叹如今的生意太难做了。

  刚入职的新员工，一般都会有一段蘑菇①的经历，特别是对刚出校园的大学生，可能更是一段"青黄不接"的难忘岁月。大多数刚走上工作岗位的大学生都有一些通病：自命不凡、激情四射、骄傲浮躁、不甘心做配角等。而组织对待他们一般也都是一视同仁，都要求他们从最简单的、基础的工作做起。而如何高效率地走过这一段，从中尽可能多地汲取经验，让自己成熟起来，并树立值得信赖的良好个人职业形象，是每个刚步入职场的年轻人必须面对的问题。小王和小陈都是A公司新招进来的应届大学毕业生，两人均分在市场营销部。A公司是专门从事移动雾化消毒机的研发、生产和销售的高新技术企业。由于市场前期宣传不够，社会对该产品认知不足，市场开发和营销较为困难。这对两个年轻的大学毕业生是莫大的考验。暑假那两个月，两人起早贪黑，皮肤晒得爆皮，而下单者毫无着落。怎么办呢？这时两人就表现出了明显不同的反应。从客户处回到办公室，小王首先会拿出与客户沟通时的记录本，对客户提出的问题而自己不明白的地方，打电话给公司的生产部或技术部门的同事问个究竟，以便于第二天再与客户进行进一步沟通。就寝躺在床上的时候，小王经常会思索如何改进话术，如何抓住客户的担忧点。而小陈呢？那可是完全不同的"景象"。每每从客户处回来就直接去了宿舍，像霜打的茄子一样，既无询问，也不总结，更懒得思考。他还经常对小王说一些酸不溜秋的话，说什么"看你天天问这个学那个，还不是签不到单""这么累死累活，要读什么大学呢"……这样很快就有了分晓，三个月之内，小王签了7单，当然主要是后面一个月签的单。而小陈则没有收获。半年之后，小王升职做了部门主管，小陈则被迫转岗去了后勤保障部门，又得从头做起。

---

① 蘑菇管理这一说法来自二十世纪七十年代一批年轻的电脑程序员。由于当时许多人不理解他们的工作，持怀疑和轻视的态度，所以年轻的电脑程序员常常自嘲"像蘑菇一样地生活"。蘑菇管理是许多组织对待新员工的一种管理方法，初来者被置于阴暗的角落（不受重视的部门或打杂跑腿的工作），浇上一头大粪（无端的批评、指责、代人受过），任其自生自灭（得不到必要的指导和提携）。有公司主张如此，认为让初入门者当上一段时间的"蘑菇"，可以消除他们不切实际的幻想，从而使他们更加接近现实，更实际、更理性地思考问题和处理问题。

我作为喜好HRM（人力资源管理）的一名老师，对学生的就业自然是多了一些关注。这里再分享一个故事，对大学生就业会有启发的。卡莉·菲奥莉娜从斯坦福大学法学院毕业后，第一份工作是在一家地产经纪公司做接线员，每天的工作就是接电话、打字、复印、整理文件。尽管父母和朋友都表示支持她的选择，但很明显这并不是一名斯坦福毕业生应做的工作。但她毫无怨言，在简单的工作中积极学习。一次偶然的机会，几个经纪人问她是否还愿意干点别的什么，于是她得到了一次撰写文稿的机会，就是这一次，她的人生从此改变。这位卡莉·菲奥莉娜就是惠普公司前CEO，被誉为"世界第一女CEO"。由卡莉·菲奥莉娜的故事看得出，一个人的工作，做久了之后当然就是事业，能否取得成就，根本不在于你的工作起点，而在于你对待工作的态度。"机会都是给有准备的人"，那么，如何才算"有准备的"人？我想这个"有准备的"人，首先应该是准备了自己的工作态度。

• **管理启示**

不少大学毕业生在认识上常常存在误区，虽可能不再觉得自己乃天之骄子，但对一些诸如端茶倒水、跑腿送报的琐碎小事不屑一顾，认为这些工作过于平凡或平庸，感觉自己怎么样也不至于做这等事，进而产生消极态度。其实年轻人由于缺乏工作经验，很难一下子就担当重任。自己应该明白，成功就是从小事做起的，只有打好飞翔的基础，才可以飞得更高、更远；只有平时注意积累，做好每一件小事，才会飞得更加稳健，才能把握成功的机遇。美国前国务卿鲍威尔在写回忆录时，总结了自己的人生经验：认真做好每一件小事。正是由于不断努力，重视身边的每一件小事，对每一件小事都赋予百分之百的热情，他才从逆境中创造了机遇，由一名清洁工成长为美国国务卿。无独有偶，日本前邮政大臣野田圣子也曾在宾馆做过服务员，她一开始刷马桶总刷不干净，主管亲自做示范之后，用杯子从马桶里取水，当着野田圣子的面喝下去了。此事深深刺激了她，从此野田圣子兢兢业业，稳打稳扎，最终踏上了日本政坛。

"蘑菇"的经历，对成长中的年轻人来说，是破茧成蝶前必须经历的一步。单调而平凡的工作过程，更能锻炼一个人的心志。"赛马"场看起来盛大壮观，里面饱含着养马人多少心血和历练！"快马"虽说辛苦了一点，但保住了性命，而"懒马"虽偷得一时的闲暇，却因此失去了生命。所以，上进和努力终究会有回报，偷一时之懒或赋一时之闲，往往就会丧失更大的机遇。这也勉励我们，在快要坚持不下去的时候，不妨想想可能就因为多了一会儿的"死磕"，就能给自己带来意想不到的收获。相反，总想偷懒，会让上司觉得你没有可用价值，最终会失去岗位，成为被宰杀的"懒马"。

在组织中，如果放任"懒马"，任其不作为，造成的结果不只是他一个人效率低下，更严重的是会涣散人心，让"快马"寒心，失去斗志，进而使得整个企业的效率低下，此时的"懒马"已成了害群之马。组织在考评和监督的过程中，切不可放任"懒马"发展，必须要对其施以惩戒。而对于"快马"，则应该论功行赏。

055 雷尼尔效应

• 概念解读

　　雷尼尔是美洲最高的山峰之一，天气晴朗时人们可以看到她银装素裹的真容，雷尼尔效应的名称正是得自这座美丽的雪山。雷尼尔效应来源于美国西雅图华盛顿大学的一次风波。据说，校方曾经选择了华盛顿湖畔一处地点准备修建一座体育馆。消息一传出，立即引起了教授们的强烈反对。教授们之所以抵制校方的计划，是因为这个拟建的体育馆一旦建成，就会挡住从教职工餐厅可以欣赏到的窗外美丽的湖光山色。与当时美国的平均工资水平相比，华盛顿大学教授们的工资要低20%左右，而华盛顿大学的教授们在没有流动障碍的前提下自愿接受较低的工资，不愿到其他地方去享受更好的物质待遇，正是因为他们在这儿教书可以享受到这些美景。这种偏好，被华盛顿大学的经济学教授们戏称为"雷尼尔效应"。

100个管理学原理

• 理论应用

西雅图美丽的风光可以吸引并留住华盛顿大学的教授们，那么，对企业管理者而言，企业的"西雅图美丽风光"在哪里呢？就是说，如何将雷尼尔效应运用到企业管理当中来呢？事实上，企业完全可以用"美丽风光"吸引和留住人才。这实际上是两个问题。一是，企业里的"美丽风光"是什么？二是，如何运用企业里的"美丽风光"？

思科（CISCO）系统公司首席执行官钱伯斯就曾有过这样的感受。钱伯斯刚踏出校门，就被电脑巨人IBM录用，他兴奋无比，满怀憧憬。等进了公司，创意屡遭IBM官僚体制漠视，他实在无法"苟活"下去，于是毅然决然地放弃这个令人羡慕的工作。对许多有抱负的员工而言，高薪职位只是他们投效的诱因，创意获得采纳，才是他们最大的成就。如果因为理念不合，主管否决创意，或是必须层层上报，等待批示，他们往往不会像传统员工那样默默等候时机来临，可能马上递出辞呈，另寻明主。

日本索尼PS（playstation）游戏机部门是主管尊重知识工作者创意，最后实现营业额快速递增、主雇双赢的例子。PS的营业额虽然只占索尼集团的10%，但纯利润占全集团的三分之一。他们推出的升级版PS2游戏机，更被市场人士誉为是继Windows 95后最受全球瞩目的消费类信息产品。PS系列虽然如此风光，但是刚上市时，索尼公司内部很少有人看好这个产品。原因之一是，PS的发明工程师久多良木健行事怪异，平常开会时常常自言自语，很少人知道他在讲什么。重要的公关场合，他又不在乎礼仪，这与注重"人和"的日本企业文化完全背道而驰。幸亏索尼公司社长出井伸之慧眼识英雄，独排众议，全力支持久多良木健的创意，PS系列游戏机才得以绽放光芒。而索尼公司也靠PS系列撑住了场面，加快了向家电王国的转型，避免了成为IT革命下的待宰羔羊。

钱伯斯与久多良木健的不同际遇，说明了在新的时代，对主管而言，与员工分享权力已经不是选择之一，而是必须选择。只有为员工提供足够的发展空间，才能吸引他们并将其留住，这便是企业的"美丽风光"。

另外，我们要展现企业另一道"美丽风光"，那便是和谐温馨的企业文化环境。纳尔逊女士是美国卡尔松旅游公司的总裁，为了给员工营造舒心的工作环境，她规定：员工每年都有为期一周的带薪休假；对好的建议、出色的工作表现，公司会给予鼓励；积极提倡管理者与员工之间的交流，创造和谐的沟通和工作环境。纳尔逊女士坚定不移地信守诺言使她获得了美誉，员工欣赏她的企业是因为她的企业不只追求利润，而且很关心自己的员工。正是通过这个方式，卡尔松旅游公司牢牢地吸引住了一大批业内杰出人才。

● **管理启示**

美国西北最热闹的城市西雅图（Seattle），不是威尼斯，但处处可见湖泊海洋；不是纽约，却住着世界首富；不是巴黎，浪漫气氛却丝毫不减……西雅图美丽的景色是一种城市资产，更是华盛顿大学可资利用的正外部性，它起到了吸引和留住人才的作用。华盛顿大学教授们的工资，80%是以货币形式支付的，20%是由美好的环境来支付的。

理解并尽量满足员工的真正需求，是HRM的精髓。在现代社会中，单纯的薪资激励不一定能提高员工的积极性，管理者要综合考虑，包括对个人自我需求最优化的考虑，即考虑如何提高个人的舒适度、个人的自我实现度。同时，要寻求薪资变化的替代品，如用职位的变动、企业文化的认同，只有这样，才能最大限度地吸引和留住人才。现在，越来越多的企业家认识到了优秀的企业文化是公司生存的基石，是企业能否留住人才的关键。企业能始终爱护人、尊重人、承认员工的劳动和做出的成绩，构建企业上下左右良好的沟通系统，并让人才了解和参与企业的决策与管理，切实为他们提供各种必要的保障，营造"企业为我家"的软环境，才能很好地将人才凝聚在一起。只有这样，才能让员工毫无怨言地努力与奉献，才能从根本上稳定人心，留住人才。

至此，我们认为企业的"美丽风光"既指优厚的待遇、良好的工作条件和工作环境，又指给员工创造的更大的发展空间和舞台、更大的责任和使命的赋予。这种"美丽风光"是一种巨大而重要的无形财富，在企业人才吸引和留存过程中发挥着极其重要的作用；这种"美丽风光"也是一种强大的动力源，必将激发员工的创造力和主观能动性更大程度的发挥。

请记得，去挖掘组织的"美丽风光"，并无限期开放给员工观赏。

056 马太效应

• **概念解读**

马太效应（Matthew Effect）指好的事物愈好、坏的事物愈坏，多的愈多、少的愈少的现象，也就是通常所说的两极分化现象。该理论源于圣经《新约·马太福音》中的一则寓言。

开始：荣誉加身　　　　后来：奖杯勋章不断，光环满身

一个人在获得一些成就或荣誉之后，往往会更有激情和动力去实现自己其他的目标，同时因为"优秀"又能将许多资源吸引到自己身边，使自己下一步目标的实现变得相对容易，自然而然获得的荣誉会越来越多。相反，当人未能站在某个"高地"或平台的时候，"投资人"可能会认为对其投资，收益预期不会很大，因而自然就会减少对其投资，社会资源则更难向其聚集。"富裕"的就会更加富裕，贫穷的则会更加"贫穷"，这就是马太效应。

• **理论应用**

中怡康对台式微波炉线下市场的统计数据显示，2019年11月，在品牌份额方面，销售额前三的品牌为格兰仕、美的和松下，占比分别为56.8%、39.4%和1.9%，综合份额已经超过98%；销售量占据市场前三的品牌为格兰仕、美的和松下，占比分别为56.1%、41.6%和0.8%，综合份额接近99%。从数据可以看出，台式微波炉线下市场品牌集中度很高，马太效应已经相当严重，仅前二的品牌就已经占据了超95%的份额，且格兰仕保持大幅领先，量额均占据了近60%的市场。很显然，这个数据会给人以暗示，大家会更加愿意购买这三个品牌的微波炉，这就会加大马太效应的影响。

《新约·马太福音》中有这样一个故事。一个国王远行前，交给3个仆人每人一锭银子，吩咐道："你们去做生意，等我回来时，再来见我。"国王回来时，第一个仆人说："主人，您交给我的一锭银子，我已赚了10锭。"于是，国王奖励他10座城邑。第二个仆人报告："主人，您给我的一锭银子，我已赚了5锭。"于是，国王奖励他5座城邑。第三个仆人报告说："主人，您给我的1锭银子，我一直包在手帕里，怕丢失，一直没有拿出来。"于是，国王命令将第三个仆人的1锭银子赏给第一个仆人，说："凡是少的，就连他所有的，也要夺过来。凡是多的，还要给他，叫他多多益善。"此故事反映出贫者愈贫，富者愈富，赢家通吃的收入分配不公的现象。由此，经济学家告诫决策者，要伸出那只"看得见的手"，进行国民收入的调节和再分配，尽可能地避免社会贫富差距过于悬殊。

与经济学的马太效应不同的是，爱情中的马太效应并不简单地以情感做成本，越滚越多，而是说，如果处于情感的包围中，心态就会很好。人一旦放松，对快乐会敏感，对伤害会迟钝，再加上激素作用，让人容光焕发，这些都会增加对异性的吸引力。当然，对同性的微妙的竞争心理，也促进了爱情的马太效应。所以如果没有被爱包围，至少要模拟被包围的那种状态，把心态放松，随时处于接收的状态，像一台不断调试的收音机，爱情就比较容易到来。

• **管理启示**

由以上分析可知，品牌的强弱对产品或服务销量的影响巨大，它启示管理者要着力提升对品牌建设的重视程度。

社会心理学家认为，马太效应是个既有消极作用又有积极作用的社会心理现象。消极作用：名人与未出名者做出同样的成绩，前者往往会受上级表扬、有记者采访，求教者会接踵而至，各种桂冠也一顶接一顶地飘来，结果往往使其中一些人因为没有清醒的自我认识和理智的态度而居功自傲，在人生的道路上摔跟头；而后者则无人问津，冷清一世。积极作用：其一，可以防止社会过早地承认那些还不成熟的成果；其二，马太效应所产生的"荣誉追加"和"荣誉终身"等现象，对无名者有巨大的吸引力，能集聚促使其拼搏奋斗的强大动力。其实，马太效应对个人的启示是巨大的。它告诉我们，优秀的人会越来越优秀，平庸的人会越来越平庸。我们想让自己摆脱平庸，就只能让自己优秀起来，否则，现在平庸，将来会更加平庸。优秀的人即便没有那么突出的优秀，但是只要一直让自己保持进步，今后定会变成自己心目中的那个偶像。同时，对管理者来说，要尽量克服马太效应带来的消极影响，避免不公平的现象削弱员工的积极性；同时要能利用马太效应的积极作用，让团队成员一直保持昂扬向上的动力。

由马太效应而进一步思考，"富人越来越富"，不止是因为他们一开始就拥有许多投资资本；穷人越来越穷，很多时候也不仅是手头没钱做不了想做的事。出身的差别给人带来的差距，远不止在起点时的财富、受到的教育和拥有的资源这么简单。要跨越这些天生"烙下"的差距，其实并不太难，真正有难度去跨越的，是家境的不同给孩子带来的格局和心境。那么，孩子究竟要拥有怎样的格局和心境？

法国媒体大亨巴拉昂临终前在《科西嘉人报》留下遗嘱，说道："我曾是一个穷人，去世时却是以一个富人的身份走进天堂的。在跨入天堂的门槛之前，我不想把我成为富人的秘诀带走，现在秘诀就锁在法兰西中央银行我的私人保险箱内，保险箱的三把钥匙在我的律师和两位代理人手中。谁若能通过回答穷人最缺少的是什么而猜中我的秘诀，他将能得到我的祝贺。当然，那时我已无法从墓穴中伸出双手为他的睿智而欢呼，但是他可以从那只保险箱里荣幸地拿走100万法郎，那就是我给予他的掌声。"可想而知，答案自然是五花八门了。

在收到的48561封来信中，有一位叫蒂勒的小姑娘猜对了巴拉昂的秘诀。蒂勒和巴拉昂都认为穷人最缺少的是野心，即成为富人的野心。此事引发的震动波及英美。后来，一些好莱坞的新贵和其他行业几位年轻的富翁就此话题接受电台的采访时，都毫不掩饰地承认：野心是永恒的特效药，是所有奇迹的萌发点；某些人之所以贫穷，大多是因为他们有一种无可救药的弱点，即缺乏野心。

057 锚定效应

• 概念解读

锚定效应（Anchoring）指在诸多影响决策的因素中，最先让你动心的那一个因素会"锚定"你的决定，最终"搞定"你的钱包，让你"心悦诚服"地买下销售方刻意营销的商品。

你有没有想过，你喜欢的皮包品牌打折时你很难"狠心不买"？这基本都与锚定效应有关——我们最初获得的信息常常左右最后的决策。当你喜欢的某品牌皮包原本1299元一个，699元的折扣价一定会让你很动心，最初的1299元起了"锚"的作用。因此，对产品进行促销时，千万别忘了把原价写在折扣价的旁边。

• 理论应用

我们来看看锚定效应在企业中的应用。在企业营销活动中，探究消费者的真实需求，并准确把握消费者的购买心理，是实现成功营销的关键。在经济全球化的大背景下，随着越来越多的行业成熟度与集中度的提高，竞争的加剧，产品同质化程度的加深，大量的企业依靠花样繁多的促销活动、看似巧妙的定价策略、精耕细作的渠道策略、铺天盖地的促销活动来拉拢消费者，已经变得越来越不起作用了。而锚定效应揭示了人们决策过程的一种基本规律，为营销行为的创新开辟了一片蓝海。

二赛一汽车销售公司（以下简称二赛一）是某市一家专门销售二手国际主流车型的区域公司，由于经营作风务实，成立三年多以来积累了可观的客户资源，生意日渐红火。特别是，由于公司创始人之一的王总曾有十几年外贸公司工作的经历，对汽车进出口业务十分熟悉，有较为广泛的二手车货源，且销售价格也稍占优势，这实际上就是二赛一可去大做文章的"锚"。在某市这样一个不算富裕的地级城市，大多数有购车需求的居民，对汽车的价位相对来说是比较敏感的。同时，车型多、选择余地大的话，价格的差幅也会大一些。那么，在公司销售的宣传资料上，二赛一就重点突出了"可选车型多""可选空间大"等车型多的"锚"，以及"量多价优惠"等价格方面的"锚"。凭此两个"锚"，在营销策划和媒体宣传上，二赛一显得特别自信，喊出了"二手车型哪里去，二赛一好去处""管理到位，价格实惠"的营销口号。另外，在具体的定价上，二赛一通常会在车场里的二手车身上贴上两个价格，例如，一款二手的奔驰2015款C级180L运动型，在现售价20万元的旁边再贴上原价35万元、行程4万公里的标签，这个"原价35万元、行程4万公里"就是一个"锚"，它在强化与现售价20万元的对比的同时，增加了顾客心中的"让渡价值"，自然也增强了顾客的购买意愿。事实上，无论在线下的场地海报宣传，还是线上的平台宣传，从统计数据来看，其线上点击率和线下出入二手车现场的人数，都是十分可观的，要比该市其他几个二手车卖场的人流量多出40%～45%。这也从一定程度上说明了，只要设定相应的"锚"，去"锚定"相关客户，其效果明显好于不去设置任何"锚"的公司的传统做法。

• **管理启示**

当然，要注意竞争对手也采用同样的策略，以削减自己的锚定效应的作用。在二手汽车市场（俗称"柠檬市场"），卖方对该二手车是怎样的状况，原车主为何要出售该二手车等相对清楚些，而买方则不甚清楚，只能凭借对车子的外观和试开的感觉去判定该二手车究竟如何。此时，如果二赛一在其广告中再强调其"性价比高"时，它实际上已经为消费者提供了另外一个"锚"，但同时竞争对手在同时段的广告中强调其产品的绿色环保性能时，这样又为消费者提供了来自不同公司的外部"锚"，显然，这势必会使得二赛一公司的锚定效应大打折扣。诸如此类，二赛一公司在做营销策划时，一定要考虑竞争者的"干扰锚"，以做好必要的"还击"。

人们在对某一未知量的特殊价值进行评估之前，总会事先对这个量进行一番考量，此时锚定效应就会发生。例如，在考量买房要花多少钱时，人们会受到"要价"的影响。同样的房子，如果市场价格高，它就显得比市场价格低时更有价值，即使你决心抵制价格的影响也没有用。"市场价格高"是你心中的锚定值，一旦你接受销售商的"花言巧语"，让你感受到你买的比市场价要低一些，这时你的购买体验是十分愉快的。

在生活中，人们也经常需要调整"锚定值"的，调整是一个审慎且有意识的行为，但因为锚定效应往往调整不足。这也可以解释为什么你开车下了高速公路驶入城市街道时还会开那么快，如果是边聊天边开车，速度尤其容易快。孩子在房间里喜欢把音乐开得很大声，家长要求孩子把音乐调到"适当"的音量，但听着特别大声音乐的孩子即使想这样做也难，还会认为家长忽视了他们真心做出的让步，这是因为他们无法从充分的高锚定值中调整过来，长此以往父母会很恼火，两代人关系因此紧张，调整不足就是对这类现象的最好解释。

那么，锚定效应明显的启示有二：一是商家尽可能去利用锚定效应，促进商品的销售；二是个人要在心里养成自我调整的习惯，自我解决调整不足的问题。如把自己现在的进步与过去的某个时间节点比，你会很容易地发现自己原来进步了不少。不妨放慢你的脚步，环顾四周，猛然发现，步履轻盈的自己，是那么优雅，并赏心悦目！

058 墨菲效应

• 概念解读

墨菲效应，也叫作墨菲定律（Murphy's Law），是一种心理学效应，由爱德华·墨菲（Edward A. Murphy）提出。墨菲定律的原句是这样的：If there are two or more ways to do something, and one of those ways can result in a catastrophe, then someone will do it. 如果有两种或两种以上的选择，而其中一种将导致灾难，则必定有人会做出这种选择。事实是，当面临"两种或两种以上的选择"时，必定有人会莫名其妙地、不知不觉地做出"导致灾难"的选择。进一步说，如果事情有变坏的可能，不管这种可能性有多小，它总会发生。凡事可能出岔子，就一定会出岔子。

- **理论应用**

　　作为保险行业的后起之秀，恒大人寿在2019年实现保险业务收入420.23亿元，净利润16.61亿元，综合偿付能力充足率为136.24%[①]。这些了不起的经营业绩的背后，是一个个奋斗者的身影。

　　作为恒大人寿湘潭支公司的销售新手，张晨虽然早就熟悉了销售流程以及相应的推销话术，但还是对自己缺乏信心，害怕自己跟客户讲不好产品的用途与功效。果不其然，在上周五拜访客户时，他不止一次忘记自己接下来要说的话，甚至有几次还将产品的名字说错。说来这很正常，每个新人都有一个成长的过程。黄经理安排张晨本周二继续去陌拜前进小区的陈阿姨。为了防止上周五那种忘词的情形的再度发生，黄经理安排组里的几个同事在周一下班前给张晨预演一次。黄经理反复告诫他要放松心情，注意力集中在产品本身，不要集中在客户的反应上。同事们也看到张晨一个上午反反复复重复练习那几句话，相信这次肯定没问题了。没想到的是，张晨还是那么紧张，甚至前言不搭后语，弄得大家都好难为情。这真是验证了墨菲效应的"厉害"了：越是紧张，越害怕出错，就越会出错。最后，黄经理建议大家都撤场，留下张晨一个人练习，然后打开手机把整个过程录制下来。这主意真灵。他一练完，大伙回到会议室看录下的视频，一个端庄大方、吐词清晰的帅小伙跃然屏上，与以前几次判若两人。如此说来，"墨菲定律"这个魔咒，是可以打破的。

　　2003年美国"哥伦比亚"号航天飞机即将返回地面时，在美国得克萨斯州中部地区上空解体，机上6名美国宇航员以及首位进入太空的以色列宇航员拉蒙全部遇难。"哥伦比亚"号航天飞机失事也印证了"墨菲定律"。如此复杂的系统出现事故或出错总是有可能的。一次事故之后，人们总是要积极寻找事故原因，以防止下一次事故，这是人的一般理性都能够理解的。否则，要么从此放弃航天事业，要么听任下一次事故再次发生，这都不是一个国家能够接受的结果。这其实是概率在起作用，但正如老话说的"上的山多终遇虎"。唯一能应对的手段便是，平时多准备打虎的工具，长足打虎的本领。

---

① 数据来源：2020年4月30日，恒大人寿保险有限公司发布的2019年年度信息披露报告。

• 管理启示

在数理统计中，有一条重要的统计规律：假设某意外事件在一次实验（活动）中发生的概率为p（p>0），则在n次实验（活动）中至少有一次发生的概率为pn=1-（1-p)n。由此可见，无论概率p多么小（即小概率事件），当n越来越大时，pn越来越接近1。这一结论被著名学者墨菲应用于安全管理。也就是说，只要发生事故的可能性存在，不管可能性多么小，这个事故迟早会发生。灾祸发生的概率虽然也很小，但累积到一定程度，也会从最薄弱环节爆发。所以关键是要平时清扫死角，消除安全隐患，降低事故概率。"清扫死角"就是做好事前的预防和应对准备工作。罗曼·罗兰说："人们常觉得准备的阶段是在浪费时间，只有当真正的机会来临，而自己没有能力把握的时候，才能觉悟到自己平时没有准备才是真正浪费了时间。"

你衣袋里有两把钥匙，一把是你房间的钥匙，一把是汽车的钥匙。如果你现在想拿出车钥匙，会发生什么呢？是的，你往往会拿出房间的钥匙。墨菲定律告诉我们，容易犯错误是人类与生俱来的弱点，这无关风月雨雪，无论科技和信息发达与否，事故都会发生。而且我们解决问题的手段越高明，面临的麻烦就越严重。所以，科学的预防机制就显得尤其重要，通常事前预防比事中防治要好，事中解决比事后弥补要好，因而建立相应的危急预警机制，是十分必要的。

有统计表明，建筑业的生产事故频率、灾害率要高于其他行业的平均水平。许多建筑工地存在的安全隐患并不是偶然的，不仅是工人，甚至一些工地管理人员的安全意识都很淡薄。虽然在每一个工地，只要问起有关安全方面的问题，工地的项目部经理都会大谈对工人进行的安全教育。工人们知道按照规定应该如何操作，也知道违反操作规定会产生什么样的后果。但不知不觉中，工人们似乎被墨菲效应在牵引着，由此麻痹大意，酿成事故甚至灾难。施工安全管理是个整体的动态的活动，是一项复杂的系统工程，越是如此，越要健全切实可行的现代建筑施工安全管理制度，让安全意识深入人心，变成习惯。同时，根据墨菲效应所示，要谨慎对待工作过程中的任何一个异常现象，不能忽视小概率危险事件。

059 鲶鱼效应

• **概念解读**

沙丁鱼生性懒惰且喜密集群栖，在运输途中很容易因为挨得太紧而缺氧死亡。后来有人发现，在存放沙丁鱼的鱼槽中放入一条性情躁动的鲶鱼，会搅动沙丁鱼四处游动。这样一来，大大提高了沙丁鱼的存活率。同样，在企业管理中，如果群体处于呆滞、消极状态，就需要注入活力来打破，使企业获得新的机遇。在团队中，大家士气低落时，如果出现一个积极活跃的人，来不断激励团队，那么整个队伍就会兴致高涨，一路"踏歌前行"。鲶鱼效应指适时采取一种手段或措施，不仅能激活本企业，让其活跃起来积极参与市场竞争，也会带动同行业其他企业进入竞争状态。

• **理论应用**

本田公司有段时间面临这样一个问题，公司人员东游西荡，工作懈怠，不思进取。但若开除他们，会引起公司内部恐慌，给公司带来损失。公司总裁本田宗一郎为此非常苦恼。在副总裁宫泽的提议下，本田开始着手公司的人事改革，用高薪挖来了松和公司年仅35岁的销售部副经理武太郎。武太郎刚上任，就对公司进行了大刀阔斧的改革，建立了新的营销制度，制订了新的市场目标和计划，设立了完备的人员考核条例。武太郎凭借着过人的营销学识和经验，以坚韧的工作毅力和热情，带动销售部全体员工更加勤奋上进，公司的面貌和风气焕然一新，销售部的月销售额也增长了一倍。此后，从外部聘请生力军成为本田公司的惯例，外部引来的"鲶鱼"对公司的"沙丁鱼"形成"触电"式的高压态势，给公司营造出紧张而活泼的气氛，使公司人员更加勤奋向上，更加努力为公司拼搏。

无独有偶，日本三泽之家也应用"鲶鱼效应"，大量引入外部人才，为企业注入活力，唤起员工的工作激情，振奋员工的精神面貌。靠着独特的用人理念，从1971年起三泽之家连续20年在日本住宅工业界独占鳌头。

• 管理启示

从长远发展来看，公司需要不断改革和创新，否则就会故步自封、止步不前。公司需要寻找新的目标和动力，在专业领域内锐意进取，才能创造更多效益。

"鲶鱼"的特点是积极活跃，创造性强，自身具有极强的专业能力，在服众的同时，能起到领导和带头作用，带动公司其他人员的活力，使整个团队生机勃勃。公司管理者要善于挖掘"鲶鱼"人才，为他们创造良好的环境，使其发挥自己的专长。

推及己身，惰性是人的本性，满足现状，追求稳定安全的状态是人的本能，此时，我们是一条"沙丁鱼"。但是，我们有着追求更刺激、更有活力的生活的向往，这应该是我们心底的"鲶鱼"。问问自己的内心，是否甘于做一条沙丁鱼。尝试做一条鲶鱼，你会发现，一个全新世界的大门正向你敞开。

060 牛鞭效应

- **概念解读**

牛鞭效应（Bullwhip Effect）也叫信息曲解现象，指在供应链上由于信息不对称而造成的需求变异变大现象。供应链上的信息流从最终用户向原始供应商传递的时候，由于无法有效地实现信息共享，使信息扭曲而逐渐放大，导致了需求信息出现越来越大的波动。此信息扭曲的放大作用在图形上很像一根甩起的牛鞭，因此被形象地称为牛鞭效应。可以将处于上游的供应商比作梢部，处于下游的用户比作根部，一旦根部抖动，传递到末梢端的牛鞭就会出现很大的波动。

由于牛鞭效应的存在，相关企业要承受库存占用流动资金的压力；由于牛鞭波动出现误判导致的交货不及时，会损害各结点企业之间的信任和合作关系，给企业运营带来负面影响。

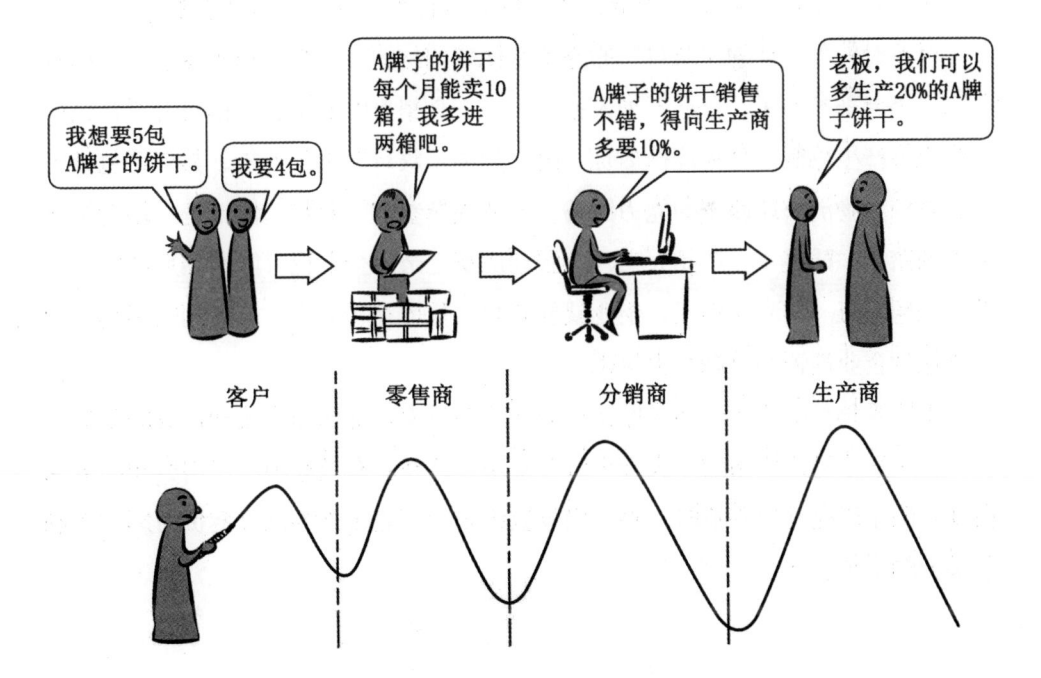

• **理论应用**

一般来说，供应商的供给量最终要取决于客户对产品的需求量。而在供应量和需求量之间还存在诸多环节，包括生产商、批发商（wholesaler）、零售商等最基本的三层。事实上，还可能包括渠道代理等其他环节或层级。举例来说，一个客户这个月购买100单位，下个月就有可能购买120单位，于是零售商订货的时候就向批发商下订单125单位，然后批发商为了预防零售商下下个月多订，就向生产商下130单位的订单。同理，生产商下135单位，供应商则是140单位。然而，最终客户下个月很有可能还只是买100单位，所以零售商多了25单位，批发商多了30单位，生产商多了35单位，供应商多了40单位。层级越多，多出来的单位就越多，即牛鞭甩出的"尾巴"就越长。显然，上述情况在传统供应链管理当中是一种普遍存在的现象。在公司的资产负债表中，库存属于流动资产。库存只有在出售后，才可以转化为现金，否则永远是账面上的资产，无法变现。因而，大量的库存实际上就是一种大浪费。

每年的"双11"是一场网购的狂欢节，2019年天猫"双11"最终成交额为2684亿元，成功刷新了自己创下的纪录。在供需双方都享受着精神上的"高潮"时，其背后的本质是可能给企业的供应链带来了极大的负面影响。

企业对一年一度的"双11"的态度是比较纠结的。如果选择不参加，但同行业的竞争者都参与了，自己不加入就会失去一个销售的好机会，消费者对自己的品牌也会产生质疑。如果选择参加，就必须为"双11"大量备货，其中还包括了人力资源和物流快递服务的能力储备。企业选择参与"双11"促销是一场对市场需求的赌博。赌赢了，产品大卖，在激动庆祝之余，企业也可能面临后续需求疲软的问题。万一不幸赌输了，企业就要背负大量库存和面临产能过剩的困局，运气不佳的企业连资金链都会出问题。

国际零售巨头沃尔玛为了保持供应链的高效率，抵御需求波动造成的牛鞭效应，就采取了稳定价格的"天天平价"策略，这样就有效地消除促销引起的需求波动。沃尔玛通过这种策略，将牛鞭效应给企业可能带来的供应链负面影响控制在最低的水平。

• **管理启示**

上述情况的发生在传统供应链管理当中普遍存在，这在经典的啤酒游戏中已经得到验证。在供应链的上游，制造商为满足下一级的需求，不得不保持较高的库存水平，导致成本增加，这样层层递进，使得供应链上所有商家都蒙受了损失。

库存占用着企业的流动资金，被库存占用着的资金会妨碍企业进行原材料或新设备的采购和投资活动。资金链紧张的话，企业不得不向银行或其他金融机构借贷，结果是，企业辛辛苦苦挣来的钱都去还了贷款，为他人做了嫁衣。库存占用着流动资金，面对变幻莫测的客户需求，还很难保证按时交货。为了改善准时交货率低的情况，企业又被迫改动生产计划，导致了工人加班和超额运输等额外的营运费用。

因而，企业要充分利用现代信息技术、物联技术，创新经营与合作模式。例如，实施供应商和厂商一体化并共同管理用户库存的VMI库存控制法，以实际的或预测的消费者需求作为补货的依据，减少多方预测而导致的重复次优选择，消除传统方法需求信息从分销商向供应商传递过程中的放大和扭曲。引进第三方、第四方物流，专业连通生产商、服务商和客户等，增加供应链的敏捷性和协调性，提高供应链的客户服务水平和运作效率，大大降低牛鞭效应的影响。

需要特别指出的是，"零库存"是从成本控制的角度来说的理想化的库存管理模式，通过创新物流配送方式，打通物流企业和客户、生产商之间的信息屏障，是完全可以做到的。但是，"零库存"并非一定都很好，在2020年初春新冠肺炎疫情发生之时，一些医药制造公司、销售公司，由于急用紧俏药品和防护品库存少，造成了一些被动情势。这一点，也证明了凡事都不能绝对化，在"鞭长莫及"和"无鞭可抽"之间，应该是有"度"可以把握的。

061 平台效应

● 概念解读

平台效应指的是人或事物处于不同的发展环境中（该环境就是所谓的平台），其发展的速度与前景有很大差异。优秀的平台会促进人或事物的快速提升，劣质的平台反而会阻碍人或事物的发展。

人骑自行车，两脚使劲踩1小时能跑10千米左右；开汽车，一脚轻踏油门1小时能跑100千米～120千米；坐高铁，闭上眼睛1小时也能跑300千米；乘飞机，吃着美味1小时能跑1000千米。选用不同的交通工具，就如同进入不同的平台。人还是那个人，同样的努力，不一样的平台和载体，结果就不一样了。

● 理论运用

众所周知，阿里巴巴的成功，便是平台的成功。马云在一次演讲中形象简练地概括了他所认为的几次工业革命，第一次工业革命是蒸汽机的发明，用机器代替了手工劳动，随之工厂崛起；第二次工业革命是能源革命，随之出现公司这种商业模式；而马云称当下为第三次工业革命，是智慧的革命，伴之而来的新商业形式叫"平台"。"湖畔大学"是一个人才的"平台"，打造企业界精英的"平台"，复制阿里巴巴等成功企业的成功理念和经验，培养一批又一批"马云"的平台。

近年来，故宫走红。那么，这是偶然，还是必然？

2014年，故宫推出的一款朝珠耳机在网络热卖；

2016年，纪录片《我在故宫修文物》热播；

2018年，故宫文创园推出故宫"国宝色"口红引发抢购；

2019年，故宫"紫禁城上元之夜"门票秒光……

谁会想到，600岁的故宫会在今天引发如此关注。故宫淘宝在2010年就已开业，但故宫真正让老百姓如此"亲近"是在2014年。这一年，一个幽默有趣的"萌萌哒"雍正行乐动态图刷爆了朋友圈。从此，往昔高冷的故宫开始颠覆人们对其固有的认知，并轻易"名利双收"。公开数据显示，截至2016年底，故宫博物院的文创产品已达到9170种，2016年为故宫带来了10亿元左右的收入，2017年更是跃升到15亿元。这完全得益于新兴的互联网平台，让更多人了解了故宫，让带有故宫元素的文创产品进入百姓家。故宫的走红其实是一种必然，因为它契合了互联网时代下文化传播的特点。总之，是互联网平台，将这座见证了历史和智慧的故宫博物院带入了大众视野，成为"高龄的网红"，也让人们看到了许多过去想看又看不到的东西。

谢德荪教授在其文章《谈"反思维"中美竞争——重在刚需的创新》中举了一个例子，也能很好说明平台效应的价值。"中石化在非洲一个国家有个天然气工程项目——挖掘天然气连接管道。刚去的时候，虽然跟这个国家签了约，但是这个国家有不同的派别，常常搞事，当地人不合作，非常难做。这个工程的经理人研究之后，发现当地有很多的问题，例如没水喝，很多小孩没学上。于是他们帮他们打井，让大家可以享受饮用水，还开办学校，雇佣当地的人当老师。天然气工程项目也雇佣当地的人来做，做不好就对他们进行培训。于是当地人就改变了想法，觉得这个项目对我们是有好处的，那要帮他们一起来把这个项目做成功。当地人就把这个项目当成自己的项目来做。然后这个地方有稳定的电了，可以吸引很多人去投资，整个地区就发展起来了。这个项目就变为了一个平台。如果仅仅关注一个项目，那用最简捷、最省钱的方法把项目完成就可以了。而用创新思维，通过打造平台，带动其他的产生，其价值已超出了项目本身。"

• **管理启示**

电视剧《乔家大院》中的孙茂才，原本是一个落魄书生，进入乔家以后，为乔家开疆扩土，立下汗马功劳。后来，孙茂才做出一些有损于乔家利益的事情，被乔家扫地出门。想要东山再起的孙茂才，转而投奔乔家的竞争对手钱家，并十分自负地对钱家说道："我能帮乔家成就大业，也能帮你赚到大钱。"只见钱家不急不缓地对他说了一句："不是你成就了乔家的生意，而是乔家的生意成就了你！"无奈，孙茂才只得灰溜溜地另觅东家。这个故事说明，如果没有别人所提供的平台，有些人会很难实现自己的抱负。所以，不要高估了自己的能力和影响力，而忽视了平台的重要性。

一个人身处不同的平台其发展的速度有很大差异。一个优秀的、高层次的平台，能给个人的发展提供许多优质的资源，可以很好地促进个人的快速提升。相反，一个劣质的、低层次的平台，给个人提供的资源相对较少，个人在平台中的发展速度也会相对较慢，甚至会阻碍人的发展。因此，一个人处于什么样的平台，会影响甚至决定其发展速度和前景。不管是工作还是学习，我们应尽量把眼光放长远，要给自己找到一个好的平台，这样个人发展才会更快，才能不断地超越自己和他人。

平台效应的核心是优秀平台组织和成员个人间的合作共生关系。通过平台的口碑和核心资源，个人可以更好地实现自我提升并实现自我价值，组织提供相关资源服务个人，获得人力资源回报并最终转化为价值增量的良好循环。平台和个人更多是合作关系。个人离开平台，会损失平台的珍贵资源，从而导致个人的成长速度变缓、发展成本提高；同时，平台的长远发展也离不开优秀的个人，个人的发展是平台持续增值的基础。因此，个人在重视平台的同时，平台也要重视个人对平台的贡献。

062 破窗效应

• 概念解读

破窗效应（Broken Windows Effect）是犯罪学的一个理论，该理论由詹姆士·威尔逊（James Q. Wilson）及乔治·凯林（George L. Kelling）提出，刊于 The Atlantic Monthly 1982年3月的一篇题为 Broken Windows 的文章。大意是，一个房子如果有一扇窗户破了，没有人去修补，隔不久，其他的窗户也会莫名其妙地被人打破；一面墙，如果出现一些涂鸦而没有人清洗，很快墙上就会布满了乱七八糟的图画；一条人行道上有些许垃圾没人打扫，不久后就会有更多垃圾，最终人们会理所当然地将垃圾顺手丢弃在这条路上，以上现象体现的就是犯罪心理学中的破窗效应。此理论认为，环境中的不良现象如果被放任，会诱使人们仿效，甚至变本加厉。

A：一开始　　　　　　　　　　B：后来

• 理论应用

在工作中，我们常常对一些小事情觉得无所谓，比如违反公司的制度，如果管理者没有对小错误及时指出和批评，没有强化和教育，就无形中纵容了员工的行为。曾听一位企业界的朋友叙述如下的经历：F公司刚刚搬到新的办公地，大家住的都比较远，刚开始有两三个人迟到，我没怎么管，很理解他们，但后来发现迟到的人越来越多了，即使住的近的人也迟到。问题已经越来越严重了，甚至有员工提出要延迟早晨上班的时间。更有甚者，有员工借着出去办事的机会，一去就是一天。我感到问题越不处理会越严重，于是赶紧出台了公司办公时间出入登记制度，所有人外出办事，必须在前台登记，不按制度执行无故外出，作旷工处理。有个别不以为然者，以为公司制度只是走形式，根本不理会登记制度，到了月末，根据考勤登记记录，一纸考勤扣款单就递到了他手里。从此以后大家就很自觉地登记，早上迟到的人也少了。因为大家知道，公司的制度原来不是"好看"的、"吓人"的，而是会被很严格执行的。

历史显赫的英国老牌银行巴林银行，仅仅因为一名职员以赌博的方式对待期货，并且知错不改，竟造成巴林银行短期内倒闭。如果不能抓住期货风险控制的要害，更多的"巴林事件"还会发生，包括个人投资者中的小"巴林事件"。股票市场中也可以用到破窗效应。当股票或基金出现亏损时，部分投资者会出现破罐子破摔的心理，想着既然这只股票（基金）已经出现亏损了，那么不如放手一搏，或许还能早点回本，于是频繁加减仓，最终很可能造成亏损加剧，甚至清仓出局。

• 管理启示

一面干净的墙壁没有人舍得去涂鸦，而一面被人弄脏的墙壁大家都会毫无顾忌地乱画。一个很干净的地方，人们不好意思丢垃圾，但是一旦地上有垃圾出现之后，人们就会毫不犹豫地丢垃圾，丝毫不觉羞愧。破窗效应警示我们：找准已经发生或正在发生问题的关键点，并及时补救，加强制度的监督与执行，善于从细微的地方发现大问题。

纽约市交通警察局长布拉顿受破窗效应的启发，从小问题发现了大问题，从现象找到了本质。有一段时间，纽约的地铁被认为是"为所欲为、无法无天"的场所，针对纽约地铁犯罪率飙升的问题，布拉顿采取的措施是号召所有交警以破窗效应为师，认真推进有关"生活质量"的改进。在全力治理逃票现象时发现，每七名逃票者中，就有一名是通缉犯；每二十名逃票者中，就有一名携带凶器。这样，从抓逃票开始，地铁站的治安大幅好转，犯罪率骤然下降。布拉顿针对看似微小却有重要意义的"破窗"行为强力整治，大大减少了纽约地铁刑事案件的发生。

063　齐加尼克效应

- 概念解读

　　因工作压力导致心理上的紧张状态，被称为齐加尼克效应。这来源于法国心理学家齐加尼克的一次实验：他将自愿受试者分为两组，让他们去完成20项工作。其间，齐加尼克对一组受试者进行干预，使他们无法顺利工作而未能完成任务，而对另一组则让他们顺利完成全部工作。实验得到不同的结果：虽然所有受试者接受任务时都显现一种紧张状态，但顺利完成任务者，紧张状态随之消失；而未能完成任务者，紧张状态持续存在，他们的思绪总是被那些未能完成的工作所困扰，心理上的紧张压力难以消除。

189

100个管理学原理

• **理论应用**

　　XTCF是一家地方政府投融资平台公司，承担着当地主要市政基础设施建设和公共资产经营等任务。它上接市政府，直接接受市长办公会议重大工程任务的指定，下连小区、街道物业方面的顾客需求；横向要与诸多银行、基金公司、证券公司、会计（审计）事务所、战略协作方（供应商、园区、街道）、集团内部各职能部门等协调工作要求和关系，纵向要与政府相关部门、十多个子或孙公司和岗位人员形成上传下达的目标链、绩效链。无形中，XTCF公司员工，上至董事长、总经理，下到最基层员工，无不感到强大的压力，以至于形成了纵横交错的压力链。所以，他们下午很少有6点半之前下班的，很多岗位的员工经常性地加班到晚上9~10点，这已经成了一种常态化的工作方式。很多时候，一项工作尚未完成，另一项工作又来了，前两项工作还没有做完，第三项工作又来了……这样一来，几项工作叠加在一起，需要同时完成。随着工作的叠加，压力也在累积，齐加尼克效应不断彰显。

　　1888年，美国第23届总统竞选之日，候选人本杰明·哈里森很平静地等候最终的结果。他的主要票仓在印第安纳州，但印第安纳州的竞选结果宣布时已经是晚上11点钟了，一个朋友给他打电话祝贺，却被告知哈里森早已上床睡觉了。第二天上午，那位朋友问他为什么睡这么早。哈里森解释说："熬夜并不能改变结果。如果我当选，我知道我前面的路会很难走。所以不管怎么说，休息好不失为明智的选择。"

　　远不止人类是这样。据报道，英国一只小刺猬Bear被发现全身没有一根刺。经过一系列的检查后，兽医表示Bear应该是在冬眠的时候就感染了耳螨，所以它的压力过大，全身的刺几乎都掉光了，看起来十分可怜。那么，为何会如此？研究人员告诉大家，原来小刺猬也有跟人一样的感觉。它知道"刺"就是它的"法宝"，当遇到危险时，只要将身子蜷缩成一团，敌人看到这个"刺球"就拿它没办法了；当不小心从高处跌落时，刺猬身上浓密的刺就成了弹簧，起到缓冲作用；在个别情况下，刺猬会把刺当作武器攻击敌人，特别是遭到毒蛇侵袭的时候，刺猬还会聪明地将蟾蜍皮肤上的毒液涂抹在自己的刺上，使其变成威力更大的"毒箭"。就是说，没有了刺的刺猬就没有了防御能力，也就不能正常地保护自己了。现如今Bear感染了耳螨，本来就很伤心，但怎么也没有想到，"我的刺，我的刺去了哪里？"岂不是，旧恨未消又来了新愁！

- **管理启示**

哈里森等待选票结果、学生考试结束等待成绩出来，是焦虑地等待还是平心静气地等待，其结果都不会改变。但因为未知，所以存在齐加尼克效应，更多的人在任务没有完成之前总是处于紧张焦虑的状态。

明白这一点，我们便能知道自己不应该做什么和应该做什么。

实际生活中，很多学生会抱怨："每到期末考试，爸妈比我都着急，白天在学校上完了课，晚上回到家还得加班加点学习，一旦放松一下，免不了一顿'紧箍咒'"。然而，往往越是这样，平时表现很好的学生越容易在考试期间发挥失常，他们总是会因为外界的因素，产生很大的压力和紧张感。

职场人士一般工作压力都比较大。特别是知识型员工，有时候他们形式上是下了班，实际上还在思考问题，大脑并没有休息，甚至晚上做梦都是工作上的事情。诸如报刊的编辑人员在出刊之前的"八小时以外"的时间里，仍然会考虑组稿、编排等情况；搞攻关项目的科研人员，研究课题经常会连绵不断地呈现在眼前……类似的情况也出现在医务人员、工程师、作家身上，那些尚未解决的问题或未完成的工作，会像影子一样困扰着他们。

实际工作中，每个人都会或多或少地面临一些任务，那些尚未解决的问题或未完成的工作，会对个人产生压力。有些压力是良性的，能让我们振作，但很多时候我们感到自己无力控制的压力，往往导致齐加尼克效应，使我们更疲劳，产生焦虑感。所以我们要学会释压，使其保持在合适的程度。永远不要丢失自己，而应该让自己感到拥有某种控制力，增加结果的可控性。

网坛名将贝克尔之所以被称为"常胜将军"，一个重要的秘诀就是他在比赛中会自始至终防止过度兴奋，只保持半兴奋状态。有研究表明，压力和业绩之间存在一种倒U关系，这就是著名的耶基斯和多德林法则。该法则认为，压力过小时，工作缺乏挑战性，人处于松懈状态之中，效率自然不高；压力逐渐增大时，压力成为一种动力，会激励人们努力工作，效率逐步提高；压力达到人的最大承受能力时，人的效率才会达到最大值；但当压力超过了人的承受能力，效率也就随之降低。因此，管理者需要对员工的能力和心理承受能力有一个恰当的预估，并结合工作特征和要求，做出有调整空间的安排。

064 / 启动效应

• **概念解读**

启动效应（Priming Effect）指由于受之前某一刺激的影响，而之后对相同或相似刺激的知觉和联想变得容易的心理现象。即你接触一个刺激物所产生的"内隐"记忆效应，将影响你对下一个刺激物的反应。例如，把nurse这个单词打乱字母顺序，后面跟doctor，比跟bread能被人更快地辨认出来（因为doctor与nurse之间有直接关联）。该原理由心理学家Meyer和Schvaneveldt在二十世纪七十年代初期率先提出。其后，有诸多心理学家对其进行了验证，一些人还得出了这样的结论："我们的意识被外界刺激左右的程度远超我们想象。"

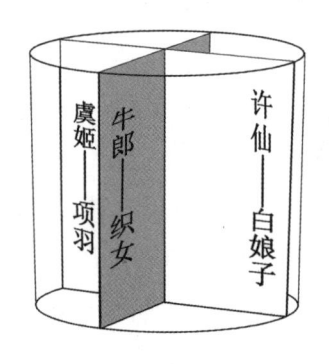

虞姬——项羽　牛郎——织女　许仙——白娘子　小猪——佩奇　高富帅——矮穷矬　燃烧我的——卡路里

• **理论应用**

在《中国诗词大会》的舞台上，除了诗词的"华丽富贵"之外，我们看到了另一道风景，那就是康震老师现场作画为选手出题，而且还都是最紧张激烈的抢答题。当康老师走上舞台、拿起画笔时，他画出的每一根线条、每一个笔触，都经过了缜密的思考，使画中的各类线索逐一展开。我们经常看到康老师还没有完全画完，就有选手抢着答题了。为何？依据启动效应就可以做这样的解释：随着一幅草图越来越完整，人们大脑中的内隐记忆会与下一个刺激物很快地联系起来，于是人们就越来越能辨认出这张图画的将会是什么。之后，再给他们呈现其他还没完成的草图时，他们会更早地辨认出这张图画的将会是什么了。

在营销活动中，恰当应用这一原理能有效加强营销效果。心理学家Naomi Mandel和Eric J. Johnson设计了相关实验，结果证明，互联网网页背景的改变最终会影响消费者对产品的选择。在该实验中，人们被要求在同一个产品类别中选择产品（如选择丰田或雷克萨斯），当网页的背景是绿色（即美元的颜色）并布满硬币的图像时，人们会在价格信息上花更多时间；而当网页的背景给人舒适的感觉时，人们就会花更多时间阅读汽车舒适度方面的信息。

拿农夫果园这一饮品来说吧，相信很多人都知道在喝之前要摇一摇，因为这是果汁类的饮料，放置较长时间果粒会下沉，摇一摇会让果粒更均匀，口感更佳。但是可能很少有人会将这一举动联想到企业的市场营销行为，一方面，摇完再喝让口感更好，会让消费者更加认可产品，起到宣传作用；另一方面，人们习惯性地在喝之前摇一摇，这一动作成为一个刺激，之后人们再看见别人摇一摇的时候，就更可能购买农夫果园的饮料。现在，市面上能看到许多摇一摇的产品，这也从侧面印证了这一效应确实具有一定的实用性。

• **管理启示**

启动效应，一方面可以加快决策的速度，但与此同时也会限制思维，让人在短时间内可能想不到其他答案。如果没有之前刺激物的限制，思路可能会更加"发散"，可能会有更好的答案。这便启示我们，如果需要更容易地做出选择，不妨在决策前给予一定的刺激；如果需要发散性思维，尽可能详尽地征集意见，则事先尽量不要接触相关刺激物，以免受其干扰。

由于存在启动效应，我们可能也很难避免"刺激物"对意识的影响，所以我们在最开始的选择显得尤为重要。"近朱者赤，近墨者黑"也有类似的意思，启示我们尽管不能避免外界刺激物对我们的影响，但是我们能够选择更多地接触或不接触哪类刺激物。选择不同，最后的结果也会不同。同样，对企业来说，如能在营销上利用消费者经常接触到的"刺激物"来强化其对产品的印象，则更容易获得成功。

065 青蛙效应

● 概念解读

青蛙效应源自十九世纪末美国康奈尔大学一次著名的实验：把一只青蛙放在沸水锅里，它会立即跳出来；而把另一只青蛙放在温水锅里，它竟无动于衷，当把水慢慢加热时，它已无力动弹，于是便在舒适之中被烫死了。温水中的青蛙之所以被煮熟，是因为青蛙只能感应外部剧烈的环境变化，而对缓慢而渐进的变化没有觉察。青蛙效应指在组织和社会生存中，要注意主要威胁并非来自突如其来的事件，而是来自缓慢渐进且无法察觉的过程。

● 理论应用

可口可乐公司是世界软饮料行业最卓越的公司之一，罗伯特·戈伊苏埃塔（Robert Goizueta）1983年接任CEO时，曾与高层主管有以下对话：

"世界上44亿人口每人每天消耗的液体饮料平均是多少？"

"64盎司。"（1盎司约为31克）

"那么，每人每天消费的可口可乐又是多少呢？"

"不足2盎司。"

"那么，在人们的肚子里，可口可乐的市场份额是多少？"

……

罗伯特·戈伊苏埃塔的提问正是激励同事们去思考下一步的行动方向，并"调动每一盎司的神秘力量，利用这个世界最著名的品牌为公司赚大钱。"难怪这位可口可乐前董事长，被认为是天生的企业领导人，能够洞悉公司10年、20年甚至30年间的规划发展的优秀战略家。

华为创始人任正非在日本松下公司参观时，看到公司的墙壁上到处都有这样一幅张贴画：一艘船即将撞上冰山，并附有旁白"能救这艘船的，唯有你自己。"这是企业危机意识的一个典型例子。任正非也经常教导华为员工，华为迟早会倒闭，我们所做的就是让它倒闭得晚一点。即便刚进入"春天"，华为也会做"过冬"的准备。我们来看看三次典型的事件。

第一次"冬天"的考验是在2000年，当时华为销售额达到152亿元，利润达到29亿元，位居全国电子百强首位，任正非发表了《华为的冬天》一文，强调面临的危机，在企业内部发出了一系列预警。

第二次"冬天"的考验是在2004年，当时我国有9家互联网公司在美国或中国香港股市上市，整个IT行业也悄悄地开始乐观起来。任正非认识到这个时候公司市场部出现集体辞职引发的问题的严峻性，称这场生死存亡的斗争本质上就是质量、服务和成本的竞争。他提出：宁可亏损华为，也不能亏损个整个产业链。为此，华为正式发布了《华为基本法》，提出企业价值创造的主导因素是企业家和知识创新者，人力资本的增长应优先于财务资本增长。

第三次"冬天"的考验是在2008年，当时正处国际金融危机的紧要关头，但华为业绩依然耀眼，并成功跻身世界通信设备供应商前五强。任正非再次喊出："狼来了！"并意识到信息产业正逐步转变为低毛利率、规模化的传统产业，兼并、重组、整合的序幕已经拉开，企业可持续发展的问题迫在眉睫。一些企业倒闭的根本问题在于内部问题没有解决。于是任正非开出了著名的"六剂良方"。

阳光下的"冬天"如此发人深省！2013年超越国际通信设备"老大"爱立信，成为全球最大的通信设备供应商，华为业绩继续高歌猛进，2017年实现全球销售收入6036亿元人民币，同比增长15.7%；2018年达7212亿元，同比增长约17%；2019年超8500亿元，同比增长约20%，穿着"春装"，过着"冬天"的华为经营稳健！

• 管理启示

在当今这样一个日新月异、快速迭代的时代，我们不能沉迷于现状并安于现状。不要说不能"不思进取"，就即便"进取"得"缓慢"一些，都有被冲击、被淘汰的危险！了解了青蛙效应，我们就不要只看到突如其来的危险，而忽视那种缓慢而来而又影响虽微但一直持续的危险，因为这种危险更容易让人麻痹，是最可怕的！

在企业生产的过程中存在着许多风险和不确定因素，因而需要每一名员工在每一个流程环节中，都要有安全意识、质量意识、环保意识，严格遵守安全制度、质量守则和环保标准，在安全、质量和环保上"循规蹈矩"。设想一下，如果把严格遵守安全生产、质量守则和环保标准的行为称之为"善"，把违规操作、怠慢、无所谓称之为"恶"的话，那么，就要切记"勿以善小而不为，勿以恶小而为之"。

青蛙不知究竟，在微温的水中享受"温暖"，等它开始意识到已经熬受不住锅中的水温，必须奋力跳出才能活命的时候，一切为时已晚。可口可乐公司和华为公司的成功，说明了公司要有危机感和不满足感。未雨绸缪、居安思危、常怀危机意识是我们应该从中领悟的，今天的成功并不意味着明天的成功，只有不断保持自己的"饥饿"意识、"寒冬"意识，才能在危机真正到来时临危不乱，从容应对。

青蛙效应告诉我们：给自己设定一个远大的、不断追求的目标还不够，居安思危，把"如履薄冰、战战兢兢""离破产永远只有18个月"等贴上办公室的墙壁，才是对在温水中慢慢死去的青蛙的最好的纪念和对自己最有力的警醒！

个人生活和职业发展又何尝不是如此？回顾过往，当遇到猛烈的挫折和困难时，常常能激发我们的潜能；可一旦趋向平静，便耽于安逸、享乐、挥霍的生活。若一个人久久沉迷于无变化且安逸的生活，就会忽略周遭环境的变化，那么，当危机真正到来时，他就会像那青蛙一样不知不觉陷入绝境。

未雨绸缪、居安思危、知不足而"勇"，才能走得更远、更长！

瞬间，伯特兰·罗素的一句话涌上心头："眼光长远是理性的，但也是苦闷的，因为美好永远在将来，当下永远有苦难。"唯愿苦海有边，前程无忧。

066 社会称许效应

• **概念解读**

在了解社会称许效应的概念之前，我们先来做个简单的小测验。

1. 我从不掩盖自己的错误。
   A. 非常符合　　B. 比较符合　　C. 不太符合　　D. 非常不符合

2. 我认为自己是一个对工作尽职尽责的人。
   A. 非常符合　　B. 比较符合　　C. 不太符合　　D. 非常不符合

3. 我从来没有特别讨厌过谁。
   A. 非常符合　　B. 比较符合　　C. 不太符合　　D. 非常不符合

4. 我总是言出必行。
   A. 非常符合　　B. 比较符合　　C. 不太符合　　D. 非常不符合

5. 我总是毫不犹豫地放下自己的事情帮助有难处的人。
   A. 非常符合　　B. 比较符合　　C. 不太符合　　D. 非常不符合

以上5个测验题适用于个人的性格、动机、价值观等非认知测验，很明显，类似这样的小测验，是没有正确答案的。不过，您是否更倾向于一些所谓的"好答案"呢？比如社会公认的好性格，正直、善良、温和、脾气好等。再试着回想一下您刚刚答题时的感觉，是不是尽可能地让自己倾向于按照社会所希望的好的个性特点而不是自己本有的特点作答？如果是，这就是所谓的社会称许效应。

概括说来，社会称许效应（Social Desirability Effect，SDE）指人们在可能受监督的前提下，一般会遵循符合社会主流文化或主流社会价值观的指引，选择能为社会绝大多数人所认可、接受甚或称赞的意识和行为。类似，社会称许性反应（Social Desirability Responding，SDR）指个体按照现行的社会规范和准则而展示出有利于自己的倾向。

• 理论应用

社会称许效应的一个典型表现就存在于自陈式调查过程中。相关研究表示，被调查者在接受自陈式调查时，往往会出于获得社会赞许和接受的需要，按照社会赞许的方式而非个人实际情况进行回答，即有做出过度正向自我描述的倾向。此即所谓社会称许效应维度之一的"自我欺骗"。

社会称许效应常常出现在职业选拔中。近年来，许多企业将人格测验作为人才选拔的参考依据，且多采用自评的方式，其真实性多受质疑。因为人们并不会完全按照自己的实际情况作答，而是会刻意自我表扬，从而引发社会称许性反应。M公司作为吉利汽车的配套部件生产商，拟招聘一批技术员。招聘时曾出过这样一道题目：有一天，你开车在高速公路上行驶，看到你前面一辆车摇摇晃晃。那辆车上的司机也感觉不对劲，慢慢地减速了，似乎要找停车区停靠。请问，你会做出怎样的反应？对这样的题目，绝大多数应聘者都会毫不犹豫地选择回答，"我会减速，慢慢跟着那车，待车停好之后，会主动问询，协助其查找原因，看情况准备提供力所能及的帮助，故障排除再离开"，等等。这其实不知不觉就掉进了社会称许的陷阱里了。

社会称许效应也体现在对员工的工作行为和绩效评价中。在M公司的一次年终考核大会上，经理提出了评选"优秀"等级的人选，然后请大家发表意见。试想，作为同事，谁会当着这位候选人的面，说他的什么不足吗？这似乎不符合我们的人情观。不可否认，这种做法也在不经意间，撞上了印象管理的"腰"。印象管理是社会称许效应的另一个维度，指个体为了给他人留下良好印象而有意识地进行掩饰，是一种有目的地对他人进行的"欺骗"行为。

• **管理启示**

　　社会称许效应普遍存在于社会中，由于社会规范和社会价值观的影响，在"引人注目"或"众目睽睽"的情况下，人们会更倾向于显示出利己或欺人和符合社会规范准则的一面，而不是遵从自己的内心和实际情况。这会对现实生活中的多项活动和决策产生较为重要的影响。

　　社会称许效应的存在，既有正面影响也有负面影响。例如，在需要进行评估的场合，如企业员工绩效评估、比赛评比等，评估者们会为了迎合社会规范标准，为自己树立一个正面形象，尽可能地做出客观公正的评定；企业在进行人才招聘时，员工无论在笔试还是面试过程中，都会表现出有利于自己的一面，在此基础上企业难以分辨出真正适合某些岗位的人才。社会学者做研究时也会碰到此类情况。当他们开展社会调查时，由于社会称许效应的存在，被调查者们更有可能按照社会的普遍范式进行回答，而隐藏内心真实的想法，调查者得到的都是更易接受的"好答案"，这样可能把调查者带到事实的反面。

　　这也启发企业和社会学者们，不能过多地指望发放调查问卷、当众表态等传统的调查方式了，而要采用多维度多层面的360°考核或评定法，这样效果可能更真实。

　　理论研究也表明，社会称许效应对工作满意度、组织承诺等有预测作用。企业可充分利用社会称许效应，在面对共同的质量指标和市场目标时，正确引导员工做出符合社会标准和规范的行为和决策，以提高公司高效益的产出，在抵制诸如公司政治、小圈子文化等不良现象方面，引导员工尽量规避或者减轻社会称许效应和偏见。

067 / 首因效应

● 概念解读

首因效应也称首次效应、优先效应，指交往双方形成的第一印象对今后交往关系的影响，也就是我们常说的"先入为主"。例如，男士见到漂亮女士，容易产生好感，会在以后的相处中包容甚至纵容其缺点；但如果见到的是外貌一般的女士，可能会有所抵触，甚至避免与其接触。很明显，第一印象并非都是铺路石，有时候也会成为绊脚石。第一印象并非总是正确的，却是最印象深刻的，很大程度上决定着双方以后的交往。

● 理论应用

首因效应处处可见！

三国时期，庞统初入"江湖"，先是投奔孙权，但是孙权看到庞统"浓眉掀鼻，黑面短髯，形容古怪"，很不高兴，有了"先入为主"的坏印象，之后孙权又发现庞统非常自负，便在心里进一步否定了庞统。"盖棺论定"说来，庞统是由于狂傲不羁失去了施展才华的大好机会，但是，他的外貌确实让孙权对其有了抵触心理。这便是人力资源招聘中首因效应的作用。

Ace Offer爱思益求职是一家专门为大学生及职场新人提供职前教育的新锐互联网教育公司，该公司推出的V计划以优质Offer为导向，定制一对一求职服务体系。其中，值得注意的是，在面试环节教学里，培训讲师会特别强调要注重礼仪着装。例如，女性需要化淡妆，穿偏职业化的套装，搭配起来显得干练；男性衣着应显成熟，不能过于休闲。培训师的要求主要是基于如下的考虑：面试的时候，HR考官在不了解一个人的情况下，会受到"第一印象"的影响，显然，穿着得体、干练大方的人会得到更多的关注，而穿着随意，仪态不佳的人则在初试环节就会被刷掉。

• 管理启示

通过上面的分析，我们可以得到这样的启示：不管是在日常交往还是在职场工作中，第一印象都起着举足轻重的作用，我们应该时刻注意自己的形象与仪态，用自己最好的一面与他人交往，留下较好的第一印象，为之后的发展垫下铺路石。如果一个人在初次见面时给人留下良好的印象，那么人们就愿意和他接近，第一印象也会影响人们对他之后一系列行为和表现的评判。反之，一个初次见面就引起对方反感的人，即使由于各种原因难以避免与之接触，人们也会对之冷淡，在极端的情况下，甚至会在心理上和实际行为中与之抗拒。

首因效应给我们的生活也带来了许多消极影响，导致人们过度关注光鲜的外表而忽视了内在素质的培养。例如，市场上常见的"小饼配大盒"的"土豪式"包装，就是首因效应的典型运用。一盒普通月饼装进提篮礼盒，就能卖300~500元。还有的月饼包装豪华，动辄数千元"天价"，在商店里博取"虚幻"的眼球，满足人情的虚荣，甚至沦为腐败的载体。所幸的是，在经历了前些年浮夸的过度包装后，月饼包装已趋于理性。

在这个人才辈出的竞争时代里，想要得到关注、被选拔出来，落落大方的言谈举止、赏心悦目的着装打扮会让你在众多同水平的竞争者中脱颖而出，但是良好的个人素质和强硬的个人能力才是根本的、长久的竞争力！

至此，你或许已经同意我的看法了，但我必须告诉你的一件事是，即便你长得不具有"第一印象"之正效应，只要才华出众，后来的岁月，也会让你越来越漂亮！

类似的还有近因效应和晕轮效应，反映的都是由于未考虑时空的连续性而对人产生的不全面印象，从而导致对人的"误判"，这些现象都值得我们在人际交往和人力资源管理中加以注意。

068 斯坦门茨效应

• 概念解读

西方哲学家认为，知识就是经过验证的真实信念。事实上，一个特定的企业在特定的时间就是一个知识宝库，贮藏着非常具体的生产性知识，即便是具有相同业务线、表面上很相似的企业，它们的知识常常都是独特的。当然企业的知识宝库通常难以涵盖所有的经验。斯坦门茨为福特公司修理电机赚取高额报酬的事例，揭示出知识通过正确地运用，就可以转化为生产力，从而获得价值。知识用在关键的时候和关键的地方，还可以获得超额的价值，这便是斯坦门茨效应。

• 理论应用

二十世纪初，美国福特公司正处于高速发展时期，一个个车间、一片片厂房迅速建成并投入使用，客户的订单总是一批追着一批涌来，每一辆刚刚下线的福特汽车都有许多人排队购买。一天，福特公司的一台电机突然出了毛病，整个车间几乎都不能运转了，相关的生产工作也被迫停了下来。公司调来大批检修工人反复检修，又咨询了许多专家，可怎么也找不到问题出在哪儿，更谈不上维修了。

福特公司的领导F真是火冒三丈，别说停一天，就是停一分钟，对福特来讲也是巨大的经济损失。紧急关头，斯坦门茨的名字传到了F耳中。很快，斯坦门茨便被请到了车间。到了车间之后，斯坦门茨要了一张席子铺在电机旁，聚精会神地听了3天。然后又要了梯子，在机床上爬上爬下忙了多时，最后在电机的一个部位用粉笔画了一道线，写下了"这里的线圈多绕了16圈"。工人们依此拆开电机修理，令人惊异的是，故障果然排除了，生产得以恢复。福特公司经理问斯坦门茨要多少酬金，斯坦门茨说："不多，只需要1万美元。"1万美元？就只简简单单画了一条线！当时福特公司最著名的薪酬口号就是"月薪5美元"，这在当时是很高的工资待遇，以至于全美国许许多多经验丰富的技术工人和优秀的工程师为了这5美元月薪从各地纷纷涌来，斯坦门茨要的这1万美元，就相当于2000个工人一个月的薪酬！

斯坦门茨见大家迷惑不解，淡淡地说：画一条线，1美元，知道在哪儿画线，9999美元。"蒙圈"好一阵之后，F照价付给了斯坦门茨1万美元。

其实在我国也有类似的例子。1981年，闻名全国的"星期天工程师"韩庆生为武汉的一家乡镇企业九峰农机厂设计了两套生产污水净化器的图纸，还编写了两万多字的产品技术说明，让这家濒临倒闭的农机厂起死回生，当年就实现了5万元的利润。农机厂为了感谢韩庆生，年底发给了他600元奖励金，当时工人的工资是每月5元。

• **管理启示**

斯坦门茨和韩庆生的案例，充分说明知识的价值，难怪我们平常说"知识就是财富"。这样，问题也就来了：如何去获取知识，然后通过知识获取财富？

答案很简单，那就是间接的经验学习和直接的亲身实践，两者相辅相成，相得益彰，就能让一个人"有学问"。当然，有了知识或学问，不代表就有能力，知识需要转化为能力，才能创造价值。那么，如何实现知识向能力的转化？这里有很多方法，一个最主要的方法就是实践应用。因而，学生利用寒暑假时间多参与社会实践活动，进车间，下工地，从工人师傅身上学应用知识，是常用的一种教育形式。企业对刚入职的员工，安排师傅传帮带，也是一种快速赋能的方式。当然，我们在进行实践活动的时候，不能只是盯着问题本身，还要思考问题是怎么产生的。查尔斯·吉德林说："发现问题往往比解决问题更加重要，把问题清楚地写下来，就已经解决一半。"正所谓学起于思，思源于疑。

　　这实际上就集中指向了一个事实，那就是，我们总要有问题意识。整体来说，学校以灌输式为主的教学方式，挤压了学生对问题"思考"的空间，包括很多大学生，对"问题"不敏感，难以讲清楚问题及其原因，显然，这不利于培养学生的创新精神和创新能力。在工厂，工人也不善于觉察身边的生产作业、工艺流程及运行参数是否有问题，特别是对一些质量指标、成本指标没什么概念，这也不利于形成企业的整体目标观，以及达成战略思想的一致。因而，问题意识，无论是对在校学生还是在岗职工，都是非常必要的一项素养。有了问题意识，才有可能见微知著，在萌芽中觉察风险，在行进中感知轨迹，才可能主动出击，走在问题的前面，在问题产生大的影响以前，就把问题消灭掉。这些过程中，自然而然，也在培养创新精神，提升创造潜能。

　　事实上，关于斯坦门茨的故事还没有结束。在帮助福特公司解决了重大的电机"停摆"问题之后，福特公司伸出橄榄枝，想邀请他加盟福特。这对当时身处一家小公司的斯坦门茨来说，自然是一件好事。但他并没有接受，因为，他惦记着他的老板，是他的老板在他最困难的时候帮助了他，让他学习技术，鼓励他刻苦钻研，使他很快掌握了马达制造的核心技术，并且帮小工厂接到了很多订单。一旦他离开，那家小工厂就有危机。得知斯坦门茨拒绝来福特公司，福特先生先是觉得遗憾，继而感慨不已。福特公司是实力雄厚的大公司，人们都以能进福特公司为荣，而斯坦门茨却因为对老板的忠诚而舍弃了这样难得的机会。不久，福特先生做出了收购斯坦门茨所在的那家小公司的决定。董事会的成员都觉得不可思议，这样一家小公司何以能进入福特的视野呢？福特先生意味深长地说：因为那里有斯坦门茨那样懂得感恩和有责任感的人！

　　这就给知识赋予了另一种特质：感恩和责任！

069 / 四四五效应

• **概念解读**

打牌时经常有这样的场景：自己想要的牌正好在对方手上，如果交换则可以让双方各取所需，离胡牌更进一步。但这个时候，出牌的顺序则直接决定最后谁先胡牌。例如，自己手上有一对4和一个5，其他牌都已经完成了配对，可以不需要考虑；另外一个人手上有一对5和一个4，再进一步则可以叫胡。如果这个时候我先出牌，则打出一个5，对方碰了之后叫胡，那么对方就会打出一个4，那么我就胡牌了，自己手中的5是一个诱饵，打出去让对方尝利之后迫使他打出4，让自己最后获胜。我由于占据先机获得了最后的成功，如果让对方先出牌，那么结果则正好相反。

四四五效应，指在双方竞争条件差不多的情形下，先下手的一方，往往容易获取后续的博弈优势，更有可能最后胜出。

• **理论应用**

谈到处理器，大家比较容易想到的便是Intel与AMD这两家公司。说起来，两家还有一定的"血缘关系"——AMD与Intel创始人原同属仙童半导体公司。期间二者也有过一段时间的合作，但更多的时候是竞争。

Intel的两位创业者，其中诺伊斯是集成电路发明人之一，摩尔则是著名的

"摩尔定律"提出者，他们在创办Intel之前在业界就有很高的威望，这些先天优势使他们的公司在短时间内就吸引到大量优秀技术人才，在微处理器的研制上一开始就处于领先地位。反观AMD，其创始人桑德斯只是销售出身，创业之路要艰难很多。所以尽管两家公司成立的时间仅相差一年，但技术储备、资金实力、人才团队，AMD都比不上Intel。但自从1999年6月AMD推出了一款里程碑式的产品——基于K7架构的Athlon（速龙）后，CPU的江湖就被Intel和AMD相差无几地平分了。得益于表现优异的K7架构，Athlon和Pentium III的性能基本相同，互有胜负。但Athlon的价钱只有Pentium III的一半到三分之二。AMD凭借高性价比的产品，立刻就得到了市场的认同。江湖争斗才刚刚开始。2000年3月6日，AMD率先发布了CPU历史上第一次突破1G主频的Athlon。作为CPU业内王者的Intel，怎能忍受AMD大举侵蚀Intel原有的市场占有率，Intel终于出了大招：发布了采用NetBurst架构的奔腾4，以及后来近乎完美的CPU的图拉丁。

不过，Intel在NetBurst上犯的致命错误给了AMD一个追赶乃至反超Intel的战略机遇期。AMD收购了ATI，获得了显卡芯片设计制造能力。Intel推出了酷睿，作为高端品牌，替代了Pentium，奔腾成了Intel旗下的中低端品牌。如此，Intel和AMD，你一招我一式，从第一台PC诞生之日起，二者就一直争斗不断，且持续了40余年。前面所述的只是摘取二者几十年争斗中的几个"动作"，其详细过程自不细说，总结起来便是：双方都有起有落，AMD也有过短暂超越Intel的时候，但更多时候是Intel主宰市场。从近年的情况来看，尽管AMD在市场份额争夺战中取得了重大进展，但在规模上，英特尔仍然是微处理器市场上无可争议的王者；从Intel和AMD分别在三大CPU市场板块的营收来看，与AMD相比，Intel的规模优势依然非常明显；从出货量这一指标来看，也是如此。

• 管理启示

上述案例中，Intel由于创始人的先天优势在成立之初比AMD公司强大很多，所以我们可以认为Intel公司占据了先机，也正是因为其具备这一优势，所以在后续发展过程中相对来说轻松很多，甚至就算有战略上的重大失误也能凭借其先天独有的巨大优势扭转局势。所以，我们认为先天的优势即使不能决定之后成功与否，至少在很大程度上会对后续的发展有足够大的影响，而且，此一优势对后续结果的影响大小取决于其重要性、被模仿的可能性和可替代性。

当然，优势可能是"先天"就具备的，但更多的时候，我们要靠自己去创造优势、拓展优势、积累优势，以自身的"优势"地位去获取机会。那么，那些暂时处于劣势的人就要妄自菲薄吗？当然不要！因为"优势"和"机会"都是动态的，机会不会留给没有准备的人。这也告诉我们，去努力以优势换机会，莫彷徨，不犹豫。抢先一步，你就有优势，机会就是你的。还要注意，不要总想着什么都准备好了再行动，很少有那样周密的行动，因为很多事情只要一犹豫，机会窗口就会关闭，本来有的"优势""机会"也就悄悄溜走了。

在鼓励创造优势，赶超优势者的同时，我更看重同等情况下的比拼，看谁的优势更有优势，或者说，看谁能抓住优势先发制人。如此这般成功了，那才是真的英雄。这种对等的较量，尽管有时会很惨烈，但可成就自己，也可能成就"对手"。

曾记得有一篇高中命题作文，题目就是"对手"。是的，人活着，一定要有一个势均力敌的对手。这个对手不能太弱，当然也最好不要太强。太弱了，会让人失去竞争的兴趣；太强了，又会因失去信心而泄气。你一定要有对手，有了对手，才有竞争；有了竞争，才可能激发你无穷的潜能和勇气，去打败对手，让自己进步。时间长了，"优势者"也会有高处不胜寒之无奈，甚至要思忖如何独孤求败。杰克·韦尔奇的"5张战略管理PPT"里，就有一张是"有哪些潜伏的变量"，明确指出"你的对手可能采纳什么新产品和新技术，甚至改变游戏规则？会不会发生针对你的兼并收购？"从中看得出韦尔奇的"对手"意识。他一直在琢磨对手，假设他们都是非常出色的，或者至少与自己同样出色，假设他们的动作也非常快，甚至更快。把"非常出色"的对手研究得如此透彻，怎能不成为业内的"第一第二"呢？

换一个角度思考，对手也可以是人自身的一些坏毛病或自身的一些缺点。例如，你要想变得勤快，就向自身的"惰性分子"宣战；你想成为一个诚实的人，就要向自身的"虚伪细胞"进攻；仙人掌为了生存就必须改变自己的形象以适应干旱的环境；长颈鹿为了生存就必须拉长脖子以吃到高处的树叶……看得出，就是因为有了"对手"，才能提升自己生存的价值和生活的意义，进一步提升自己的生存本领。

070 / 糖果效应

● 概念解读

糖果效应源自美国斯坦福大学心理学教授沃尔特·米歇尔的"延迟满足"实验。实验对象为一群4岁儿童,让每个孩子单独待在一个只有一张桌子和一把椅子的小房间里,桌子上的托盘里有这些孩子爱吃的东西——棉花糖、曲奇或饼干棒,同时告诉他们可以马上吃掉棉花糖,也可以等20分钟待研究人员回来时再吃,那样的话,便可以再得到一颗棉花糖作为奖励。结果,大多数孩子坚持不到3分钟就放弃了,只有大约三分之一的孩子成功延迟了自己对棉花糖的欲望,他们选择等20分钟得两块糖。研究人员把40几个孩子当时的选择记录下来,并进行了12年的跟踪调查,结果发现:能够坚持20分钟再吃糖果的孩子都乐于接受挑战,有较强的自制能力,自我肯定,充满信心,处理问题的能力强;选择吃一块糖的孩子,表现为犹豫不定、多疑、神经质、受不住挫折、自尊心易受伤害等。这就是著名的糖果效应。糖果效应的本质就是自控与奖赏。糖果效应揭示了一个较为深层次的问题,那就是忍耐力、自控力对成败有多么重要的影响。

- **理论运用**

　　二十世纪九十年代初，国内出现一股投资热，温州柳市的一些电器企业到海南、北海投资房地产，想一夜"暴富"。南存辉所领导的正泰公司不为潮流所动，始终坚持走专业化发展的道路，把有限的资金集中使用，7年没有分红，把这些本可以拿来吃的"糖果"，全部投入企业建设和扩大再生产，一步一步地把基础打得坚实。几年过去了，那些热衷于房地产的同行无精打采地回来了，当他们重操旧业的时候，南存辉的企业已经跨越了一大步。到2000年，正泰资产已达11亿元，综合实力在全国民营企业500强里排名第7位。这便是糖果效应的绝佳体现。南存辉靠着自己的"自控力"，为正泰赢得了更多的"糖果"。而下面这段话则为南存辉"抗诱惑"添增了注脚："做企业好比烧开水，你把这壶水烧到99度只差1度就开了，突然你心血来潮觉得那壶水更好，把这边搁下不烧了而跑到那边另起炉灶，新的一壶还没烧开，原来那壶也凉了。对我来讲，将来不管做到什么程度，我时时刻刻都会提醒自己，不要骄傲，没什么了不起，无非是个修鞋匠出身嘛。"

　　当然，他的"自控力"和"抗诱惑"不是盲目的，而是作为企业家的长期修为。2019年12月，在第十二届《浙商》年会上，南存辉分享了自己几十年在商海中的感悟和体会，他说正泰有三个"相信"：一是相信高层的智慧，政策会越来越好；二是相信市场机制的作用，竞争带来繁荣；三是相信中国优秀传统文化的力量。

- **管理启示**

　　人的一生，最大的竞争对手就是自己。不管是做人还是做企业，最难的是坚毅、忍让和自我超越！我们最需要做的就是修炼自己的内功，做好自己该做的事情，尤其不能急功近利，盯住眼前的"糖果"，而丢失自己的远方。

　　对个人而言，糖果效应揭示了一个比较深层次的问题——忍耐力、自控力对成败的重要影响。人的一生中总会遇到各种各样的诱惑，善于抵制诱惑，不为眼前利益迷惑并不容易做到。别指望忍耐力、自控力会随着年龄的增长自动增强，它需要不断地努力学习、时常鉴别、不断修炼！诱惑，并非与人的年龄成正比，但绝对与个人修为正相关。我们要寻找抵制"糖果"诱惑的方法，比如转移注意力，就像有些孩子捂住眼睛、玩捉迷藏或是唱歌跳舞，那么他们对诱惑的渴望就会减弱或暂时遗忘。当然，最生动的方法，还是诗与远方！

　　面对世界经济的复杂局面和不确定性增加的世界形势，在转型升级和调整过程中，对供给质量和服务水平提出了更高要求。在这样一个复杂背景下，部分企业遇到困难和问题是难免的。我国企业为了适应经济发展和市场需求而做出相应改变是正确的决策，但是若想要立竿见影看见效果，就不太现实。中国的企业家们需要有耐心，有耐心做好产品和品牌，有耐心做好服务并保持与顾客的互动互赢。按照习近平总书记2018年11月1日《在民营企业座谈会上的讲话》的精神，"保持定力，增强信心，集中精力办好自己的事情，是我们应对各种风险挑战的关键。"在"应对各种风险挑战"的过程中，实现自身成长与更高层次发展。那将是我们企业抵御"糖果"的诱惑，在我国社会主义现代化进程中发挥更大作用、实现更大发展的崭新飞跃。

　　我们感恩这个伟大的时代，培育了创新创业和包容发展的文化和环境，让我们的企业和个人，实现抵御"糖果"诱惑的时间价值。

071 天花板效应

• **概念解读**

"玻璃天花板"一词最早出现于1986年3月24日《华尔街日报》的《企业女性》专栏中,用来描述女性试图晋升到企业或组织高层时所面临的障碍。天花板效应是莫里森团队在1987年的一篇文章《打破天花板效应:女生能够进入美国大企业的高层吗?》(Breaking the Glass Ceiling: Can Women Reach the Top of America's Largest Corporations?)中首先使用的概念。一年后,玛里琳·戴维森和加里·库珀在其《打碎天花板效应》(Shattering the Glass Ceiling)一书中也讨论了这个问题。1991年,美国政府开始设立名为"天花板协会"的机构,每两年发表一份建议报告,找出并消除那些私有企业中女性职业发展的阻碍因素,帮助职业女性获得平等的机会和权利。

现在,我们说的天花板效应,就是指一个人或组织在发展过程中,当达到一定级别或高度后,晋升空间便会越来越小,在不同阶段遇到"天花板",要想再跃升一步,就必须突破现有的条件和约束,即穿过头顶上的"天花板"。

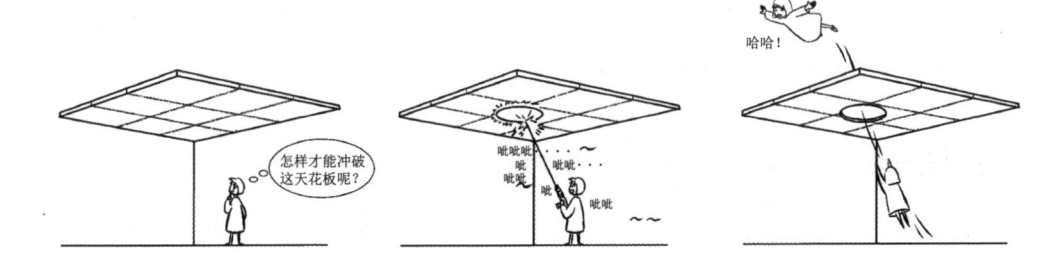

• **理论应用**

2020年初爆发的新冠肺炎疫情给很多中小微企业带来了冲击,企业的当务之急是生产自救。面对疫情,眉州东坡餐饮有限公司(以下简称眉州东坡)在新的困难中，突破"天花板"，走出了一条新路。眉州东坡创新经营理念，努力在"危"中寻"机"。原本在店门口销售囤积食材的平价菜站，结果催生了眉州东坡菜篮子小程序，每天销售新鲜蔬菜超过10万元。老板娘直播带货、下沉推销工作盒饭，都在眉州东坡诞生。在一次次创新中，眉州东坡萌生了将中央厨房的成品、半成品直接卖到社区的想法，但这需要新的经营许可。在政府职能部门的鼎力支持下，眉州东坡很快拿到了全新的营业执照，"生产食品"获得许可，"新想法"有了通行证。眉州东坡的商超"迷你店"陆续开业，这里既有包子、甜烧白等"马上吃"的即食小吃，也有"回家吃"的半成品和"囤着吃"的食材。原本只能供应店面的食材有了商标和包装，从饭店后厨延伸到家庭厨房，价格比堂食或外卖还便宜3成。眉州东坡计划到2020年底开出500家"迷你店"。突破"天花板"之后的眉州东坡，经营之路越走越宽了。

2019年5月4日，中央电视台《开讲啦》推出"五四"特别节目"无奋斗，不青春"，由中国海军首位女实习舰长韦慧晓开讲。韦慧晓在演讲时说，"我对自己的要求是，每天把天花板顶高一点点，需要有突破，不能让它往下掉，我要往好的方向去改变。"通过查阅相关资料，了解到中国首位女实习舰长韦慧晓的基本情况：毕业于南京大学后就职深圳华为，2007年考入中山大学地球科学系攻读博士研究生，34岁时博士特招入伍，走上中国航母，6年时间成长为中国海军史上第一位女实习舰长。韦慧晓在介绍自己的职业发展时明确表示，自己首先是军人，其次才是女军人，敌人的弹药不会分男女，而且在如今的舰艇部队，男性和女性几乎没什么差别。

• 管理启示

造成"天花板"困局的原因多种多样，如制度安排、学习能力、年龄、性别、种族因素。面对"天花板"，若不能理性应对，就会在一定程度上出现负面心态，轻者得过且过，重者可能走入歧途。因此，高度关注和认真剖析"天花板"困局的形成机制、遭遇"天花板"的心理状态等，无论对个体成长还是组织发展，都具有重要意义。

韦慧晓之所以能一次又一次突破"天花板"，主要原因是她有自己的选择和动力。这种选择和动力来源于她清晰的价值判断。她认为有两种价值观，一种是戴着非常昂贵的手表，由此让自己身价百倍；另一种是戴一块不贵的手表，但手表是因为自己戴过，因此身价百倍。从她身上，我们感知到价值的力量、奋斗的力量。只要找准了人生的价值，看准了人生的方位，去奋斗，去拼搏，就没有什么"天花板"是不可以突破的。韦慧晓的人生之所以让人赞叹，不仅在于其不为外物所缚，始终选择实现自己的梦想，更在于其每一次选择后的全力以赴。

在这个充满无限想象和无限可能的星球上，有太多比名包名表更值得追求的东西，有太多比"一夜暴富"更值得拼搏的梦想。身处其中的个体，特别是年轻人，更应该用不懈奋斗为自己的人生赋值，不断刷新属于自己的"第一"，最终突破一个又一个"天花板"。有幸遇见这样的好时代的"后浪"们，奔涌吧！

072 小群效应

• 概念解读

　　人是群居动物，都有归属的需要，因而"圈子"成为必须，比如被广为应用的QQ群和微信群。社交圈的大众化，体现的是人们交往的需求，也反映了共享经济的根本特征。人们或为荣誉、利益、关系驱动，或为事件、地域、兴趣驱动，愿意在自己喜欢的圈子里进行分享。由事件驱动而组建的群生命周期很短，多为3～7天；由关系驱动组建的群生命周期较长，至少有一两个月，有的还可能成为我们长期的交际载体。

　　一般来说，大家都希望加入大群，但并不会每天都活跃在大群中。有研究表明，大部分时候，微信群中活跃人数不超过群成员总数的10%。腾讯内部也曾对数以亿计的QQ群进行分析，结果发现活跃群的比例也只有10%左右。这些对用户黏性的分析，是营销工作的基本功。在社交网络中，产品经理们将能够促成用户活跃、降低互相认识的门槛，以及加为好友（结网）的基础归纳为"三近一反"。其中，"三近"指的是相近的地域、相近的年龄、相近的兴趣爱好等，"一反"最早指性别相反，后来有不同的说法，但常指身份相反。

　　人们更多会在小群中进行频繁和密切的沟通与分享。因为人们一般乐意做小池塘里的"大鱼"，但并不乐意做大池塘里的"小鱼"。一般将人们活跃在"小群"中，并乐于分享、交流，引发较大社交传播效果和转化效果的现象称为小群效应。

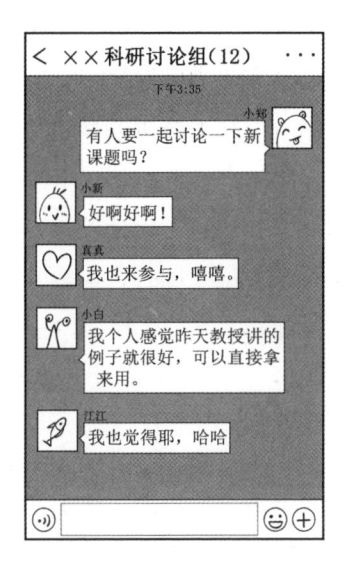

● 理论运用

我们知道把梳子卖给和尚是一个经典的营销案例。类似的一个问题，摆在了W袜业公司营销人员面前：能把一双袜子卖到150元吗？乍一听，觉得不可能。但既然和尚都可以买梳子，那一双袜子卖150元，也不是什么"不可能"啊！这里关键就是看你准备把这一双袜子卖给谁，也就是说，我们要先做好定位。你要定义可能花150元买一双袜子的用户会是哪些人。就像拼多多，如果用户定位只是收入比较低的人，可能就不会成功，它的定位是淘宝满足不了的人群。

那么这双150元的袜子的用户定位是什么呢？时尚达人、运动发烧友、环保主义者、爱心人士……对，就是这些特定的"小群"。

目标用户确定了，下一步该做什么呢？那就是要明确需求、盯住"需求"去做文章。针对时尚达人，这类人大多年轻、充满个性、追求公众认同和时尚，所以他们的需求主要就是"炫酷"，能让别人看出来，他穿了一双与众不同的袜子，很酷很炫，最好还能让大家知道这双袜子价格很不一般。针对运动发烧友，他们的需求相对就显得朴实多了，无非是功能上的保障，如舒适、吸汗、透气、防臭。当然，袜子不用天天换洗，或者洗完几分钟就能干，那就更好了。环保主义者的需求有很多，比如可以保护自然资源，可以减少环境污染，可以综合利用土地。具体说来，袜子要做成可回收、可再生的，袜子的生产过程无污染，那么，对他们来说，购买袜子就是在保护大自然。最后一类是爱心人士，他们的需求是要帮助到需要帮助的人群。买袜子，既能满足日用，还能做慈善，自然更好。当然，还有一类人群可能是袜子收藏者，那些准备收集全世界从古至今的、各式各样的袜子，准备办一个袜子博物馆的人，再高的价钱，也会去买吧。

我们认为，定义特定市场客户"小群"，通过实施有针对性的营销方案，一定可以取得崭新突破，同时，也可以不断擦亮自己的品牌，为未来整合式营销打下市场和品牌基础。

• 管理启示

袜子这类日常生活用品，属于典型的红海市场。企业要在激烈的市场竞争中谋得一席之地，运用小群效应，精准定位客户，实现客户市场区隔，是很有意义的。"理论应用"中的袜子客户的定位和需求点的分析，既是"三近"中的"相近的兴趣爱好"的体现，也是"六大驱动"中"荣誉驱动""事件驱动""兴趣驱动"等的生动写照。

在实际运营、运用社群力量时，我们还要发挥关系驱动、地域驱动、利益驱动等另三种驱动力，结合年龄相近、地域相近、兴趣相近的连接渠道，编织真正属于我们自己的交际网络。而在讨论利益驱动和荣誉驱动时，我们会发现，能让这两种驱动力发挥小群网络成员的最大利益和最高荣誉的，恰恰是和用户自身关系最"近"的这些群员提供的。这里面有社会文化和历史的原因。

一个群体中，还需要有人唱"反"调。难怪有人说，"三近"好找，"一反"难寻。大量社群崩塌、不活跃的原因，就是不知道自己的"反"在哪里，不知道自己用户或成员的冲突和需求是什么，不知道自己能解决什么问题才能让用户步步紧跟、不离不弃。举例来说，在某行业群中，每次大家说起某专业某应用，各种话题泛起，并以各种实际经历来佐证，甚至还有"互撕"，要挟要退群的。但争来争去的，竟然没人会离开，因为里面有可能夹杂着知识和信息获得、业务获取、人脉关系找寻的可能。这就是典型的"反"的作用。大部分社群，花点时间找到或激发一两个"反"者，往往能让该社群气氛活跃、人气兴旺。因而，真看重这个群（社区）的话，不妨制造一些话题，引发大家的思考和讨论，甚至理智的争辩，那一定是有收获的。当然，关键时候要及时"收场"。如果顺便还能帮助群员不断围绕他现有能力、层级，搭建相近且互相有需求的用户群体，帮其打通新的"场"，开通引流闸门，那么，这样的小群将会持续活跃。实际上，游戏在解决这个问题上处理得很好：你很厉害，会有更厉害的人来消灭你，或者同样厉害的人供你组队等。

让用户时时处在和自己"差不多"的人群中，或者简单说，差不多的"三近一反"人群中，这是一个动态的用户管理问题。尤其是客户群，如果管理得当，可以让我们及时了解用户体验，帮助我们加强与客户的互动，增强顾客的黏性，这不仅是在做产品，也是在做运营。

继畅销书《社交红利》《社交红利2.0：即时引爆》之后，见识科技创始人徐志斌于2017年又顺势推出《小群效应》，书中指出：社群只需要不断强化自己最擅长的领域，自然会吸引其他领域的强者前来谋求合作，这叫长板效应，被人使用得越多，价值越大。互联网经济时代，新零售、网红经济、分享经济、知识经济多受益于社群。用户的获取、留存及订单转化直接决定了一个社群的存亡。无论是"做"群还是"用"群，每个人都需要迭代常识：了解用户行为习惯，了解社群运行规律。新时代，社群赋能营销新模式，营销人员要积极实现从顾客交易到用户交互的转变。

073 靴子效应

● 概念解读

在解释靴子效应之前，先简要介绍一下"靴子落地"这个典故。一年轻人在一位心脏不好、经常失眠的老年房东楼上的房间租住，年轻人每晚回来较晚，往往脱下靴子就往地上扔，导致老房东每天晚上要等到"两只"靴子"安然"落地才能睡着，房东向年轻人指出了这一问题。之后的一天晚上，年轻人在扔"第二只"靴子的时候，猛然想起了老房东几天前的抗议，于是轻轻地将靴子放下，而楼下的老房东以为还会和之前一样，所以当晚一直在等"第二只"靴子落地，等了一夜没睡。

由此我们认为"靴子效应"指的是人们对事物的一种急切、观望的心理，人们往往按照自己的想法认为"第一只靴子"落地之后会有"第二只靴子"接着落地，所以事情发生的过程中，人们的心理会更加急切地想要知道后续究竟会发生什么。小到个人，大到国家，这样类似的情形经常出现。例如，收到了复试通知的人往往会担心接下来自己最终会不会被录用；经济不景气的时候，政府采取降税减负，银行还会不会降息；对于一些新兴的产业，政府会不会出台其他保护措施，或者，有了这些保护措施之后，接下来还会不会有进一步的措施。

• 理论应用

营业税与增值税并行不符合国际税收制度整体发展趋势。2011年，财政部、国家税务总局联合下发营业税改增值税试点方案，从2012年1月1日起，在上海交通运输业和部分现代服务业开展营业税改增值税试点。2016年3月18日国务院常务会议决定于5月1日起，在全国范围内全面推开营业税改征增值税，至此，"靴子"完全落地。YX交建集团（以下简称YX公司），借助营改增的东风，对内建立健全各项管理制度、优化经营模式，对外树立诚信务实作风，杜绝非法转包、分包、挂靠以及联营项目等经营方式，目的在于提升经营效益，致力长期健康发展，并通过影响供应链来促进全行业规范、健康发展。但YX公司的规范发展并非坦途，由于其当时有些工程项目在偏远地区，受条件所限，不能全部选用规范的供应商供应材料，一些土方工程租用个体户的挖掘机、运输车辆施工，这导致了增值税专用发票难以取得的情况。同时建筑施工企业按照11%的比例缴纳增值税要远高于按照3%的比例缴纳营业税，如果不能尽可能取得增值税专用发票进行抵扣，将会对施工成本产生较大影响。营改增实施后其分包抵扣链条较为明确，增值税计征也相对复杂、管控严格，但是减少重复纳税，促进了企业规范税务管理、降低税务风险，也更有效地规范了企业经营行为，更好地维护了市场秩序。"营改增"之后工程施工单位自身计算并缴纳增值税，分包企业采购的建筑材料、设备等取得的进项税额对项目成本进行抵扣，在一定程度上可以避免重复纳税的情况。之前由于建筑行业不规范而导致的问题逐步在得到解决，整个行业越来越规范，呈现良性、健康的发展格局。

• 管理启示

2017年的时候，小李和邻居小王都有买房的打算。可也在这个时候，房地产的政策确定了"房子是用来住的，不是用来炒的"定位和主基调，同时也配套发布了很多房地产方面的政策。这引起了小李和小王对于"是不是应该现在买房"这一决策的思考。毕竟，收入不高的他们，买房需要花费大半辈子的积蓄，若是买入的时间不对，就会白白损失一年甚至几年的收入。小李觉得，目前有关于房地产行业的调整，使供需关系得到了一定的缓和，但是房价上涨的总体趋势应该不会变，应该立即买房。而小王认为，国家肯定会进一步加强对房地产行业的管控，房价应该会跌，所以应该等房价跌到合适的价位再购买。于是，小李在当年就买了房，而小王没有。

现在（2019年）来看，小李和小王居住城市的房价在这两年是上涨了的，所以我们可能认为小李的决策是正确的，小王的决策是不正确的。但是，从另外一个角度来讲，这两年A市的房价确实涨了，但上涨幅度已经大不如之前那么迅猛，这是不是意味着房价已经不会再进一步上涨了呢？是不是再等几年小王的决策反而是正确的呢？

我们在这里姑且不预判若干年之后房价的涨跌，也不对小王小李的决策评价，我们要从这个例子中得出一些启示。其一，在政府出台了关于房地产的政策之后，大家会期待是不是还会有后续政策呢？即一只靴子落地之后，人们往往会很迫切地期待下一只靴子的落地，并且希望其能朝着自己想象的方向发展。但是，在实际生活中，可能一只靴子落地之后，另一只靴子并不会马上落地，甚至可能永远"不落地"了，所以人们在做决定的时候，尽管需要参考之前已经发生的事情，但是也应该认真分析当下的环境条件是否发生了变化，而并不能想当然地认为后续的事情就一定会发生。其二，不同的人对尚未落地的靴子的看法是不同的，尽管都期待另一只靴子的落地，但由于看法不同，所做的决策会不同，最终的结果也会不同。所以在做出决策之后，不能一味地认为另一只靴子一定会朝着自己设想的方向发展，而是应该有更全面的思考，这样，即使最后的结果不那么如意，也能坦然地接受。

074 牙刷效应

• **概念解读**

遗忘是人的天性，对很多事情的记忆都会逐渐被时间磨平，但也有一些事情，会被刻在脑海里，成为习惯，就像每天早晚要刷牙一样，不去做反而觉得不适应。好的产品就要有牙刷的功能，让用户每天都必须用上几分钟，久而久之用户养成习惯，没有它还真不行。试想，如果某种产品能够让用户产生如此依赖，该是多么大的财富啊！企业提供的产品和服务，能够像顾客的牙刷一样，成为每天的必需品，由此源源不断地为企业带来长期稳定的利润，这便是牙刷效应。

• **理论应用**

谷歌大中华区市场部总经理蒋为表示，Android在中国基本不赚钱，在全球也是同样，但只要大家能把它当作"牙刷"一样使用，迟早能够盈利。

"牙刷项目"是谷歌研发产品的理念，即所做的产品能够像牙刷一样，被很多人用，被很多人经常使用，且必须非常有用，没什么替代品。谷歌认为，"牙刷项目"即使没有全胜，也不会完败，且只要是"牙刷项目"就总会有收获。

众所周知，在Android和IOS系统推出之前，诺基亚的塞班系统无疑是市场的"老大"，但由于其在发展过程中未能跟上新时代的潮流而逐渐衰败，此后就是Android和iOS的天下。2008年谷歌正式发布Android1.0系统的时候，其竞争力是远不如苹果iOS系统的，在刚开始发展的几年，其影响力也远不如iOS。但谷歌通过让用户免费使用Android系统的方式逐渐打开了市场，并慢慢地让用户接受这一操作系统。现在，Android系统的使用量在所有操作系统中占据了80%左右的市场份额，除苹果手机之外的大多数手机搭载的都是Android系统，长期习惯使用这一系统的人也对其产生了很强的依赖性，很难在短时间内转变。

• 管理启示

　　最大的成功并不是刻意地让人家记住你，而是让人在潜移默化中不自觉地就接受了你，甚至变得没有你还不行。要做到这一点，并不是一天两天的事情，谷歌的Android系统做到了，谷歌通过长期提供免费使用让用户从最开始的时候接受Android，到慢慢习惯它，从最开始的使用这个系统仅仅是因为免费，到现在"无理由"地使用它。所以，想要公司的产品能够在顾客心目中留下更深刻的印象，可以尝试定期与客户联系，尝试定期折扣或者提供售后服务等活动，以增加沟通的次数，从而与客户建立更好的关系。

　　这就是习惯的力量。当你养成一个习惯之后，虽然说不是不能改变，但至少很难改变，所以这也启示我们在平时的生活中就应该要注意，在一开始就尽量养成好习惯。当然，养成一个好习惯也需要长时间的积累，这个过程是很艰辛的，但结果也很令人振奋。所以，不妨在最开始时强迫自己按照规定去做，在多次的强化训练下，"刻意"也会变成"随意"！

075　羊群效应

• 概念解读

　　羊群效应（The Effect of Sheep Flock, or Herd Effect），也叫从众效应，是指个人的观念或行为受环境或群体的影响，而向与大多数人一致的方向变化的现象。具体表现为，人们会追随大众所认可的、"流行"的观点，将自己的意见默认为"否定"，且不会主观思考事件的来由和意义。羊群是一种很散乱的组织，平时在一起也是盲目地左冲右撞，但一旦有一只头羊动起来，其他的羊也会不假思索地一哄而上，全然不顾前面可能有狼或者远处是否有更好的草。因此，用羊群效应来比喻人的从众随大流的心理。

• 理论应用

　　我曾去过我国南方的一个城市，了解到这么一个情况：2012年前后，恒大集团到该市拿地盖商品房，贯彻创新的绿色建筑理念，在生态住宅中加上智能人居元素，以科技的力量打造舒适健康的居住环境。这给该市房地产行业带来了转折点，因为在恒大未进入该市前，该市的房地产小区并没有"绿化""园林设计"的概念，直到恒大进入，让大家感受绿色民生房地产的独特魅力的同时，也为城市住宅小区建设树立了标杆。此后，该市的新建房地产项目，无一例外地要提高园林绿化水平，不然真卖不出去。可以说，这就是典型的羊群效应，更是一种榜样效应。如果没有恒大的入驻，或许整个市场的中高端需求还不能如此快速地被激发出来，绿化率较低的房子仍然可以卖出去。有了像恒大这样的一流开发商的"领跑"，其他房地产商的"跟从"，该市房地产行业的整体水平就这样被拔高了。这便是羊群效应的"正"效应。

生活中羊群效应随处可见。2011年日本发生核泄漏之后，全民疯抢食用盐；在我国二级资本市场上，有时就有很多人同追一只"妖股"现象，此种爱恨情仇让多少人"心有千千结"；近年，很多人同"炒"一片学区房，问其原委，原来都是"为了孩子，我们豁出去了"。如此等等，便是羊群效应的"负"效应。

• 管理启示

"随大流"，确实让我们省去了许多试错的成本。因为每个人不可能对任何事情都能了解得一清二楚，对那些不太了解、没把握的事情，"随大流"往往是个不错的选择，这样可以减少信息不对称和预期不确定可能带来的损失。由此可以理解，很少有人能够在众口一词的情况下，还坚持自己的不同意见。

当然，压力是另一个决定因素。在一个团体内，谁做出与众不同的行为，往往有"背叛"的嫌疑，会被孤立，甚至受到惩罚，因而团体内成员的行为往往高度一致。

现实情况经常是，一家公司赚钱了，很多企业就会蜂拥而至，直到行业供应大大增长，生产能力饱和，最终供求关系失调。我国正处于产业转型升级阶段，就要谨防此类情况发生。当前，很多大中型制造企业增加智能生产线、推进智慧物流、发展人工智能及工业机器人，由此引来了中小型企业的"跟风"。事实上，中小企业还不具备条件，对新兴技术认识也还不足，实施下来根本达不到降本增效的目的。因此，企业升级智能制造也要全面考量。"跟风"并不简单，需要判断新老产品和新老市场之间的匹配关系，以及跟随领头羊的风险和收益。

对个人来说，跟在别人屁股后面亦步亦趋，总也不是办法。因而，"走自己的路"最重要。不管是创业还是就业，保持创新意识和独立思考的能力，都是至关重要的。别老担心会出错，出错了又怎么样呢？说到此，彼得·德鲁克的话仿佛又在耳边回荡："一个人越好，他犯的错误就越多。因为他会努力尝试更多的新东西。我永远不会提拔一个从不犯错误，特别是从不犯大错误的人担任最高层的工作。否则，他肯定将成为一个工作平庸的管理者。"

当然，会不会跟风，愿不愿创新，跟组织环境有很大关系。谷歌招聘时，通常在和应聘者谈妥的情况下会把团队简历放到对方面前，让对方对自己将要加入的团队有个了解。从一开始就设置较高的招聘标准，这样才能吸引高水平人才"跟风"而来。优质人才组成的员工团队不仅能做出令人满意的成绩，还能吸引更多优质人才做出理想业绩。

思考力、创造力和环境，包括企业内外部文化环境，是影响"羊群效应"产生及其扩散的关键因素。

076 诱饵效应

• **概念解读**

诱饵效应（Decoy Effect）指人们对两个不相上下的选项进行选择时，因为第三个新选项（诱饵）的加入，会使某个本无吸引力的选项显得更有吸引力。被"诱饵"帮助的选项通常称为"目标"，而另一选项则被称为"竞争者"。这是高级营销者的一种较为高明的营销手段，当然也是市场营销理论在心理学上的绝佳运用。

• **理论应用**

你常常在一些产品的定价方案中看到这一效应的应用——营销者有意加入一个价格，以诱使你选择最贵的价格。美国威廉斯-索诺马公司首次推出家用烤面包机（售价275美元）时，多数消费者不感兴趣。难道消费者真的不需要家用烤面包机？面包机厂家纳闷，于是请来一家营销调研公司。最终提出了一个补救办法：再推出一个新型号的面包机，不仅个头比现在的要大，价格也要比现有的型号高出一半左右。

果不其然，这一下家用烤面包机（售价275美元）的销量开始上升了。这是因为消费者现在有了两个型号可以选择。我们每一个人，做每一件事，选择每一样东西，都会自觉不自觉地加以比较，而越是有参照、有对比、反差越大的东西就越能凸显其价值。既然一台比另一台的体积明显要大，也贵了很多，他们会说："嗯，我也许不太懂面包机，但我确实懂得，真要买的话，我宁愿少花点钱买那个小的。"从那以后面包机就热销了起来。

通过Dan Airley's著名的《我们能掌控自己的决策吗？》（Are we in control of our own decisions？）的演讲，很多人得知了《经济学人》杂志一个有趣而有效的定价策略。《经济学人》为杂志的年度订阅打出了这样一个广告。

- 电子版：$59
- 纸质版：$125
- 电子版＋纸质版：$125

这看上去有点不可思议，"纸质版"和"电子版+纸质版"的价格居然是一样的，《经济学人》为何会提供这样的定价？

Dan和很多人一样，想知道定价的原因，他询问了《经济学人》内部的几个熟人，但没有人告诉他真正的原因。于是，他决定在MIT对100个学生进行实验，自己找答案。当他将包含了三个价格的广告给学生选择时，学生们都选了"电子版+纸质版"的组合价；而当他将看上去"毫无用处"的第二个价格（纸质版$125）删掉时，学生们都倾向于选价格最低的电子版订购——也就是说，第二个价格并非真的"毫无用处"，它会让第三个价格看上去非常合算，从而吸引人们选择这一组合价。广告的目的是销售纸质版的书，这就是"诱饵"的帮扶对象；电子版的书与纸质版的书形成竞争，因此它被称为"竞争者"。

再来看看iPhone 5S为何畅销？5C是苹果公司在5S之后推出的一款性能上明显逊于5S，价格却相差不大的手机。作为一个打算购入新手机的消费者，可能5S是你的A选项，三星或其他的智能机是你的B选项，公司、系统甚至价位都不尽相同的A、B两个选项各有千秋，而5C这个"诱饵"C选项，与苹果以外的智能机相比劣势并不明显，但与5S这个"目标"选项一对比，消费者就会发现5S不仅性能优于5C，价格也比5C稍低，堪称"物美价廉"，于是更多消费者选择购买5S。这里运用的"诱饵效应"，也就是如下报道出现的原因："苹果5C和5S上市后，遭遇冰火两重天""有商家坦言，iPhone 5C根本卖不动，不少商家甚至亏本甩卖，

iPhone 5C在电子市场价格跌破3700元,仅仅上市一周,与官网价格差了近800元,成为史上最不受待见的苹果手机"。

精明如苹果公司,怎会不知道5C销售困难的原因呢?显而易见,这个被某些媒体形容为一记哑炮的5C,只是苹果公司为增大5S销量投出的一枚诱饵,且成效显著。

● 管理启示

毫无疑问,企业也可以在营销中运用这一原理。

正如曼昆提出的经济学原理中的"人们面临权衡取舍",诱饵效应主要运用了消费者乐于"对比"以找到更实惠的商品的心理,也算是一种变相的求实心理吧。在比原来选项稍差几分的诱饵选项出现之后,"明眼人"一加辨别就会发现之前选项的绝对优势,在物美、价廉或者两者兼而有之的认知之下,会快速地选择刚刚还在犹豫的目标选项。简而言之,正是目标与诱饵之间明显的优劣对比,促成了这一效应运用的屡试不爽。

诱饵效应给企业的启示在于,在激烈的市场竞争环境中,要使自己的商品畅销,在保证商品质量和优势性价比的前提下,还应关注消费者的消费动机,研究消费者的消费心理,了解和把握消费者的消费心态。这样,才能根据消费者的消费规律,制订出更多类似应用诱饵效应的营销策略,让消费者成为自己商品的忠实购买者。另外,该效应也告诉企业,产品滞销有时并非市场需求的问题,有可能是公司的销售策略不当。因此,在产品出现滞销时,企业可以适当改变营销策略来解决问题。

商家使用诱饵效应也会使消费者产生一些非理性的消费行为,消费者可以通过一些方法来避免不必要的消费,抑制非理性的消费心理。具体做法如下:其一,做好心理预案。购物之前在心中做好规划,列好购物清单,确定自己需要购买什么。其二,反复询问验证。也许商家的促销十分实惠,或者你发现了自己踏入商场前没有想到但也十分需要的商品,这时你可以反复询问自己是否真正需要。其三,选择恰当的购物时机。早晨是人最清醒,最能遵从自己内心想法的时间段。总而言之,时刻警惕诱饵效应,了解其成因和危害,多加思考,积极预防,才能不被诱饵效应影响。

077 窄化效应

• **概念解读**

所谓窄化，就是人们对事物的躯体感觉、认知、情感或思维意识向某一方面或某一方向高度集中，使其所及的范围越来越狭窄、越来越收缩、越来越局限的过程，表现为对窄化对象的感受性增加、敏感程度增强。被窄化的对象有自然界中存在的有形物质，也有人脑思维逻辑的精神产物及感受体验等。窄化效应指人在某一时刻把注意力过分倾注于某一点上，从而导致对原来的兴趣或偏好发生位移，出现非正常状态甚至问题。例如，公司本月的工资晚发了半个月，有些人就对此十分纠结，私下里打听公司是不是资金出了问题。为什么会出现这样的情况呢？据窄化效应的提出者——美国学者罗文斯坦教授的观点，这是因为处于窄化效应的人，当时存在着"体内因素"，这个"体内因素"会使人表现出强烈的情绪和情感冲动。可以简单理解为某种驱动力，驱动当事人做出某个行为，而这个行为可能是正常情况下他不会做的。

- 理论应用

　　我们身边有很多窄化效应的例子。例如，很多年轻人晚上刷抖音不睡觉，明明知道熬夜对皮肤、身体、第二天的工作、精力都有影响，可是当下，他的注意力全被带到一个个短视频带来的即时快乐里，他把那些快乐看得格外重要，也就不管不顾熬夜的危害了。再如，一些上司面红耳赤地训斥下属的时候，那一刻下属的过失成了他唯一关注的点，平日里上下级的有效合作，这位下属过去的业绩和勤恳的态度，两人日后的合作等都被抛诸脑后。

　　我身上也有这样的实例。我有一朋友曾在雁之岭食品有限公司上班，公司副总裁传达的理念是这样的："你们看咱们公司那个谁，工作10年，现在管200多人，工作10年以上混得好的那些人，年轻的时候一定很努力，所以你们这些年轻人想以后混得好，现在应该努力。"在灌输鸡汤的同时，她接着说："所以你们下班不要着急回去，我希望我叫你们的时候，随时都有人在。"依她的理念，谁待在办公室的时间长，谁就是好员工，这是典型的窄化思维。

　　我去朋友公司看他的时候，公司总部搬迁到较偏远的地区，大多数员工下班后，选择坐公司班车返市区再回家，路上的时间一般不少于1.5小时。而班车也是有时间的，错过6点半的，下一趟是8点，再往后是10点。

　　上了一整天班，再加上回家的路程遥远，所以员工们都想一下班就赶紧回家。但是当管理者传达出"下班没事在办公室待着，随叫随到"的信息并且反复强调后，整个团队陷入被动加班的局面：正常下班叫早退，加班到8点叫正常下班，加班到11点才算加班。当然，偶尔的加班大家也都是能理解的，但现在的情况是每天都加班，而且加班并没做什么事情，只是因为走得太早会被上司批评或者被认为不合群而被迫加班。总之，不知不觉中，"加班文化"就建立了起来。团队的氛围异常诡异，员工每天走得晚，但实际上效率不高，人人都在"磨洋工"。没过多久，那个团队三分之二的员工离职了，再后来副总裁也离职了。

- 管理启示

　　由于窄化效应，刷抖音时的快感被放大了，战胜了理性；上司因为员工一时的过错在批评时只关注到这一点，甚至是无限放大下属的过失，所有的负面效应一拥而上；当副总裁不断释放随叫随到的信号时，本来着急回家的员工只能被迫加班，而这样一种纯粹为了耗费时间而加班的文化，最后导致大多数员工离职。回过头来想，为什么不能在第二天空闲的时候刷抖音？解决问题为何要发那么大的火，伤人又伤己还解决不了问题？下班了为什么一定要留在办公室里，不能在工作时间更加努力，提高效率吗？

类似的事件还有很多，例如我们在开会过程中经常会因为某一位员工所提的不相关问题而走题，或者在讨论过程中偏移了原来所设想的主题。再例如，在企业管理过程中，很多管理者会在一个月的计划中，因为某一些突发事件改变原有的计划。或者，在管理过程中，突然出现多个需要处理的事情，而出现工作不分主次而错乱的现象。

以上的案例让我们看到了窄化效应的危害。其实很多事情如果冷静下来思考，做出的决定可能就会不一样，但是在那个特定的场景中就会不自觉做出不理性的行为。窄化效应告诫我们，遇事要多一份沉着冷静，多思考几分钟再行动，结果往往会好很多。当遇到窄化效应一类的事情时，我们不妨提醒一下自己，现在自己正在"被窄化"，做出的决定可能是不明智的，应该多思考一下或者晚点再决定。同时，在做决定的时候，应该以更长远的目光来看待问题，必要时可以多征询他人的意见。就拿"加班"的案例来说，如果领导者在做决定的时候能够问一下员工的意见，知道员工并不愿意这种低效的方式（想着反正要加班，所以正常工作时间不积极，留着事情加班做），也许会多一分考虑，被窄化的视野也会因此有所放宽。

也正因为窄化效应存在于生活的方方面面，对个人、团体的影响巨大，所以我们更应该理解窄化效应，一方面应该认识到它的确存在，进而提醒自己在做决定之前要多一分考虑，始终把既定目标放在首位，不让既定目标随随便便受干扰。另一方面，纠错是成长的必经之路，既然它存在，可能自己也难免由于"被窄化"而做出不理性的决定。那么，此时不妨更客观地对当初"复盘"，进而给予当下的自己更客观的评价，从而清晰明确未来的方向。

078 智猪效应

• 概念解读

"智猪博弈"来源于经济学中的博弈论（Game Theory），是一个著名的纳什均衡的例子。假设猪圈里有一头大猪、一头小猪。猪圈的一头有猪食槽，另一头安装着控制猪食供应的按钮，按一下按钮会有10份猪食进槽，但是谁按按钮就会首先付出2个单位的成本。若小猪先到槽边，大小猪吃到食物的收益比是6∶4；若大小猪同时到槽边，则收益比是7∶3；若大猪先到槽边，收益比是9∶1。那么，在两头猪都有智慧的前提下，最终结果是小猪选择"等待"，大猪则要采取"行动"[1]。智猪效应说的是，在理性市场主体之间，存在多次或反复博弈的现象，有实力的一方通常应该主动出击，采取积极措施促进现状的改变，实力稍弱的一方，则可以选择"搭便车"，待"羽翼丰满"之后，再像有实力的那一方一样，主动、积极、勇敢地创新，创造更多的价值。

---

[1] "智猪博弈"的具体情况如下：如果两只猪同时踩踏板，同时跑向食槽，大猪吃进7份，实际得益5份，小猪吃进3份，实际得益1份；如果大猪踩踏板后跑向食槽，这时小猪抢先，吃进4份，实得4份，大猪吃进6份，付出2份，得益4份；如果大猪等待，小猪踩踏板，大猪先吃，吃进9份，得益9份，小猪吃进1份，实得-1份；如果双方都懒得动，所得都是0。利益分配格局决定两头猪的理性选择：小猪踩踏板只能得到1份，不踩踏板反而能得4份。对小猪而言，无论大猪是否踩动踏板，小猪将选择"等待"策略，典型的"搭便车"行为。由于小猪有"等待"这个优势策略，大猪只剩下了两个选择：等待（0份），行动（4份）。所以"等待"就变成了大猪的劣势策略，当大猪知道小猪是不会去踩动踏板的，自己亲自去踩踏板总比不踩好，只好不知疲倦地奔忙于踏板和食槽之间。

- **理论应用**

  1996年3月26日，长虹电器宣布大幅度降低其主导产品彩色电视机的销售价格，规格43～74cm共76个品种，降价幅度8%～18%，降价额100～850元，由此引发了自1989年以来彩电市场的又一次降价风潮。TCL彩电宣布，以"拥抱春天"为题，自1996年4月份到奥运会结束期间让利5%。1996年6月上旬，康佳集团宣布，从6月6日起，康佳彩电37～74cm所有品种全部降价，让利幅度达20%，最高让利金额达1200元／台（2910A）。有资料显示，在长虹降价后的一个月内，北京彩电市场的国产彩电销售格局发生巨大变化，长虹、康佳、TCL等主动参与此次降价的企业在北京的市场销售额均有大幅度提高，尤其是长虹，其销售额几次站上榜首，那些在生产规模、技术水平、资金实力方面有诸多不足的企业则明显大受影响。

  我们可以从博弈论的视角来分析一下。彩电市场可以看作近似寡头竞争市场，假设市场上只有康佳和长虹两种品牌的彩电，其生产的产品品质大体相同，在未降价前有相同的销售额S。

  假如长虹为了争夺市场，决定采取降价策略，那么在康佳不降价的前提下，它的销售收入就能增加1000万元，而康佳则损失1000万元；如康佳也跟进采用降价策略，且降价幅度相等，那么长虹和康佳又回到了原来的市场占有份额状态，但是各方受益都要减少600万元。它们可能获得的利益用下表来表示。

		康佳	
		降价	不降价
长虹	降价	S-600, S-600	S+1000, S-1000
	不降价	S-1000, S+1000	S, S

（资料来源：作者整理，长虹、康佳博弈的报酬矩阵表）

  看得出，当一方率先采取降价手段时，另一方降价要比不降价好，因此（降价、降价）是该博弈的占优决策均衡，均衡得益为（S-600，S-600）。但是，也能很明显地得出，在双方的博弈中，是没有最优均衡的。也就是说，采取降价策略，无论对发起者还是跟随者，都不是好的策略。

  由此，可以判断，对彩电行业来说，除了因为巨大的库存而引起的价格战外，企业天生对利益最大化的追逐也会诱发价格战。价格战的各方从一开始的自发行为，到后来的受制于他方而不得不降价，以至于价格战一波未平一波又起，这是由于当时彩电市场较大的需求价格弹性和寡头垄断企业价格博弈的共同结果。

● 管理启示

博弈，从根本上来说，就是要针对对手的行动做出符合自己利益的决策。其难点在于，在当下，并不能确定对方下一步会做怎样的选择。依据以上介绍，博弈双方在互不相通信息的前提下，很难实现最优决策，这势必会造成资源效率低下或浪费。

既然降价后的博弈均衡不能给价格战的双方或各方带来利益最大化，重开价格战必然带来长期的低利润，以及产品技术含量低、品质和服务差的不良循环。因而，不能轻易打价格战。那么企业的出路在哪呢？当然在品质、在用户体验上。

从智猪博弈中发现，从个人的理性角度出发，都会选择占优策略（降价、降价），但从团体合作策略的结果来看，应该选择的结果是（不降价、不降价）。很明显，这里存在个人和团体理性的冲突。既然智猪博弈中"弱小"的一方总是会选择"等待"，这就启发我们，不管是个人还是企业，处于弱势的一方要学会静观其变，盲目出击只会导致"竹篮打水一场空"，甚至还可能"赔了夫人又折兵"。而能力较强的一方，为了避免智猪效应现象的发生，可以考虑在规则上变通，采用一些激励措施，鼓励"小猪"主动出击。

我们可以打两个比方。行业里大企业好比大猪，中小企业就好比小猪。"控制按钮"可以比作技术创新，技术的进步会给行业内所有企业带来收益。大企业资金雄厚，有更强能力进行技术创新，推出新产品后可以迅速占领市场获得高额利润。面对此情此景，根据智猪效应，小企业的最优选择就是"等待"，等大企业技术创新有了成果搭上"便车"，去抢占市场份额，从新技术新模式的创新中获得收益。其次，在企业内部，也可以假设员工就是大猪，则员工有两种选择：努力工作或者消磨时间。如果员工努力工作，那么企业和员工都受益；如果员工敷衍工作，拿多少工资干多少活，那么最终会被企业解雇。员工只有"行动"才会受益，不"行动"则不受益或者受损。企业则只能选择"等待"，观察员工的表现，给予相应的激励。所以，聪明的员工会选择努力工作，以吸引领导注意而获得加薪或提拔。

079 钟摆效应

• **概念解读**

钟摆效应（Pendulum Effect）原是心理学上的一个名词，主要是描述人类情绪的高低摆荡现象。这是选民心理的一种常见现象，指当某阵营在一次选举中大胜后，大败的阵营较易在下一次选举中收复失地，就如钟摆向左摆后，便会向右摆，往返不息。这也可以解释不少国家执政党轮替的现象。某些自然现象、经济周期，甚至人的心理变化等，也会随着环境的变化，而出现像钟摆一样的左右来回、有周期性的、有节律的摆动，这就是钟摆效应。

• **理论应用**

随着交通密度的加大和通信技术的优化普及，如今越来越多的人突破城市边界，工作生活双城化、房子两地住、婚姻周末化，过这种有规律的节拍式地生活和工作的人，被称为"钟摆族"。

投资市场里盛行"钟摆理论"，意思是市场在短暂的平衡之后总会走向极端。市场行情一旦好转，就会涨到令人瞠目结舌；一旦逆转，就会跌到令人害怕不已。铺开上证综指的季线图，可以发现很多"钟摆"的迹象，可以举两个最为明显的例子。第一个"钟摆"：从1997年Q1的1234.61点，到2001年Q3的1764.86点，四年半时间上涨了约530点；之后，到2005年Q4的1161.06，四年三个月的时间累计下跌600点左右。第二个"钟摆"：自2006年Q1的1298.30点，到2007年Q4的5261.56点，一年九个月的时间上涨了约4000点；之后，到2008年Q4的1820.81点，整整一年的时间累计下跌约4400点。看得出，虽然两个"钟摆"的时间和速度有差异，且左右两端的振幅也有出入，但大致的"钟摆"轮廓是十分清晰的。

"钟摆式布局"是工业布局的一种模式。理论上由最小运费的原则支配。实践中最早起源于二十世纪三十年代初的苏联，当时在铁矿石基地乌拉尔的马格尼托哥尔斯克建设大型钢铁基地，所需炼焦煤和动力用煤由西西伯利亚的库兹巴斯供应，二地相距1900多千米。为利用运输煤炭的回空车，同时在库兹巴斯建设库兹涅茨钢铁联合企业，利用当地丰富的煤炭资源，铁矿石则由马格尼托哥尔斯克供应。这种利用两地资源、利用运输能力的工业布局方式习惯称作"钟摆式布局"。在四川省的攀枝花（铁矿石产地）和贵州省的六盘水（炼焦煤基地）间，也利用钟摆运输，分别在两地建立钢铁工业。按钟摆式原则配置的工业企业，往往由于工业生产能力扩大，可采资源逐渐耗尽，以及新资源产地的发现等，改变原有的"钟摆式"运输状态。

• 管理启示

根据动能和势能转化原理，钟摆摆过的位置越低，它所能够到达的位置就越高。这一效应告诉我们，某人在社会生活中所处的社会地位越高，他对社会造成的或好或坏的影响也就越大。所以，身处高位的人一定要随时注意用好自己手中的权力。

现在主要谈谈钟摆上的"幽灵"——我们人类的朋友——"情绪"。情绪本身没有好坏之分。有人因为压力大，受不了情绪上的折磨，便学会了"麻木不仁"，不再对相同事情有同样的情绪反应或反应程度降低。这本是一种保护机制，短期来说，对身心健康是有帮助的，但长此以往，对身心健康是会有大的损害的。因为，当一个人在某一种情绪上降低了反应的强度，其他情绪也会同样降低。就是说，负面情绪强度降低了，正面情绪也会同样降低，就像"钟摆"一样，摆动起来左右两边幅度总是一样的。不好的事不会伤害他，好的事同样也不会使他感到欢欣、喜悦、满意，左边摆得越来越低，右边也摆得越来越低，到了最后，发条没劲了，就会变成一只"不摆动"的钟。

要把自己的情绪强度尽量加强（重回较大的摆动幅度），这样，每一天里，每一件事情，都给我们带来某些感觉，因为左边摆动给我们带来了清爽、喜悦、满足、自信等正面情绪，右边摆动的负面情绪纵然幅度也达到最高，我们也就能承受了。

要知道，感觉不单是情绪的根源，也是我们的力量所在。每一种内心的力量，如自信、勇气、冲动、创造力，都不过是内心的一份感觉；分析判断需要感觉，记忆学习需要感觉，情感投入需要感觉。"感觉"扮演的角色十分重要，只不过你一定要把它拴在钟摆的摆臂上罢了。

事实上，我们很容易忽视对人类情绪的研究，外国人也不例外。在对情绪的认知、处理和脉源的研究上，中外都很薄弱，且有很多谬误。因而，去接纳、尊重和调整你的情绪吧，做自己情绪的主人，让情绪参与建立自己成功快乐的人生，同时赋能你身边的每一个人，让能量集聚，让爱弥散，成为钟摆律动的暖流。

080 逐字效应

• **概念解读**

逐字效应（Verbatim Effect）的含义为，对某些文字内容，人们不会逐字记忆，而是记住大意。在线网站实流量统计平台Chartbeat统计，人们在点击一个网页时，往往不会仔细阅读网页上的文字，也很难记住具体细节，只是大致记得本页的标题，大约一半的人看一个页面的时间不会超过15秒。换句话说，当人们面对大量文字时，除非特别感兴趣的内容，往往会一目十行，只看个大概，而不会逐字逐句地记，这就是逐字效应。

• **理论应用**

事实上，我们可以很好地运用逐字效应来吸引更多读者对文本内容的注意力，特别是针对不同的专业内容，如果与受众在认知和理解层面有较大差距的时候，首先在标题上就要做足文章。我是一个非莲子专业人士的受众，但出于近五年来对湘莲调研过程中所产生的行业情感以及对长期从事湘莲产业链上工作人士的崇敬之情，我偶尔也翻一翻《莲农之声》这本杂志，它是由湖南省湘潭县LQ

湘莲种植合作社主办的一本期刊。该合作社成立于2003年，现有莲子种植户275户，近三年保持种植面积在1500亩以上。合作社充分利用市县镇三级政府关于发扬地方传统产业优势，提升湘莲品牌价值等相关鼓励政策，大力开展技术辅导和创业指导服务，近年在吸附农民进入合作社、开展良种培植和粗加工等方面，合作社的工作可谓有声有色，社内种植户三年来每户纯收入均在10万元以上。除了规模经济效应之外，这里特别要提的是合作社内的一份内部刊物《莲农之声》，它对合作社的发展和莲农的增收致富做出了重要贡献。《莲农之声》设有"莲农连心"（主要宣传党的富农政策，思想解惑，产业兴农、乡村振兴政策），"莲成一片"（主要介绍一些涉莲技术，包括选种、栽培、中耕和采摘等），"莲珠炮响"（主要刊登莲子的加工方法、创新工艺和加工技术及其成果转化，包括粗加工、精深加工等文章），"莲莲有余"（主要登载商贸服务知识、营销手段、电子商务、工商注册等内容）。《莲农之声》系双月刊，每次刊物一出版，莲农们拿在手上，个个都爱不释手。为什么呢？莲农们说，这些文章写得都很实在，不是教他们技术，就是教他们知识和技能，还有插图，让他们感到亲切，就像是他们在莲田里看到莲作物一样。《莲农之声》就像一个老伙计一样，让莲农们的综合素质与收入一并提高。但这本杂志对我一个外行来说，可能起的作用就没有对莲农们的作用那么大了，但我每次去合作社的时候都要找一些过刊看看，虽说只是随手翻翻，一目十行，但每次都会这样做。一方面是觉得有份情感和敬意在这个杂志里面，看到这些标题，就能感受到里面一定"有货"。另一方面是觉得，这些栏目相较于我平时看的科研文献来说，耳目一新，特别是每期的封三，总是会有一副荷花主题的画放在那儿。也许这些体会还不只是我一个人才有，很多关心关注湘莲产业的人可能都有。如今，《莲农之声》杂志办得越来越红火，每次看到杂志栏目及其文章标题，倍感到亲切。

　　还有一次亲身经历，看到一个朋友的分享："凌晨正式登陆，战争打响了，快看……"打开链接一看，其内容根本不是那么回事，却是某移动场景的一个自营销管家界面。真是赚足了噱头！点击量肯定狂飙，那自不用说。事已至此，诸君猜一猜，我还会继续往下点击它的菜单条吗？当然不会了。不仅不会，似乎还有受骗上当的感觉。也许这个网站的内容还真不错，那既然如此，何不光明正大、直截了当、好好地、恰如其分地表达自己呢？当然，有的就是为了赚流量，那样的话，可能还真的就此达到目的了。如果不是为赚流量的话，那么，此处的逐字效应就用得不甚合适了。

再看看下图，你能猜到它的标题吗？图很清楚，那无非就是"地球与月亮"之类了，但在一个新闻媒体的报道里，看到它的标题竟然是"这些赤裸裸的图片告诉你：什么叫色即是空？"如果光看这个标题，让我们怎么也难以想到文章谈的会是星球。也许干巴巴地谈论星球这种纯科学的内容怕人觉得枯燥乏味，所以，利用逐字效应在题目上做点文章，增加些吸引力，可能还真是一种"营销"的手段呢！

（资料来源：湖南创则新管理咨询有限公司提供）

• 管理启示

有人通过长期观察之后认为，凡是有"史上最""猛料""重磅"等字眼的标题，一般都有赚眼球之嫌疑，点击详细内容，一般也是"名不副实"的。而这通常又是营销文案发布过程中可能会碰到的问题，因而需要斟酌对待，适度运用，以把握好逐字效应的效果。

成为一名出色的营销人员的一个关键，就是理解人思考问题的方式和信息处理的习惯，琢磨透了这一点，就能把握顾客的行为方向。信息爆炸的时代，我们确实难以认真细致地看完所有接触的内容，这时需要运用必要的阅读技巧。语文（含英语）课里讲精读和泛读，就是一个很好的证明。那么，新媒体时代的营销应该有怎样的讲究呢？重要的一点就是，在保证文字内容质量的情况下，花心思去雕琢标题，让标题吸睛，易于传播、易于被搜索。因而，单从营销的角度来看，对一篇营销文案来说，琢磨一个好的标题就显得尤其重要了。

当然，有了美丽的"外衣"之后，接下来就要把标题下面的内容写好、写实在，否则，好看不中用，终究不会让人动心。例如，一般报纸的标题是"中国大学生就业排行榜发布"，微信的标题可能就是"中国大学生就业排行榜发布，你的母校排第几？"一般报纸的标题是"多所学校划片新政颁布"，微信的标题可能就是"多所学校划片新政颁布，你的学区房白买了吗？"微信的这两个标题的目的在于吸睛，就是要让读者"觉得这个事儿永远和你有关"，产生强烈的兴趣去点击文章链接细读。如此，逐字效应的效果就彰显出来了。那么，接下来的问题是，有了美丽的"形式"之后，能不能把内容写好、写实在，终究"内容为王"，否则，中看不中用，不会让人动心，逐字效应也就难以实现其效果。

当然也有反例。宋朝大诗人苏轼就是精读的高手和忠实实践者。一天，有位朋友去看望他，发现他正在抄《汉书》，朋友感到很不理解。凭苏轼的天赋和"过目成诵"的才能，还用得着抄书吗？苏轼却说："我读《汉书》到现在已经抄上三遍了。第一遍每段抄三个字，第二遍每段抄两个字，现在只要抄一个字了。"客人半信半疑地挑了几个字一试，苏轼果然应声能背出有关段落，一字不差。苏轼不仅三抄《汉书》，其他如《史记》等几部数十万字的巨著，他也都是这样抄写的。现代著名散文家秦牧主张读书要学会"牛嚼"和"鲸吞"。鲸吞当然指大量的略读，牛嚼自然是精读了。他说："老牛白日吃草之后，到深夜十一二点，还动着嘴巴，把白天吞咽下去的东西再次'反刍'，嚼烂嚼细。我们对需要精读的东西，也应该这样反复多次，嚼得极细再吞下。有的书，刚开始先大体吞下去，然后分段细细研读体味。这样，再难消化的东西也容易消化了。"《北齐书》曾记载王孝瑜"读书敏速，十行俱下"。苏联大文豪高尔基看杂志，往往是"几页几页地翻"。他们都是泛读或"鲸吞"的高手。由此可见，略读精读的确哪个也偏废不得，只有二者结合才是真正的读书良法。

法则篇

081 艾维利法则

● **概念解读**

艾维利法则是美国效率大师艾维利提出的"任务优先"管理方法，主要运用于当事情众多而让人无从下手时，让其能有意识地筛选并确定重要的事情，从而不疏忽要处理的"大事"，由此来提高工作或生活效率。首先，从近期的所有事情中选出最重要的六件事情，然后按照重要性和紧急性把这六件事情用数字标号，标号为"1"的事情是最先要完成的，直到这件事完成，再开始第二件、第三件……最后就是要每天坚持，坚持，再坚持，并养成习惯。

● **理论运用**

艾维利法则可以运用于多种情境，下面我们用一个真实的案例来展现艾维利法则的作用。美国伯利恒钢铁公司曾濒临破产，公司总裁向艾维利咨询求助，他们交流了近半个小时，前20分钟艾维利耐心地听完总裁焦头烂额的倾诉，然后他拿出一张白纸，并让总裁写下第二天要做的全部事情，几分钟后，白纸上满满地记录了总裁要做的几十项工作：开董事会，和供应商签订合同，与公司高管谈话，参加孩子的家长会，给妻子买礼物……艾维利请他仔细考量，并按事情的重要性和紧急性分别从"1"到"6"标出六件最重要的事情，同时告诉他，从明天开始，全力以赴做好标号为"1"的事情，然后全力以赴做好标号为"2"的事，以此类推……而且，如果伯利恒总裁认为这种方法有效，可将此法推荐给公司高层管理人员，若是还有效，继续向下推行，直至公司每一位员工。一年后，艾维利收到了一张来自伯利恒公司的2.5万美元的支票作为此次咨询的报酬。五年后，伯利恒钢铁公司一跃成为当时全美最大的私营钢铁公司。

• 管理启示

　　提高工作效率，看起来是时间问题，事实上是任务管理问题，是基于时间约束的任务管理。每一天每个人，都有很多任务和做不完的事情，如何有效率地工作，让上司满意，也让自己满意，还是有方法可寻的。运用艾维利法则，就可以让我们在众多的事情和任务中，抓主要的做，做完今天本应该要做的事。

　　职场人需要长期历练，其中一个重要的历练就是办事果断迅速，而不是拖沓迟滞。如果一件重要的事情放在他手里，三五天后才有反馈，甚至压根儿就没有反馈，还要上司主动追问，那可想而知会是什么状况？至少有一点，工作进展不会很迅速，而是被动地推进。小刘和小李是大学同学，毕业后又进了同一家公司，小刘是典型的拖延症"患者"，也是公司有名的"劳模"，因为他几乎每天都加班，除了保安，他是最晚离开公司的人。每天早晨他都是火急火燎地踩着点跨进办公室的大门，然后打开电脑，但是直到中午他的工作进度仍是零，他的电脑上却贴满了便利贴。"今晚又得加班了"，小刘郁闷地想。小李却截然不同，他每天都提前五分钟到公司，然后开始有条不紊的工作，先把上司9点开会要用的材料整理好，再把公司新产品的宣传方案弄好，最后准备好中午约见客户需要的资料……一年之后，两人在公司的地位天差地别，小李成为炙手可热的新人，迅速攀升到部门经理的位置，小刘却面临被辞退的风险。为何两个有着相同起点的人却有截然相反的命运？这值得我们深思。

　　拖延在我们的日常工作和学习生活中产生很大负面作用。当然，拖延有很多原因，有的人害怕失败而拖延，有的人是真正"懒惰"而拖延，有的人是因无工作热情和无所谓的工作态度而拖延。但人生苦短，很多事情稍不留神就拖过去了，有的甚至一拖就是一辈子！

美国作家唐·马奎斯曾说："拖延是止步于昨日的艺术。"让我们正视它，及时地杀死它。

如果总有做不完的事情，我们不妨学会运用艾维利法则，每天确定要优先做的六件事，然后全力以赴地、一件一件地完成它们，这样，你即便不能算作高效率人士，至少也是很有效率的。事实上，如果我们的工作有效率，特别是那些重要的紧急的任务不耽搁，就证明你是一个值得信赖的伙伴，职场生涯前途无量，就像上述案例中的小李一样。

082 丛林法则

• **概念解读**

丛林法则指关于物竞天择、强者生存的一种规律，简单地说，就是我们俗话说的"大鱼吃小鱼、小鱼吃虾米"的自然法则，具有自然属性和社会属性。从自然属性来看，只有强者才能够适应环境变化，拥有自保、捕食、繁衍的能力，从而在自然进化中不被淘汰。从社会属性来看，丛林法则认为社会应该像大自然一样优胜劣汰，实力较强的会对实力较弱的进行蚕食，而后者被社会淘汰。

下面的漫画就体现了社会中的丛林法则：从管理权属来看，主管小陈向实习生小杨布置了项目撰写方案的任务，当方案完成后，主管随心所欲地独占小杨的创意，并向李经理邀功，全盘"享受"了因方案的成功而获得的直接的、间接的"利益"，而李经理也需要"被提拔"，也要"业绩"，于是便自然而然地又以此为"垫脚石"而得到"觐见"总经理的机会。看到李经理被总经理夸奖并许诺加奖金时，实习生小杨也只得干瞪眼。从权力的大小上看，主管小陈和李经理是丛林法则中的强者，实习生小杨是弱者。很明显，强者掠夺了弱者的"成果"（资源），弱者的机会（资源）相对就会减少。

- 理论应用

　　曾几何时，诺基亚手机真是红火，这个来自芬兰的手机品牌，自1996年以来，一直占据着全球手机市场的领导者地位，在二十一世纪初成为全球第一大手机厂商，可谓如日中天，俨然动物世界中的狮子。然而，2007年以来，在苹果公司iPhone手机和采用谷歌公司Android系统的智能手机的夹击下，诺基亚连续14年全球手机销量第一的地位在2011年第二季度被苹果及三星双双超越。也就是说，智能手机时代，让移动通信王国的城头换了"大王旗"，移动通信的迭代，完成了又一个丛林法则的兑现。

　　要理解丛林的进化，复盘诺基亚手机这一经典案例是有必要的。诺基亚的没落固然有很多原因，但最关键的是，它没有把握住时代变革的脉搏，而被新技术浪潮彻底吞没。在传统手机时代，诺基亚以简单易用的产品纵横天下，所向无敌。但在1994年，IBM开发的智能手机样品开启了一扇大门。其后RIM1999年推出的黑莓智能手机，将移动通信带入智能时代。尽管如此，诺基亚的领袖地位仍然不可撼动。因此，它无视智能手机的威胁，继续大力开发传统手机。直至2007年，苹果推出iPhone，真正敲响了诺基亚帝国的丧钟。谷歌随后在2008年推出Android系统。这两家锐意进取的技术先锋并肩完成了移动通信史上的"丛林"易主，传统手机从此成为明日黄花。

　　翻开浩繁的企业成长史，丛林法则似乎比比皆是。风靡一时的健力宝，因为公司内部管理混乱以及外部资本的强制进入，被市场淘汰；曾经是"空调第一品牌"的春兰空调，因为过度多元化带来了资金利用的一系列问题，如今也是"泯然于众空调"；柯达"成也胶卷，败也胶卷"，最终还是难免被历史的黄沙掩埋。这时的丛林法则由于关系到企业的存亡问题，更像是激励企业进行有效创新的强大动力。

- 管理启示

　　为了适应环境，不管是自然界还是人类社会，都需要做出改变，以适应"物竞天择，适者生存"的规律。关键是，我们应该采取哪一种"适应"的方式，是去"弱肉强食"，还是在合作中竞争，在竞争中合作？这自然值得我们深思。

丛林法则的应用具有双面性。一方面，丛林法则体现"良币"驱"劣币"，遵循的是"效率"原则，我们应该遵守这个规则来行事。由此，丛林法则从某种意义上来说也具有一定的激励作用，由于"后果的严重"会促使企业或者个体做出迅速的决策，通过发展"盈利能力"和"资本能力"，来塑造企业长久的核心竞争力，在市场的"丛林"里，实现从"爬起来""站起来"到"强起来"的蜕变。另一方面，丛林法则时常会受到道德的"追问"，制约强者的"蚕食"。法国纪录片《帝企鹅日记》秃鹰扑向小企鹅的镜头，不由让我们谴责凶残的秃鹰为什么不放过那幼小的企鹅。

要让自己不被"淘汰"出局，我们就要让自己强大起来，如果做不到就要有弱势心态，就要想想其他的办法。有哪些办法呢？我们先来看两个例子。

2003年10月，世界影像行业两大巨头柯尼卡和美能达完成事业整合，成立柯尼卡美能达集团。新集团把"创造新价值"作为经营理念，以"在视觉影像领域不断提供创意灵感的革新企业"作为经营构想。很快，新集团公司的专利数上升至全球第三，"诱使"索尼公司与其合作，共同抗衡数码相机"老大"佳能公司。这样，柯尼卡和美能达非但没有被淘汰，反而在数字影像处理和数码照片冲印设备方面取得了不俗的成绩。

2016年8月，占有中国网约车市场最大订单份额的滴滴出行与优步中国宣布合并，引发了社会各界对网约车行业竞争状况的广泛关注。生怕"水土不服"的优步中国，通过合并，避免了与滴滴的正面交锋，是否也可以理解成在中国"求生存""谋发展"的绝妙之笔？

这两个例子，使用的是"兄弟联手"和"借船出海"的全新打法，也分明是在挑战既有的丛林法则。显然，这种挑战是值得赞赏的，因为既不浪费社会资源，又为社会提供了更多的福利，何乐而不为！

083 分粥法则

• 概念解读

常常听到一个故事，说的是多人每餐仅有一桶粥，要思考如何分配的问题。一个不能回避的约束条件是人多粥少，他们只得坐下来商议采用一种"合理的"制度来"公平"分粥。在肯定人的利己性前提下，要把一桶粥公正高效地分给数人，一个重要的方法就是绑定决策者，即把决策者和因为其决策而产生的后果挂起钩来，这便是分粥法则。

• 原理应用

W国有工程建设公司下属电气仪表工程分公司为了调动大家的工作积极性，提高人力资源管理效能，要在薪酬分配方面改革。为此，领导班子成员召开了超过10次会议，确定了改革的原则和阶段目标，原则就是不再吃"大锅饭"、不再靠人情，一切凭业绩说话。他们细致分析了勤务、技术员（含四级）、组长、班长、主管、经理、总工（总监）等10大类人员的薪酬设计方案，同时测算了每个工种的工资，经过前后两个月的沟通酝酿，最终出台了"零起薪"工资分配方案。方案公布时，公司总经理再三强调："一线和项目是公司效益的来源，增收上一线，高薪凭贡献，工资分配向一线岗位倾斜。"举例来说，分公司按照图纸，把技术员的工资分成两个阶段下发。按照所完成的工程进度比例提取绩效（任务）工资，工程完工后即可拿到85%，交完资料才可以拿剩下的15%（5%绩效考评和10%综合考评）。如果资料交得不及时，要扣钱处罚，这就在无形中督促着技术员尽快完结已完工的项目资料。

方案颁布后的一个月，技术员小刘的工资是9026元，让大家"咋舌"。工资表上的数值太有冲击力了！没有上工地，没有干重体力活，也能拿到这么多钱？那自有他的"绝活"了。在哪？就体现在他极强的责任心和业务能力上。他这一个月参加了4个新工程项目的投标，而且所负责的工程项目的技术图样出图快、质量高，大家都心服口服。进一步摊开员工工资表，发现大家的工资拉开了档次。相比以前在基数工资的基础上，绩效工资仅差几百元"不痛不痒"的感觉，现在可以说是"印象深刻"。究其原因，就是工资分配向工作量大、条件艰苦、敢于担当的一线员工身上倾斜。以往员工的工资包括两大部分，即基数工资和绩效（任务）工资。如今取消了基数工资和施工补助，100%全是绩效（任务）工资。基层单位根据实际情况，把工资分配倾向一线和高技能人才，完善中长期激励机制。如果一个月没有工作量，将执行省里最低生活保障标准。在此基础上打破以往"只增不减"的惯例，对未达到预期效益的情况，也对工资减扣。

价值是自己创造的，在同一个标准下拿不一样的钱，员工心中有数，更有奔头。现在，杨三带领的综合机组正在施工集团公司三基通信塔，他们每天早晨不到7点便到了厂房，大家都想一天当两天用，能干10个定额的就会加把劲干上12个，这样一个月就能拿上万块钱。预算员们也在抓紧结算"关闭"项目，因为只有工程结算了才能拿到剩余的工资，要是拖上几年迟迟不结算，就一直拿不到钱……有了薪酬方面的正向激励政策，不怕员工没有活力，主动与被动的感觉明显不一样，更能体现个人价值。

"在严格执行初期，员工有情绪，主要体现在基地留守能拿到档案工资的员工，有些岁数大的管理人员认为单位一直会照顾。"经过两三个月的磨合，从以前的按月发工资到主动去挣工资，员工们的思想有了很大的变化，"从发到挣"逐渐被大家所认可。一旦把制度捋顺了，员工们的潜力和能量大得惊人。"华北公司上个月变更单出了N份，以前一年也没有那么多，这真是没有想到的。因为不出单子就没钱，出了单子还有额外奖励。"公司严格执行多贡献多收益的原则，干与不干不一样，干多干少不一样，干好干差不一样，干了没成效照样不拿钱。工资与效益挂钩，有效激发了员工的积极性和创造性，也助推公司效益的"水涨船高"。

● **管理启示**

"分粥"即企业里的薪酬分配，这是每一家企业不可回避的。假设某企业在年终分配的时候遇到困惑，借用分粥法则，可以设计几套方案如下。

方案一：以德分粥。推举德高望重者分粥。可能的结果是，掌勺人"有德"，粥分得公平，大家自然高兴。怕只怕掌勺人的良心被"蒙蔽"，那就会滋生腐败，难以做到公正。有些人为了让掌勺人给自己多分一些，会极尽讨好之能事，搞得企业乌烟瘴气，风气败坏。

方案二：轮流坐庄制。用抓阄的方式确定分粥人，每天轮一人，次日换一人。结果会是一周之内，每人只有在自己负责分粥的那天能吃饱。

方案三：分权制。七人中三人组成分粥委员会，四人组成监督委员会。有权有制约，制度应该完美，但结果是天天喝凉粥。因为"两委"之间经常性相互攻击、扯皮，不能做到及时分粥。

方案四：利益制衡制。粥仍可轮流分，对掌勺者仍可轮流监督，但掌勺人和监督人要等到别人端完之后，去端剩余的两碗。这既保障了公正公平，又做到了及时高效。掌勺人为了不使自己少喝或者喝凉粥，就必须做到及时、公平。

分粥法则给我们以启迪，那就是好的制度对于管理的重要性。先进、适用、合理、高效的制度，是搞好企业管理的基础，落后、僵化、脱离实际、形同虚设的制度，不但无助于提高企业的水平，反而会成为企业日常管理中的枷锁和羁绊。制度的好坏，根本在于是否公平。上述前三种分粥方法，或造成分粥不公平，影响大伙的积极性；或造成效率不高，在一件简单的事情上浪费太多精力；或给掌勺者以可乘之机，使其有以权谋私的机会。唯有方案四，既体现了公平，又提高了效率，隐含着深刻的管理内涵，具有更宽广的适用性，既具有操作的简洁性，又能体现效果的公平性。

亚当·斯密"经济人"的假设验证了人是利己的，即进行具体策略选择时，总有使自己的利益最大化的动机。正因如此，若有权者没有被监督而全凭道德良心，就可能滋生腐败。因而把权力关在制度的笼子里，就显得越发重要了。

每个人心里都有一杆秤，把"权力"关进笼子里之后，我们可以在"笼子"里进行创新。一个企业能否吸附人才，"笼子"里的制度其实还是次要的，根本的还在于企业的理念和价值观。例如，有的公司强调股东至上，认为应该在确保股东利益之后，再来给员工进行分配；有的则强调员工至上，先要确保员工获得有竞争力的薪酬。北京大学经济学教授薛兆丰在讲座《想象力削平的世界》里说，"饼的分法决定饼的大小。过去我们认为出资的人应该拿大头，出力的人拿小头。今天我们必须要转变这个想法，人力比固定资产更重要，让出资的人拿一个固定的分成，让出力的人拿剩下的可以无限想象的那个饼。"

当然，有时候那个分粥用的"公平之桶"往往是漏的，这便是奥肯所揭示的"漏桶原理"。说的是当穷人和富人分粥时，富人这边人少粥多，穷人那边人多粥少，政府拿着"公平之桶"把富人那边的粥分给穷人吃，这是国家在调节收入分配实施再次分配之举。但在分粥时发现，那个"公平之桶"往往是漏的，会漏掉很多财富或效率，这正说明了在再分配过程中处理好效率与公平关系的重要性。

084 / 峰终法则

• **概念解读**

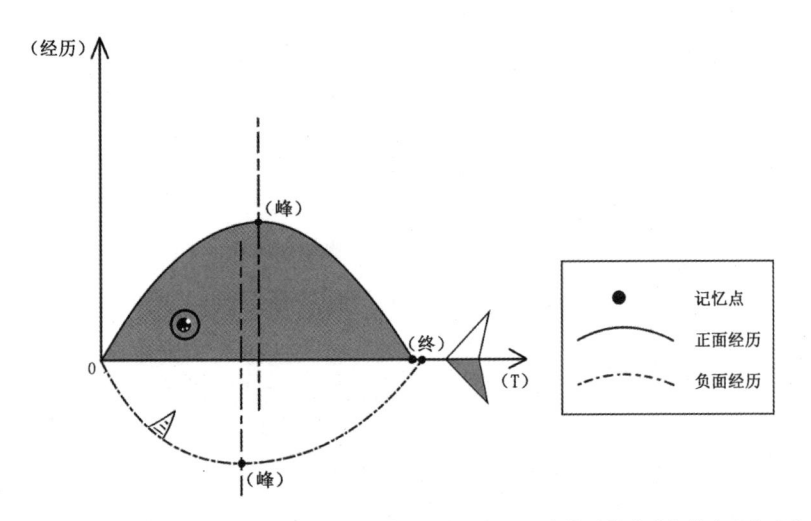

峰终法则：一个人对某个体验的记忆由两个因素决定——高峰时的感觉与结束时的感觉

大家看出上面这幅"鱼"图是什么意思了吗？这幅图很好地揭示了一个管理学理论——峰终法则。诺贝尔经济学奖得主心理学家Daniel Kahneman经过深入研究，发现对体验的记忆由两个因素决定：高峰时的感觉与结束时的感觉，这就是峰终法则（Peak-End Rule）。这条法则基于潜意识总结体验的特点：对一项事物的体验之后，所能记住的就只是在"峰"与"终"时的体验，而在此过程中好与不好体验的比重、好与不好体验的时间长短，对记忆几乎没有影响。而这里的"峰"与"终"其实就是所谓的"关键时刻MOT"，MOT（Moment of Truth）是服务领域最具震撼力与影响力的管理概念与行为模式。

本来都叫"峰终定律""峰终效应"的，为何此篇把它称作"峰终法则"呢？就是希望我们掌握一次事件或活动过程中的关键时刻，以此作为营销的方法或技巧来遵循。

- **理论应用**

　　工作很容易让人疲倦，但游戏却很吸引人。为何？美国未来学家简·麦格尼格尔在《游戏改变世界》中指出：游戏之所以引人入胜，很大程度上是因为它能提供一种实时的反馈机制，通过点数、级别、得分、进度条等形式，让玩家永远都觉得自己正在一步步达成目标，永远都在获得某方面的成就，从而产生继续玩下去的动力。而这种不断的实时反馈，其实就是让玩家体验"峰"值的感受。例如腾讯天美工作室推出的英雄竞技手游产品《王者荣耀》，为什么在正式开始游戏前，就要玩家点击各个红点收取奖励呢？首先，这是为了让反馈开始的尽可能早，还没玩游戏呢，玩家就已经收到反馈了，如此让玩家开始"预热"起来。其次，这是为了把反馈拆分得尽可能细，而又不让玩家一键收取当天所有的经验值、点数、金币、钻石等，这就让玩家的反馈感增多，让"峰"潮迭起。这就好比把大奖拆成小奖，让顾客天天中奖，对商家来说奖励总额没变，却能增强顾客的幸福感。以前的游戏是线性的，只有"升级"一个模式。现在的游戏大多是开放性的，既可以追主线，体验打怪升级最终通关的乐趣，也可以在地图上瞎逛，探索各种可能性，在包罗万象的"成就系统"里成为某个单项的优胜者。比如说，主角在游戏中慢跑了多少路程，打败了多少小僵尸，曾经从多高的地方摔下来，这些诡异的成就，都可以累积小奖杯。即便你只在路上随便杀个小怪，本来什么意义都没有，但是系统会告诉你，这种类型的僵尸你已经杀了97个，再有3个，你就是"百人僵尸杀"的级别。然后就是下一级，杀500个你就能超越99%的用户。于是，"再杀400个"就是你下一步的目标，本次玩游戏的体验就在对下一次的目标预期中结束了。这一过程的"终"极体验，与前面闯关夺隘一样，让你在不知不觉中迷上了游戏。

　　简单来说，对《王者荣耀》这款现象级游戏，玩家在击杀敌方的时候，系统会通过语音提示和图形字母提示，不断刺激玩家的听觉和视觉，强化玩家的成就感（"峰"的体验）。而在推倒敌方水晶时，游戏界面会出现巨大的"胜利"字样，停留并悬浮在界面上，一跳一跳，还给你翻跟斗，并伴以美妙的音乐，只等你点击就能回到游戏大厅。有了这种被宠爱的感觉（"终"的体验），你还有什么理由不重来一局呢？

不少服务型企业都已成功运用了峰终定律，在各自的领域展现了特色，值得学习和借鉴。在各个家具店生怕来店客人坐坏样品沙发和床的时候，宜家从不介意顾客在样品上坐一坐，这种敞开心扉对顾客的"吸纳"，给顾客带来美好的心里体验，在他们内心形成了欲罢还休的"峰"值。而宜家的"终"可能就是出口处那1元钱的冰激凌！如果列一份宜家的畅销榜单，排名第一的可能不是沙发、台灯、置物架，而是出口处1元钱一支的冰激凌甜筒。仅2015年，宜家中国就售出1200万支甜筒。1元钱的甜筒看似赔本，却为宜家带来了极佳的顾客"终"极体验，成为人们对宜家的另一个印记。当人们回忆起宜家的购物之旅时，一定会觉得整体行程棒棒的。

• 管理启示

无论是在繁忙嘈杂的餐厅，还是在静谧整洁的会议室，不要让细微的不适感毁了美好的体验。如果服务员在你浪漫的纪念日晚餐中忘记给你加水，那就随它去吧，因为，你的注意力应该放在你爱的人身上。一旦，你强化了"服务不满意"的印象，就自然会冲淡你的主题和爱意，也会破坏你们专门营造的温馨氛围。

可惜的是，我们很多企业还没有对"峰终法则"引起足够的重视。事实上，"峰"和"终"是需要设计的。没有对"峰"和"终"的设计，就难以有好的营销效果。这里，就不得不提一种创新思维形式——设计思维[1]，这是一套基于同理心的问题解决和问题发现的工具和思维方式。也就是说，想给顾客一种怎样的方便和体验，就应该去怎样设计场景。这里的"场景"不仅包括物理场景，也包括诸如流程、交互、制度、文化等精神、理念层面的场景。由此，我们可以理解基于设计思维的与顾客打交道的方式、方法和场景的重要性，如果设计不好，流失的不仅是今日的潜在顾客，更是明天的重复购买的顾客。

这个结论非常重要，所以，"设计"就需要认真对待了，"出众"或者"让你心动"，要么就是在峰值上，要么就在结束时，尽管就那么一瞬间。

---

[1] 设计思维 (Design Thinking) 源自美国硅谷，在二十世纪八十年代，随着人性化设计的兴起而被广泛关注，是当今全球最热的解决问题的方法论之一。我国学者鲁百年博士认为，"设计思维就是利用设计师的思维模式来解决以人为本的复杂问题，给予同理心获得创新解决方案的思维模式。"简单来说，设计思维就是像设计师那样去思考问题，并找到问题的解。

了解"瞬间"的意义，复盘工作场景及审视顾客反馈是必要的。假设你是某航空公司的客服人员，现在你想提升顾客的消费体验。摆在你面前，有两个计划。

A 计划：专注于那些对你们服务评价在"中等"偏上，给打了5~7分（10分为满分）的顾客，把他们的体验提升到9分，甚至10分。

B 计划：专注于"差评"，要求全面保障服务质量，一定要尽量减少差评。

请问你会选择哪个计划？

研究表明，大多数公司会选B计划，会把公司80%的资源拿来减少顾客负面体验。这完全可以理解，因为作为一个"服务至上"的公司，怎么能对顾客的抱怨不管不顾呢？但营销专家的建议可不一样啊！他们建议选择A计划，理由是：给好评的顾客是最有价值的顾客。他们将来更有可能再次来消费。对航空公司来说，打7分及以上的顾客平均每人在次年会再来消费2200美元，而一般的顾客平均只会再来消费800美元。所以你应该培养打7分及以上的顾客。这大概就是为什么有的航空公司根本不在乎那些买了廉价机票、一年偶尔飞一两次的乘客，而更在乎头等舱里的顾客。也有研究表明，同等资源投入条件下，A计划的收益是B计划的8.8倍！那么，问题又来了，如何让你的顾客给出至少7分呢？

当然有很多方法。不过我们在这里提出"多数可遗忘，偶尔特漂亮"。

也就是说，你给顾客的绝大多数服务都很一般，让他完全不在意，而好的口碑来自你偶尔给他一个特别好的体验。比如你到一个酒店住，酒店的价格不贵，条件很一般，设施都有点旧了，本来是次很平淡的经历。但是这个酒店的服务员会动心思：发现你喜欢吃某种水果时，会增加你喜欢的品种，而且还是免费的。当你回到房间，发现床上放着酒店送你的一瓶酒。你离开时，酒店还送你一个小礼物。这些小细节，你能不给好评吗？

所以，无论是对营销活动还是对企业本身，制造"峰"或"终"瞬间至关重要。那么，如何制造这些难忘的瞬间？

《纽约时报》畅销书 *Switch* 和 *Made to Stick* 的作者 Chip Heath 和 Dan Heath 两兄弟在 *The Power of Moments*（《瞬间的力量》）里提出了三个富有启发意义的方法。

第一是组织一场活动，以增强仪式感。一个运动项目比赛结束后，接着就是颁奖仪式。运动员高高地举起奖杯，国旗冉冉升起，国歌在赛场上回荡，这不仅是对运动员长年艰辛付出的回报，更是对国人的一次极好的爱国主义教育。

第二是突出重要性。把用户某一个体验过程营造得特别重要，而且让其深刻地感受到重要性。假设你是一个部门负责人，你要给团队成员传达公司的一项重要决策，如果仅仅是微信群里发一下，相信团队成员不会很重视。正确做法是，你首先在微信群发一条信息：明天上午9：30—10：00在会议室开会，请正装出席并带好纸笔。同时，你还重点安排1名组员准备开会设备，1名组员做会议记录。然后在第二天开会的时候，强调这个会议的重要性，并隆重宣布公司的这项重要决策。之后，还安排所有成员讨论这条决策的意义所在。最后，安排组员整理会议纪要，并打印出来给每个人分发一份。这样，大家的印象是不是会深刻得多呢？

第三个是制造惊喜。平淡生活中来点随机的惊喜总能让人印象深刻。比如给本周过生日的员工送蛋糕券，一般员工也只是把这个价值200元的券拿回家当作购买普通商品的购物券，并没有多少人真去买蛋糕。那么，公司突然改变了做法，给本周过生日的员工送来新鲜的蛋糕，可以想象这个时候他会有多么兴奋。尤瓦尔·赫拉利在《未来简史》里也说，现在宗教不能给人提供意义了，也许人生的意义就变成了各种真实体验的集合。

所以，我们对一段经历的感受不在于全部过程，而在于其中的峰值和关键节点的那些瞬间。"瞬间"的力量不仅是难忘的回忆，还是营销的利器！它更可能是人际交往的蜜饯！

峰终定律也给演讲者或营销人员以很好的借鉴。面对不熟悉的甚或陌生的观众或听众，如何能增强你的演讲或现场销售的效果呢？在演讲过程中，有意去设计某一两个高潮，或改变声频语调，或增加肢体动作，或添加其他环节（如抽奖、赠书），或插入其他演示手段（如播放短视频、直接做产品演示），都是可以达到"峰"的效果的。结尾处来一段精彩的结束语，或引经据典，或抛出问题，或增设场景，只要能引发观众或听众的深思，让其感到意犹未尽，这个"终"的效果不就出来了吗？当然，结束后能让他们主动找你要名片、留手机号码和扫微信，更证明你是峰终定律运用的高手。

085 福克兰法则

• **概念解读**

福克兰法则（Falkland's Law）指没有必要做出决定时，就有必要不做决定。由法国管理学家福克兰提出，原话为：When there is no need to make a decision, it is necessary not to.

• **理论应用**

微软一项重要的业务是软件开发，但这家巨人公司早就不满足于局限在操作系统及办公软件领域。由于担心这两个领域的毛利率及成长性下降，对于手握重金且富于进取心的微软而言，进军更多的业务领域是必然的选择。《比尔·盖茨全传》告诉我们，在当时，虽然进军互联网和娱乐事业前景美好，但是在没有完全的把握之前，比尔·盖茨没有急于做出决定。陌生领域的风险实在太大，众多极具竞争力的对手虎视眈眈，稍有不慎就可能翻船。于是，盖茨耐心地通过观察对手的一举一动来考察市场机会和风险究竟有多大。一发现Google的搜索引擎、索尼的游戏设备、苹果的音频设备的确有市场，盖茨马上意识到，这些微软尚未涉足的领域正是微软的新机会，于是马上出手，与对手展开竞争。当时，IE浏览器已经彻底地将其他浏览器赶出Windows平台，MSN网站集门户、搜索引擎、即时通信于一体，影响力也日渐升温，在自主开发的新一代搜索出来后，有望成为第一大网商。由此看得出，微软在做新的重大决策之前，不是轻率和贸然的，这正验证了福克兰法则"当你没有必要做出决定时，你就有必要不做决定。"

其实，何止是人类才会如此？乌拉圭丛林里有一种五趾巨蛙，粗腿、宽嘴、体长达20厘米，捕蛇。巨蛙捕食的时候，总是静静地趴在草丛中。当猎物经过时，巨蛙猛地一跃，张开大口咬住猎物的脑袋，并用四肢牢牢箍住猎物直到其窒息而死。巨蛙捕蛇有几个特点：只吃迎面而来的蛇，它从不吃从身后向前游动的蛇；巨蛙吃的蛇通常小于一米，超过这个长度的蛇不捕；巨蛙捕蛇的地方，一般都是在灌木丛。巨蛙只捕迎面而来的蛇，是因为它可以一口吞下蛇头，一招制敌；只捕一米以下的蛇是因为太大的蛇它吞不下。

• 管理启示

乌拉圭丛林里的五趾巨蛙，并非"囊中取物"般就能捕获猎物，但往往能一招制胜。胜在哪里？胜就胜在其英明的"决策"。从中，我们可以得到三点启示：要学会等待时机，该出手时才出手，否则就耐心等待；要充分估计自己的能力；要设法保护自己。斯克利维斯说的一句话特别好：Patience! The windmill never strays in search of the wind. （耐心等待，风车从不跑去找风。）

在活跃的市场经济中，各个企业的经营者都会面临大量的市场机会，至少表面看起来是这样的。但这到底是机会还是陷阱，没有人知道，经营者不知道应该保持现状还是继续进取。其实经营者可以通过对机会进行筛选，去掉不符合条件的选择，看是否有合适的选择留下来，就知道自己当前处于什么状况下，是应该做出选择还是保持现状。对一个企业的决策者来说，这一点非常重要。因为他们不得不经常面对许多突如其来的"状况"，如果事前没有预案，遇事又手忙脚乱，就很可能做出错误的决定。

二级市场上，可能会经常在同一个时间窗口里碰到多只好股票。有的基本面好，有的K线图漂亮，有的在一个好的政策风口，但哪一只更好呢？暂时还说不准。那就暂时不要决定买哪一只了。

人的一生有许多岔路，每到一个岔路口都需要自己做出选择。世界越来越丰富多彩，我们的选择也自然会越来越多。初二的学生，在自己的书房里贴上了北京大学、清华大学、哈佛大学和耶鲁大学四所大学的标签，显然未来他面临的不确定性因素还很多，现在还决定不了。因为目前他的专业性和特长都还没有明显表现出来，所以暂时就不要做决定。

每年都有朋友咨询高考填志愿的事情。考前，我会建议先别着急自己要考哪所大学，最重要的是学好当下，养足士气，查缺补漏，等到考试结果出来，再去选择也不迟。当然，你已经有了心仪的城市和大学自然更好。其实大多数人高考填志愿时都会面临被动选择，分数划定了圈子，有的人选择了好的专业，有的人选择了好的城市，也有的人选择了和同学去同一个城市。总有人在不该做决定的时候草草做决定，就像有的人决定与那个看起来对自己很好的人死心塌地在一起过一辈子，但是有时候，如果这句话说得太早，违背了福克兰法则，这个决定往往是错误的。

小露是个善良可爱的姑娘，有很多好男孩追求她。她选择了令她一见钟情的那一个，男孩曾赌博负债累累，但现在恋爱中的他似乎已经改掉了赌博的习惯，只是仍旧负债累累。女孩却并不在乎这些，尽管女孩的父母反对他们在一起，小露还是嫁给了这个男孩。可是，婚后男孩赌徒的恶习重新膨胀，从婚前的欠债几万，到婚后的欠债几十万，小露被压得喘不过气来，最终两人还是离婚了。

在爱情面前，晕轮效应容易让人"晕菜"！看到的不一定是真的，未来的路还很长，不要着急做决定，这是对自己的幸福负责，也是对爱你的人负责。

什么样的选择决定什么样的生活。今天的生活是由之前的选择决定的，今天的选择又将决定我们以后的生活。大仲马说过，人类的一切智慧是包含在这两个词语里面的：等待和希望。那些没有必要做的决定，就先放一放吧，我们没有精力，也没有时间去做一个没必要做的决定，还有许多正在等我们马上决定并放手去做的事情，就先做那些吧。

086 格雷欣法则

• **概念解读**

格雷欣法则（Gresham's Law）指在实行金银复本位制条件下，金银有一定的兑换比率，当金银的市场比价与法定比价不一致时，市场比价比法定比价高的金属货币（良币）将逐渐减少，而市场比价比法定比价低的金属货币（劣币）将逐渐增加，形成"劣币驱良币"的现象。格雷欣法则是货币、金融领域内的著名法则，泛指价值不高的东西会把价值较高的东西挤出流通领域。格雷欣法则的应用已远远超出了金融领域，并有了一些衍生含义。例如，质量差的产品由于价格更低反而销售得更好；能力较强、综合素质更高的人可能会被其他人看作"异类"而被排挤出公司。

• **理论应用**

大多数人都有过这样的经历，当钱包里既有新钱又有旧钱的时候，出于对新钱的偏好，大家都愿意把旧钱花出去买东西，留下新钱。这种偏好其实在一定程度上就体现了格雷欣法则。早在公元前二世纪，中国西汉的贾谊曾指出"奸钱日繁，正钱日亡"的事实（这里的"奸钱"指的就是劣币，"正钱"指的是良币），这也是格雷欣法则在现实中较早的体现。

P公司2015年的一次年终考核前的务虚会议上，人力资源部的彭经理的发言让人印象深刻。为何呢？本来彭经理平常说话也不是很流畅，但那次他却说起来"一套一套"的。他大概的意思是说，公司对有能力的员工还没有形成很好的激励机制，造成员工队伍不稳定，员工士气也不高。主要表现：一是"有能力的人上不去"，由于日常考核不讲究"深"和"细"，在选拔中优秀人才不能被及时发现，而部分迎合恭维领导者反而易被提拔；二是"论资排位"现象严重，职位晋升按照年纪或者入职时间排位，造成很多年轻员工难以擢升，让他们缺乏职业成就感，对自身发展前途感到迷茫，又由于思想工作没有及时跟上，好几个很优秀的员工先后离职；三是"高素质人才没有发挥空间"，企业中高素质人才在群体中会积极表现，进而会脱颖而出，然而当企业中大部分员工不作为时，个别员工出类拔萃反而会成为"异类"，导致与其他同事关系紧张，最终"憋屈"了那些高素质员工，也让整个员工队伍死水一潭，毫无生机与活力。这样一来，员工晋升中的格雷欣法则严重影响了P公司的员工队伍建设，破坏了健康的企业文化，导致公司越来越多的员工不做实事，想创新的员工不再敢创新，有担当作为的员工也逐步退出或被同化，懒散无能的员工得到晋升成为一种常态，越来越多的员工沉溺于熬资历、混日子，企业一盘散沙，业务几近衰落。

• **管理启示**

人才是组织良性运转的根本和前提，组织要注重员工的价值观与公司愿景的契合，"把正确的人请上车"，为那些愿意踏实做事、追求上进的优秀人才，留出职业发展通道，反格雷欣法则而行之。

如上例，P公司如何才能回归"正常"？当然有很多方法，但组织职业生涯规划与薪酬设计是反格雷欣法则的两大利器。公司应给一些高素质人才制订符合公司战略的长期发展规划，当然，这些规划在员工刚入职的时候就应该跟他们讲清楚，以免公司发展规划与员工职业规划不相符。例如，对刚毕业进入公司的设计师来说，公司最初对他们的期望就不应该是要求他们快速设计出符合要求的图纸，而是可以先交给他们一些产品外观设计之类的事情，同时给他们制订一个3～5年的规划，让他们逐渐熟悉公司的设计理念和企业文化。公司和员工经过较长时间的"磨合"，彼此都很熟悉了，自然也就不会产生问题了。另外，科学的薪酬设计也是避免发生格雷欣现象的重要手段。制度是设计出来的，很多时候的道德问题，是制度设计不当引起的。如果企业在薪酬方面不能充分做到"奖优惩劣"，就很容易发生高素质员工比例不断下降的情况，一方面企业内部优秀员工因对薪酬不满会另谋高就，另一方面企业对外部高素质人才的吸引力不够，这其实就是薪酬设计不当造成的内部"缺乏公平性"和外部"缺乏竞争性"。

我们在生活中可能也碰到过格雷欣现象：美丽的女生往往有一个平庸的男朋友，而优秀男生的女友又常常长相平平。优秀男生甲和另一男生乙共同追求美丽女生丙，男生乙自知无论帅气程度和经济实力都不及甲，所以追求攻势就格外猛烈；甲虽然也很喜欢丙，但碍于面子，也自恃实力雄厚，所以追求起来就内敛含蓄。美丽女生丙实际上喜欢甲要远胜于乙，但由于信息不对称——她不能肯定甲是不是也那么喜欢她，再加上女孩子的自尊心理作祟，所以就只得作矜持状。最后的结果，很可能就是乙大获全胜，如愿以偿地娶到了丙。而丙只会带着遗憾，心里想着甲却成为乙的新娘。这何尝不是"劣币驱良币"的生活例证？

既然"劣币驱逐良币"，那么是不是意味着我们就不需要成为"良币"，而是安安心心地变成"劣币"呢？答案肯定是"不"。虽然表现的是"劣币驱逐良币"，但实质还是涉及"价值"，市场终归要正本清源，最终被驱逐的永远是在这个环境中价值相对较低的一方。所以，我们还是需要成为价值更高的"良币"，否则不是被我们身边的"劣币"驱逐，就是被未来的机器人替代。如何成为价值更高的"良币"，目前的"赋能管理""终身学习"应该说是很好的途径。为人处世，大可不必锋芒毕露；有才华，有能力，确实需要施展，但也应该要注意内敛，讲究方法，否则很容易成为众矢之的。但这并不意味着我们就要随大流，甚至同流合污，而是应该在坚持原则的基础上学会沟通和交流，而且，也正是这样，自己的才能才有更多的施展机会。另外，"劣币"既然存在，就有其存在的合理性。作为"良币"，我们也可以多往几个方面思考，在一个领域是"强"的，也可能在另外一个领域是"弱"的，那么"取长补短"或许能够让"良币"屹立不倒。

087 海因里希法则

• 概念解读

海因里希法则（Heinrich's Law）又称海因里希安全法则、海因里希事故法则或海因法则，是美国著名安全工程师海因里希（Herbert William Heinrich）提出的，说的是：当一个企业有300起隐患或违章时，非常可能要发生29起轻伤或故障，另外还有1起重伤、死亡事故，即存在300∶29∶1的概率比例。

这个法则是海因里希于1941年统计许多灾害后得出的。当时，海因里希统计了55万件机械事故，其中死亡、重伤事故1666件，轻伤48334件，其余则为无伤害事故。从而得出一个重要结论，即在机械事故中，死亡、重伤、轻伤和无伤害事故的比例为1∶29∶300，国际上把这一法则叫作事故法则。

海因里希法则本是为保险公司经营而提出的精算依据，后被用于企业的安全管理。该理论认为伤亡事故的发生不是孤立的事件，尽管伤害可能在某个瞬间突然发生，实际却是一系列事件相继发生的结果。

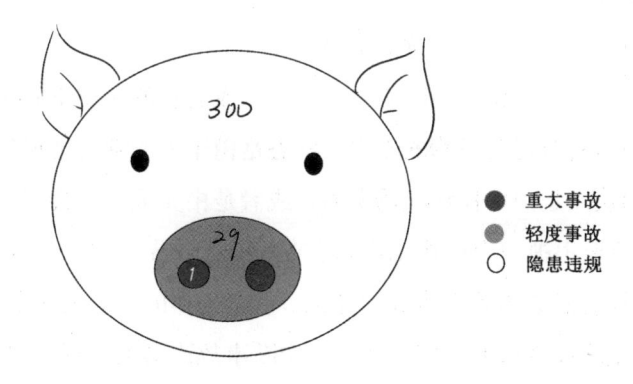

• 理论应用

N机械厂某机械师企图用手把皮带挂到正在旋转的皮带轮上，因未使用拨皮带的杆，且站在摇晃的梯板上，又穿了一件宽大长袖的工作服，结果被皮带轮绞入碾死。事故调查结果表明，他用这种方法上皮带已有数年之久。查阅他最近四年急救上药的记录，发现有33次手臂擦伤后治疗处理的记录，他手下工人均佩服他身手灵巧、技术高超，结果还是未能避免因违规操作死亡。这一案例说明，如果在事故发生之前，抓住时机，及时消除不安全因素，许多重大伤亡事故是完全可以避免的。

• **管理启示**

海因里希法则说明了在进行同一项活动时，无数次意外事件必然导致重大伤亡事故的发生，即存在必然的因果关系。要防止重大事故的发生必须减少和消除无伤害事故，要重视事故的苗头和未遂事故。难怪美国作家海明威在《老人与海》中感慨道："所有的意外，都是意料中的事。"

海因里希法则强调两点：一是事故的发生是量的积累的结果；二是再好的技术、再完善的规章制度，在实际操作层面，也无法取代人自身的素质和责任心。同样是检查飞机发动机的涡轮扇叶，有的机械师走马观花，有的机械师却能看出扇叶上一道细小的裂纹，并及时处理更换，避免了可能的安全事故的发生。

海因里希把工业伤害事故的发生、发展过程描述为具有一定因果关系的事件的连锁发生过程，即：

（1）人员伤亡的发生是事故的结果。

（2）事故的发生是由于人的不安全行为，或者物的不安全状态造成的。

（3）人的不安全行为或物的不安全状态是由于人的缺点造成的。

（4）人的缺点是由不良环境诱发的，或者是由先天的遗传因素造成的。

因而，企业要狠抓安全生产工作，企业安全工作无小事，任何一次对安全的疏忽或放任，都可能成为重大事故的隐患。安全工作的中心就是防止人的不安全行为，消除机械的或物质的不安全状态，中断事故连锁的进程，进而避免事故的发生。

088 赫勒法则

• **概念解读**

赫勒法则指，当人们知道自己的工作成绩有人检查的时候会加倍努力，因而管理者需要得到哪方面的改善时，就应该对员工强调哪方面；强调了哪方面之后，就应该检查哪方面。当你检查员工特别留心去做好的事情时，一般都会撞上他"骑马"的一面，员工自然会为此感到高兴。此时，员工若是能够得到正面的肯定和表扬，那么他就会更有意愿在后续的工作中做得更好。此法则以提出者英国管理学家H·赫勒的名字命名。

• **理论应用**

基于斜坡球体定律[①]，海尔的"日事日毕""日清日高"（OEC管理法，Overall Every Control and Clear）的管理制度，正是对赫勒法则的极好应用。

---

① 斜坡球体定律是海尔OEC管理法的思想基础。该定律指的是，企业在市场中的位置如同斜坡上的小球，要使小球不下滑，就必须要研究如何借助不同作用的力。现在看来，提供高品质产品和优质的服务，以及科技创新是海尔斜坡球的拉力；维持国际名牌和保持行业领导地位是其推力。斜坡球体定律、OEC管理思想、相马不如赛马理念，以及人单合一模式等重要管理理论，是助力海尔成功跨越四大发展阶段，取得辉煌成就的软资源。

OEC管理法要求"日清",即每天的工作每天完成,每天的工作要"清零",并且员工每天都要有所提高。具体来说,要做到当日工作当日清、班中控制班后清、员工自清为主、组织清理为辅,这个所谓的"班后清""组织清理为辅"便是一种后半程的检查和督促。它也强调在场所内"清理"掉多余的或不必要的,只留下必要的,并将其按工艺或工作便利性要求摆放整齐。"日事日毕",指对当天发生的各种问题,在当天弄清原因,分清责任,"不过夜",并及时采取措施进行处理,防止问题积累,保证目标得以实现。如员工使用的"3E"卡,就是用来记录每人每天对每项工作的日清过程和结果的。"日清日高"就是对工作中的薄弱环节不断改善、不断提高,要求员工"坚持每天提高1%",100天后业绩水平就可以提高一倍。

海尔还因人制宜、因岗制宜制订了一系列针对不同情境的内部改善政策。如针对"不喜欢的工作内容",针对"工作量过大,任务过重",针对"工作时间跨度大、绩效难以评价"等不同情境,公司均有相应的政策措施和检查制度,如"微型"业绩及其管理,其实就是一种目标管理的灵活做法。海尔给出的激励制度让员工都能劳有所得,干了不白干,考核反馈制度又能让员工知道自己究竟做得怎样,做到心里有数。这正体现了赫勒法则的本质。

无独有偶,美国肯德基国际公司也是善用"检查"的高手。肯德基的连锁店遍布全球60多个国家和地区,多达9900多个。肯德基国际公司在万里之外,怎么去检查各连锁店的经营状况呢?又怎么能相信其下属能循规蹈矩呢?

有一次,上海肯德基有限公司收到三份国际公司寄来的鉴定书,对上海外滩快餐厅的工作质量分三次进行了鉴定评分,分别为83、85、88分。公司中外方经理都为之瞠目结舌,这三个分数是怎么评定的?原来,肯德基国际公司雇佣、培训了一批人,让他们佯装顾客、秘密潜入店内进行检查评分。这些"神秘顾客"来无影、去无踪,而且没有时间规律,这就使快餐厅的经理、雇员时时感受某种压力,丝毫不敢懈怠。正是通过这种方式,肯德基在最广泛了解基层实际情况的同时,有效地实行了对员工的工作监督,从而大大提高了工作效率。

- 管理启示

管理大师彼得·德鲁克强调,要想完全实现企业的计划和目标,就必须进行追踪和控制。就是说,你要控制什么,你就要强调什么,检查什么;你若不检查,就等于你并非真的"重视",也等于白白强调了,势必也无法去"控制"了。企业有了自己的激励机制和薪酬管理制度,还必须要科学的实施和管理,监督并跟踪落实各项工作的进行。全球很多企业都在推广运用德鲁克大师的"目标管理",但在实施中很多企业却走了形变了样,其中一个痼疾就是工作"追踪"做得不好,事实上,没有工作追踪,目标管理也就只剩下美丽的"目标"这个外壳。

有效的激励机制能大大激发员工工作的主动性和投入度,产生更多的组织公民行为,但光有激励是不够的,建立一个有效的监督机制,是让员工真"动"起来的必不可少的重要手段。激励,一般可分为两大类:一类是正向激励,即以表扬、奖励、升迁等形式进行的与被激励者所要求的方向一致的激励方式,它属于目标导向,主要解决员工"应该怎样做才能达到公司期望并取得个人最大绩效"的问题;一类是负向激励,即以惩处、降职甚至更严厉的辞退等形式进行的与被激励者所要求不一致的方式,有警示作用,解决员工"必须如何干才能保住饭碗而不被炒鱿鱼",以此来满足公司最低要求。赫勒法则的作用便是对人类懒惰的"本性"进行督察。人都有惰性倾向,从某种角度上讲,人的惰性和追求安逸的思想会促使人们开展创造发明,由此推动社会的进步。护林工人德莱斯(1785—1851年),每天都要从一片林子走到另一片林子,多年走路的辛苦,激起了他发明一种交通工具的欲望:如果人能坐在轮子上,那不就走得更快了吗?这样就催生了世界上第一辆自行车的诞生。但工作中的惰性,本身还是会阻碍企业生产正常状态的保持和生产效率的提高,所以要进行有效的监督和整治。

恰当运用赫勒法则,对员工实行有效的、及时的、可控的监督,树立"日事日毕""日清日高"的工作理念,会有利于厚植公司积极向上、你追我赶的先进企业文化。特别是,当公司员工积极性不高、出现懒惰现象时,就更有必要采用赫勒法则并需强化。

当然,在运用赫勒法则时,要注重两个大的原则。一是公正公平。肯德基利用"外人"进行监督,保证了监督的公平公正,实现了监督的有效性和准确性,是一种不错的做法。二是及时反馈。督察人要及时对公司的"不良"现象进行情况通报,公司要针对督察通报进行分析总结,制订整改措施,以此提高公司运行效率及效能,也确保公司制度的权威。

089 猴子—大象法则

• 概念解读

猴子—大象法则（Monkey-Elephant Theory）由波士顿咨询公司的创始人布鲁斯·亨德森提出，大意是大象可以踩死猴子，但猴子也可以骚扰大象，使大象遭遇挫折，该法则用来揭示以小胜大、以弱制强的现象。在这一法则中，存在一个定律，认为大象（象征规模庞大的公司）体积越大，猴子（象征行动灵活的小公司）的胜算就越大。该法则还可以进一步引申为，一个人不要认为自己"块头"大，外表"有料"，就沾沾自喜，总把自己当作什么大人物，其实很多情形下，这可能是一种误判。

• 理论应用

今天，很多高科技小微公司就像丛林中的猴子一样，它们身手矫健灵活，借助互联网技术，把很多像大象一样的传统大型公司击溃，这样的例子不胜枚举。

即便在传统经济的时代，"大象"被"猴子"倒踩的现象也并不罕见。哈勒尔1967年凭借买断的"配方409"清洁喷液的批发权，已占据美国5%的清洁剂市场，近50%的清洁喷液市场。宝洁公司也看中了这一市场，准备推出一款叫"新奇"的清洁喷液。很显然，面对宝洁公司的介入，哈勒尔知道自己面临巨大的挑战。

如果不能成功地应对这突如其来的挑战，那么意味着哈勒尔将失去这一市场。哈勒尔必须冷静下来，寻找解决办法。通过对宝洁公司的分析，发现它们在推出新产品时习惯在大量市场调查的基础上进行分析，然后投入广告，进行试销，最后正式投入产品。于是哈勒尔决定采取三步：第一，扰乱敌人的视线；第二，打击敌人的主管人员的信心；第三，限制敌人产品在市场上的销售量，从而使其因为销量不佳而撤下这个"新奇"产品项目。具体做法如下。首先，宝洁在丹佛试销时，哈勒尔缓慢地从丹佛撤出自己的"配方409"，而且不让宝洁公司意识到。试销的成功让宝洁误认为其产品能够迅速打入市场，并有点飘飘然。然后，在宝洁"新奇"准备正式上市时，哈勒尔将"配方409"以原来价格的50%倾销，让宝洁措手不及。同时用广告大肆宣传"优惠期有限！"结果清洁喷液消费者在很短的时间内几乎购买了可用半年以上的"配方409"清洁喷液。

经过哈勒尔这几步战略的实施，宝洁公司的新产品一上市就严重滞销，故其管理人员开始认为"新奇"是个错误的项目，最后不得不撤销"新奇"的生产销售计划。至此，哈勒尔赢了，赢得很险，但也赢得很成功。作为小公司（猴子），在面对宝洁这样的大公司（大象）时，它事先对竞争对手进行了充分的分析，了解对手的心理特征，并利用这一点，让其盲目自大；同时发挥自身灵活的优势，快速实现三步走战略，让对手在短时间内反应不过来，而等到其反应过来时，已经晚了一步，此时市场已经被占据了。

• **管理启示**

从案例中我们可以看到，猴子胜大象的现象在实际生活中是存在的，由此，也给了我们一些启示。

"猴子"之所以能够战胜"大象"有其逻辑所在。其一，"大象"固然庞大，力量也大，但行动相对迟缓，而"猴子"更能发挥其灵活优势。就是说，任何人，任何企业，无论大小，都有其优劣势，能否成功的关键不在于其外表或体积的大小，而在于其能否认清自己的优劣势，能否根据环境的变化及时做出相应调整。因此，作为小企业，在面临与大企业的竞争时，不要气馁，要准确分析自己竞争对手的优劣势,在挑战中寻求机会;作为大企业,也应该认识到自身存在的问题,切忌骄傲自大。其二,由于"大象"的体积庞大,行动决策需要付出更多的时间和精力,决定之后也会由于存在更大的沉没成本而不会轻易改变。而小公司则可以利用这一点,更快地对市场做出反应,出其不意,抢占先机,进而获得成功。这也启发大公司,在发展的过程中也需要注意精简组织结构,实施扁平化管理,尽量避免规模庞大带来的行动缓慢。

故此,在市场竞争中,企业规模并不是决定市场生存能力的标准。而正确决策,柔性管理,坚决执行,可能是在当今瞬息万变、不确定性增加的环境下的企业,无论是大象型企业,还是猴子型企业,必备的"撒手锏"。

090 拉哥尼亚法则

• **概念解读**

一切具体的东西都是有限的，简练才是真正的丰富。一方面，越是简单的东西越有丰富的内涵，俗话说"浓缩的都是精华"；另一方面，最简单的东西才具有广阔的想象空间。拉哥尼亚法则也称拉哥尼亚思维，指一种直指本质的精简，在看清事情本质的基础上用最简单的方法解决问题。类似的还有费米思维，也是一种最简单、最省力、最准确的思维法则，具有普遍的适用性。两种思维方法具有相似性，本书选取拉哥尼亚思维做具体阐述。

A：改变招牌前　　　　　　　B：改变招牌后

• **理论应用**

众所周知，随着经济的不断发展，消费者需求丰富多样，为了满足消费者的需求，市场上出现了许多相似产品，在日益激烈的市场竞争中，想要获得瞩目，就要吸引消费者的目光。

大方帽子店在华隆街区的新店就要开业了。老板为了吸引顾客，特地在店门口支起一块大招牌，标明：本店专卖帽子。这块招牌挂了两三个月了，店里生意很是清淡，一个月也卖不了几十顶帽子，老板为此感到十分犯愁，并疑惑不解。一天，一位顾客见到这个招牌，就告诉老板招牌过于啰唆，招牌就在店门前，就不用写"本店"二字了，于是，只剩下"专卖帽子"四字。之后，另一位顾客又说应去掉"专卖"二字，因为店里就是只卖帽子，"帽子"二字已经可以让顾客知道店铺销售的产品，并且"帽子"更加简洁，一目了然。最终，招牌就只剩下"帽子"二字，行人站在很远的地方都能清晰看到，自然而然，这个广告辐射范围就大多了。而且大家都知道这家店就是帽子专卖店，于是越来越多的人"望"名而来，生意明显比原来好多了。这也验证了澳大利亚广告家H.赫斯所谓的"广告超过12字，读者的记忆力就要下降50%"。

"言简意赅"现在已被广告人发挥到了极致，遵循的正是拉哥尼亚法则。"七喜，非可乐"，寥寥数字就把自己推离了硝烟弥漫的可乐圈并几乎夺去了可乐的半壁江山。"利郎，简约不简单"，道出了利郎男装的品质与品位。变复杂为简单，又不至于过分简单，用伯特兰·罗素（Bertrand Russell）的话来说，需要经过一番痛苦的思考。痛苦来自要无情地把一段话删减成一句话，再把一句话删减到一个词。

• 管理启示

今天，我们所处的环境具有VUCA特点，VUCA是Volatility（易变性）、Uncertainty（不确定性）、Complexity（复杂性）和Ambiguity（模糊性）四个单词首写字母的缩写。这越发要求我们要勇敢直面事物的本质。通过对拉哥尼亚思维的理解，我们可以得到一个启示：最简单的往往是最合理的。但是在用最精简的方法之前，我们需要找到问题的本质，才能用最简单的方法合理解决问题。

就拿销售行业来说，针对一个产品的销售，产品的质量是最优的，价格是合理的，销售渠道是有效的，销售人员是高水平的，但是这个产品却没有很好的销量。问题出在了哪里？这个时候有效分析问题的本质才是解决问题的关键，因为其他环节都是没问题的，那么可能就是最初的环节出了问题：目标市场以及目标客户的选择。所以，重新定位目标客户，就是用最简单的方法来解决问题！

面对复杂的内外部环境，人们经常会被迷惑，从而不能很准确地看到事情的本质，也就无法找到解决问题的最有效方法。所以，当我们被难题"逼到墙角"时，尝试着简化自己的思维，问题反而能够被更好地解决！

091 利基法则

• **概念解读**

利基市场（Niche Market），指那些高度专门化的需求市场，市场利基者通过专业化经营而获取更多的利润。

Niche来源于法语。大部分法国人信奉天主教，在建造房屋时，常常在外墙上凿出一个不大的神龛，以供放圣母玛利亚。它虽然小，但边界清晰，洞里乾坤，因而后来被用来形容大市场中的缝隙市场。在英语里，这个词还指悬崖上的石缝。人们在登山时，常常要借助这些微小的缝隙一点点向上攀登。二十世纪八十年代，美国商学院的学者们开始将这一词引入市场营销领域。Niche Market在国内的翻译五花八门：缝隙市场、壁龛市场、针尖市场，当然较为流行的就是利基市场。利基市场指，那些被市场中的统治者或有绝对优势的企业忽略的某些细分市场，这些市场仍存在较大的利润空间。企业选定一个很小的产品或服务领域，集中力量进入并成为领先者，从当地市场到全国再到全球，同时建立各种壁垒，就可以获取逐渐持久的利润，形成长期竞争优势。利基法则指，利用大企业忽视或有意放弃的小市场，实现行业深耕细作带来的丰厚回报。

理想的利基市场大概具有以下6个特征。①狭小的产品市场，宽广的地域市场。②具有持续发展的潜力。通过建立市场壁垒，使其他企业无法轻易模仿或替代，或是可以通过有针对性的技术研发和专利，引导目标顾客的需求方向，引领市场潮流，以延长企业在市场上的领导地位，据此增多目标顾客。③市场过小、差异性较大，以至于强大的竞争者对该市场不屑一顾。④企业所具备的能力和资源与对这个市场提供优质的产品或服务相称。⑤企业已在客户中建立了良好的品牌声誉，能够以此抵挡强大竞争者的入侵。⑥这个行业最好还没有统治者。

● 理论运用

实行市场经济以来，我国诞生的很多行业的"隐形冠军"就是典型例子。如"小器之王"的梁伯强，就将大企业不愿做，小企业做不来的"小不点"产品——指甲钳——做成了中国第一、世界第三的"巨无霸"。梁伯强就是把所有的心思都放在指甲钳上面，将指甲钳打造成了像瑞士军刀、zippo打火机一样的产品。"非常小器·圣雅伦"已有200多个品种，并由单一指甲钳产品延伸到个人护理用品，成为爱美人士追逐的时尚用品，产品供不应求。在圣雅伦，小小的指甲钳竟然拥有35项专利，比如"非常小器"就有专门的婴儿指甲钳，指甲钳面是平的，比成年人的指甲钳要短一半，这样的设计充分考虑到婴儿指甲的特点，产品一推出就深受妈妈们的欢迎。小小的指甲钳，做成精美的套装盒，曾作为2006年3月全国"两会"广东代表团"三八妇女节"送给女代表和女委员的慰问礼物，引来其他代表团的"羡慕"。指甲钳套装盒里，修眉刀、指甲锉……各种工具一应俱全，一改之前指甲钳小剪子的形象。通过产品和市场的重新定位，"小器之王"由剪指甲的指甲钳，到修（含锉、磨）指甲的指甲钳，再到修眉毛睫毛的化妆用具，产品形态逐渐进化；由单一产品到组合产品，由单一用途到复合用途，产品功能逐渐完善；由无包装到精美包装，产品包装逐渐美化。通过迭代创新，"小器之王"不只在指甲钳市场干出了大天地，而且在化妆品工具市场干出了新天地。

"纽扣大王"黄文远在接受记者采访时诙谐地说："我们什么也不会干，大生意，做不起来，只能做点纽扣生意，小打小闹（笑），做服装回报率虽然高，但也存在高风险，跟不上市场潮流，就会面临生存危机；纽扣的生意看起来小，但只要有服装生产，就肯定需要纽扣，我把我的纽扣做得最有特色，服装生产厂家必定来选择我生产的产品，这样风险必然小很多。"华联的纽扣就像自来水一样，流向大江南北，哪里有服装、哪里有品牌、哪里就有华联的纽扣，华联"KAM"早已成为与日本"YKK"比肩跻身服装辅料世界品牌。几乎在全国所有的服装市场都有华联纽扣的影子。

在国外也有类似的隐形冠军。YKK（吉田拉链）是拉链行业最大的市场份额拥有者，YKK的价格一般为其他品牌拉链的10倍左右。如今YKK与丰田、索尼并驾齐驱，代表了日本发达的工业制造水平。

很多人不屑于把创业的目光投放在小小的拉链上，只热衷于做大生意。而日本企业家吉田忠雄，却从小小的拉链上发现了大大的商机。靠350日元起家，截至2020年3月的财年，全球销售额高达7328.5亿日元（约合人民币480亿元）。从日常穿着的牛仔裤到宇航员的太空服，到处都能见到YKK的身影。

• **管理启示**

"隐形冠军"的概念由著名管理大师赫尔德·西蒙于1986年提出，特指隐藏在产业链中上游，不为普通大众所熟悉，却在某个细分领域处于领先地位的企业。根据AMT研究发布的《中国隐形行业冠军白皮书》，中国隐形冠军企业较大比例为B2B企业，是属于产业链中上游的制造业公司或生产服务类公司。其产品往往不面向终端消费者，因而通常不为大众消费者所熟悉。随着中国企业的不断发展，产业生态链的不断成熟，尤其是在互联网时代到来之后，面对着各个传统行业数字化转型的大趋势，国内也开始涌现出越来越多面向C端的优秀企业，而在各个细分领域当中有望产生越来越多的隐形冠军。

利基法则告诉我们，挣钱的不一定是大公司。相较于大众、西门子，同是德国品牌的伍尔特就显得低调许多，然而该公司从1945年就开始做螺丝，如今小到家具、汽车，大到飞机、工业建筑，都会选用伍尔特的螺丝，成为全球"螺丝大王"，这就是专注的力量。又如Flexi是可伸缩拴狗带的市场领导者，他们说："我们只专注一件事情，但我们比其他人做得更好。"这些确实印证了赫尔德·西蒙的观点：隐形冠军往往都十分专注，无论时代与社会如何改变，他们始终聚焦和深度耕耘在某个行业，因为只有聚焦，才能打造出一流企业。

利基法则告诉我们的就是要用心选择，特别是当你暂时还不够强大的时候，更要有一双慧眼，要敢于去选择别人瞧不起的领域，敢于去做别人不屑一顾的生意。这既需要眼光、胆量，更需要耐得住寂寞的坚守，特别是要熬得过创业初期的"冷板凳"。

我记起在《人与自然》节目上看到的画面。

在一望无际的非洲拉马河畔，一只非洲豹向一群羚羊扑去，羚羊拼命地四散奔逃。非洲豹的眼睛盯着一只未成年的羚羊，穷追不舍。

在追与逃的过程中，非洲豹超过了一只又一只站在旁边惊恐观望的羚羊。对那些和它挨得很近的羚羊，它像未看见一样，一次次放过它们。

终于，那只未成年的羚羊被凶悍的非洲豹扑倒了，挣扎着倒在了血泊中。

问题来了，那只豹子为什么不放弃先前那只羚羊而改追其他离得更近的羚羊呢？传统的解释是这样的：原来，因为豹子已经跑累了，而其他的羚羊并没有跑累。如果在追赶途中改变了目标，其他的羚羊一旦起跑，转瞬之间就会把疲惫不堪的豹子甩到身后，因此豹子始终不丢开已经被自己追赶累了的羚羊。豹子也懂得专注，因为专注，它得到了想得到的羚羊。

推而广之，对每个人来说，目标和梦想有很多，目标和梦想可以是一头大象，也可以是一只独角兽，或者就是一只羚羊。你究竟要什么，一定要想清楚。在追逐目标的过程中可能出现各种各样的诱惑，如果你不断为之停留，最终将一无所获。认定你的目标，选定你的方向和领域，看准你的"羊"，专注去"追"，锲而不舍，那么，你就有了向成功飞速靠拢的机会。

092 迷思法则

• **概念解读**

迷思法则，即 MECE 分析法，英文全称 Mutually Exclusive Collectively Exhaustive，中文意思是"相互独立，完全穷尽"。即对一个重大的议题，能够做到不重叠、不遗漏分类，而且能够借此有效把握问题的核心，简明高效地解决问题的方法。这是麦肯锡的第一位女咨询顾问巴巴拉·明托（Barbara Minto）在《金字塔原理》（The Minto Pyramid Principle）一书中提出的一个很重要的原则。不遗漏、不重叠指在将某个整体划分为不同的部分时，必须保证划分后的各部分符合以下要求：①各部分之间相互独立，即各子项之间相互独立，彼此不交叉。②所有部分完全穷尽，即在分解项目的过程中不漏掉任何一项，以保持其完整性。

简而言之，迷思法则就是对事物进行分类时，做到不重复、不遗漏的原则要求。

• **理论应用**

北伐将领韩复榘，有一次去济南的一所大学讲演，一上台就说，"同志们、老头子们、老太太们、大学生们、二学生们、三学生们、大姑娘们：你们好，俺也好，咱们大家都好。今天天气很好，俺十二万分地高兴，俺特地从山东赶到济南来……"显而易见，韩复榘在演讲的时候，对听众的分类简直是大杂烩、"一锅端"，让人听了这一连排的称谓，新鲜倒是新鲜，可是没有文化"底蕴"；还有，"特地从山东赶到济南来"，又明显犯了分类标准未"相互独立"的毛病。韩复榘在演讲的时候之所以闹出这笑话，就是没有遵循迷思法则的缘故。

对客户如果按性别进行划分，是能满足MECE原则的，但要思考，仅仅这么划分对于营销策略有帮助吗？从营销的角度来看，可能还要按职业、收入、年龄、居住区域等要素进一步细分，才有可能得出我们真正想要的东西。从年龄这个维度来划分顾客，盯住老年人腿脚不灵的特点，足力健、健足乐、步多帮等就着力打造专属老年人的鞋履，真心为老年人解决穿鞋问题，取得了较好的业绩。健足乐还宣布签约宋丹丹为代言人。宋丹丹表示很幸运能成为健足乐的品牌代言人，为中老年人足部健康发声。"老年人冬天穿鞋就怕挤脚，脚冷、累脚、出门打滑，容易摔倒，我建议您赶紧换上健足乐老人健康鞋。"据说这是宋丹丹亲自试穿过的产品，试穿体验真的不错之后才代言的。

当然，商家为了突出重点，可能也只会挑选市面上热销的几款来特别"广而告之"。如2019年8月6日，在天猫商城搜索"健足乐"时，就会出现"健足乐老人鞋春季女鞋单鞋妈妈鞋中老年人健步鞋休闲鞋防滑运动鞋"等横幅式的标签，自然这个不能算它在分类上有什么问题，相反，可能还能够带来更好的营销效果。

• **管理启示**

MECE法则告诉我们要学会分类，对事物进行正确的分类，有利于我们对事物的全面把握，有利于我们认清事物的本质。只有在理解事物本质的基础上，才能确切地区分其属性和特点，才能有的放矢地修正错误，发挥优势和特色。当习惯性地将面对的问题以某一个切入点进行分类的时候，不仅可以快速地发现解决问题的方向，而且有助于梳理问题的脉络，刺激新思路的产生，更快地更有力地解决问题。很显然，MECE法则可以培养我们思考问题的严谨性。

MECE法则，可以让人思路清晰，从容不迫。心中有了MECE法则，每临大事，自有静气。贯穿MECE法则于项目管理之中，可以做到图难于易，为大于细。

093 时间法则

• **概念解读**

平常我们说"岁月不饶人""时不我待""快乐的时光总是短暂的",说的都是"时间不等人"。时间不等人,那是一条铁律。但是,也常常能听见人们长吁短叹地说"这难熬的日子真是度日如年"。那么,这里说的究竟是时间是等人的,还是时间是不等人的呢?

时间法则指时间是等人的,即你有的是时间,就看你怎么花销它、对待它了。你怎么花销它、怎么对待它,你的人生、你的事业就会有不一样的结果。

• 理论应用

　　2019年3月15日，天猫公布，已经有30多万天猫用户报名参与耐克粉色AJ的"摇号"，一鞋难求。翻阅耐克公司的发展史可知，耐克公司源于1962年菲尔·奈特与其田径教练比尔·鲍尔曼每人投资500美元成立的蓝带体育用品公司。菲尔·奈特用半个世纪的时间缔造了耐克，发掘了无数体育明星，目前市值已逾1500亿美元，那个"√"的企业形象标志早已风靡全球。近年在CEO马克·帕克的带领下，耐克顺利闯入时尚界，成功地吸引了"街头一代"，Free Runs、Air Max、Fly Knit等系列产品已成为这些年轻人的必备潮品。那么，这个不可思议的"成长神话"是怎么来的呢？是长达半个多世纪的时间的锻造！2014年6月，在斯坦福大学商学院的毕业典礼上，奈特为即将毕业的MBA学生们演讲，并提出了自己的忠告："敢于尝试，别让你的才能掩埋在这片平庸的土地上。"也许，正是"尝试"的创新精神和长期努力，才将"Just Do It"的企业理念诠释得淋漓尽致，并深深地影响着世界。比尔·盖茨曾经评论道："如果当初美国铁路不把职位定位在仅是修铁路、开火车，而是发展全美交通事业的话，那么陆海空可能早就是它的天下了；反之，如果耐克当初将自己仅定位于鞋业制造而不是发展全球体育事业的话，它可能永无机会跻身《财富》500强。"

　　1958年，我国核潜艇工程立项。核潜艇工程涉及航海、核能、导弹、计算机等几十个专业，被称为浮动的海上科学城堡。在这个尖端科学工程中，黄旭华负责总体设计。黄旭华碰到的第一个难题就是核潜艇的形状。黄旭华选择了难度很大，却是最先进的水滴线型为艇体的形状。为了确定可行性，他和同事们在实验室里不知度过了多少个不眠之夜。常规潜艇大部分时间的水面航行，大多采用线型设计，而核潜艇大部分时间在水下航行，为了尽量减少水对潜艇的阻力，必须采用水滴型设计，但这会使核潜艇的操纵性差一些。经过长期的探索和付出，1988年，中国核潜艇水下发射运载火箭实验成功，成为世界上第五个拥有第二次核打击力量的国家。至此，中国第一代核潜艇的研制走完了它的全过程。

　　从1958年到1988年，整整三十年，时间赋予了中国核潜艇事业华丽蜕变，由当初受人蔑视而发出"巨人的怒吼"到一次性成功"自探龙宫"。这三十年，凝聚了以黄旭华为代表的中国核潜人多少艰辛与血汗。三十年中，八个兄弟姐妹都不知道黄旭华搞核潜艇，父亲临终时也不知他是干什么的，母亲从63岁盼到93岁才见到儿子一面，从而立之年的壮士出征到花甲之年，他93岁的老母亲声声唤着少年郎时的凯旋①。这就是时间的价值，时间的法则，只要付出了时间，沉淀了，发酵了，就会流出芬芳的甘霖!

● 管理启示

　　时间是平等的，一视同仁的，时间会证实一切，因为它能改变一切，此即"时间不等人"（Time Waits for Nobody）之谓也；然纵览时间的历史长河，对于矢志不渝、专心致一的人来说，付出了、努力了，总归会成功的，这又是"时间是等人"（Time Does Wait for You）之意也。只要你对某一事情感兴趣，长久坚持下去就会成功，因为上帝赋予你的时间和智慧足够你圆满做完一件事情。

　　旅居旧金山的当代著名散文家刘荒田曾给一位初中生写信。他郑重地对少年说了很多，现摘录几句：时间是等人的，不要担心。时间等你，也等我，等全世界的生灵。时间等在你之前，等在你之后；等在显意识，等在无意识；等在有限，等在无限。学校里的老式挂钟，钟摆就是你的脚步；家里的电子表，即使你在沉睡，液晶数字也显示你梦里的呼吸。一如古老的沙漏，每一颗细沙都是当时活泼的生命。时间不能离开你，你就是它，它就是你。你"被"时间长大，时间被你证明。"你的时间"是你生命全部的外延和内涵。时间和人的关系，并不是"两虎相争，必有一伤"，无所谓彼此，时间就是人，人就是时间。你是"这样"的人，就有"这样"的时间。特定的时间，成就特定的人。

　　时间管理既是科学，又是艺术，要想使你的工作、生活更富有效率，将时间放在更加关键的事情上，将时间进行合理地分配和使用，让时间发挥最大化的作

---

① 为保守国家最高机密，黄旭华淡化了和家人之间的关系，从1958年到1986年，他没有回过一次老家探望双亲。长期以来，他不能向亲友透露自己的工作。"三十载赫赫而无名，花甲年不弃使命"。直到2013年，他的事迹逐渐被披露，亲友们才得知原委……他的人生，正如深海中的潜艇，无声但蕴含着无穷的力量。基于他的卓越贡献，"中国核潜艇之父"黄旭华获2019年度国家最高科学技术奖，之前还当选中国中央电视台2013年度感动中国十大人物。

用，让管理更具效率和时间做最重要的事。问题是，有很多人并不会科学地管理自己的时间。

"假如时间可以倒流，世界上将有一半的人可以成为伟人。"意思是说，如果人们将临终反思提前50年、40年、30年，那么世界上会有一半的人可以成为伟人。这是法国著名的牧师纳德·兰塞姆墓碑上的碑文。他一生中有一万多次站在临终者面前，聆听他们的忏悔。

沈从文先生在散文《时间》里是这样描述时间的：正因为事事物物都可为时间做注解，时间本身反而被人疏忽了。是啊，当我们专注于工作时，时间是被我们忽略了、冷漠了。但时间从来不会怪罪我们，因为我们在让"旧貌换新颜"，因而，"时间一直总会约你。"我们从小就接受"少壮不努力，老大徒伤悲""明日复明日，万事成蹉跎""一寸光阴一分金，千金难买寸光阴"如此这般的熏陶，其基调是时间的冷酷。其实，时间也是热的。我们过的是时间，其实过的是自己，自己当然要善待自己，要给自己热烈的周身。《爱丽丝梦游仙境2：镜中奇遇记》也说："以前总以为时间是小偷，偷走了我的一切"，其实，"时间都是一份礼物，它总是先给予再夺走，每一天，每一小时，每一分钟都是如此。"

我们过的是时间，更是生活。让我们再重温一下一个经典的故事：下午下班时间过去很久了，小孩站在家门口等着爸爸回来。约莫7点半了，爸爸才拖着疲惫的身躯回到家。小孩没头没脑地问爸爸，"爸爸你一个小时赚多少钱？""20美元"。小孩又问，"那你能不能借我10美元？"这位爸爸发怒了，以为小孩自私，拿钱又要去买玩具。后来，他也意识到自己的态度可能很糟糕，于是敲门进了小孩的卧室，顺手给了小孩10美元。小孩兴高采烈地翻出枕头下面的零钱，连同爸爸给的10美元，对爸爸说："现在刚好够20美元了，我可以向你买一个小时的时间吗？明天请早一点回家，我想和你一起吃晚饭。"

094 / 15分钟法则

• **概念解读**

15分钟法则是说，如果你去拜访客户、会见朋友，必须提前15分钟抵达对方公司或指定场所，然后根据约定时间准时敲响对方的门。

不要小看这15分钟，其间你可以静静地准备自己要谈的内容，整理一下自己的思路与心情。关键是，你能够保证自己不迟到，让对方觉得你是一个守时、靠谱、有信用的人。

那么，万一发现自己要迟到，至少提前30分钟通知对方，并明确告诉对方大概要迟到多久，让对方有思想准备，可以利用等你的时间来做其他事情。

• **理论应用**

有这么一个故事。连接东京市中心与北郊茨城县筑波科学城的筑波快线列车，原定于上午9点44分40秒发车，但由于操作员的失误，列车提前20秒驶离了车站。未给乘客造成影响，也没有人发现提前了20秒，但铁路公司还是郑重其事地在网站上发布了一份道歉声明。

日本铁路公司为什么如此重视这20秒？

因为"准点"一直是日本铁路公司的追求，不仅是准点到达，还要准点出发。这是为了避免出现铁路交通事故、打乱整个公司列车的运营计划、耽误乘客的出行，同时体现铁路公司严谨安全的管理理念。

无独有偶，根据世界航空数据公司OAG发布的《2018年准点率综合报告》，日本航空公司、东京羽田机场和大阪机场的准点率分别荣登超大型航空公司、超大型机场和大中型机场类别的全球第一。日本航空公司是日本最大的航空企业，其准点率高达98.28%，到达平均延误时间仅为3分钟左右。

日本人从守时中学会了守约和讲究信用，培养了一种做人做事的认真作风，提高了整个社会的管理效率。精确到几时几分的时刻表在日本随处可见，列车运营公司按时发车到站、乘客按时等候和乘车，这样就形成了一种良性的互动关系。

那么，日本社会在时间问题上为何如此苛刻？在日本，朋友之间约饭局一般需要提前一个月，至少也得一个星期。如果提前一天，或者当天约饭局，日本人的第一反应是"你遇到了什么难处"，第二反应是"太失礼了"。在日本，约定的事是不能随意更改的。因为对方为了跟你的约定，很可能推掉了其他安排，心理上已经做好了与你相聚的准备，甚至已为你买好礼物。所以，能否如约，变成了一个人的信用问题。

有人说，也许单位突然开会、领导突然找我谈话、公司突然通知我出差……这些理由在日本很难成立。因为公司开会，一般是一周前定下来的，出差也不可能只提前一两天告诉你。所以，当天要取消饭局，在日本是一件很困难的事。

● 管理启示

平常我们说，浪费时间无异于谋财害命。在"拥挤"的生活空间里，我们如何做到守时？15分钟法则，便是一个很好的办法。在MBA课堂上，我们也经常讨论这个问题。我给同学们的回答是这样的：既然我们控制不了别人，那就控制住自己。如何算控制住了自己？提早出发吧！留出可能路上堵车或发生其他意外的时间，或许你就不会迟到了。譬如，早上8点整有个会议，路上开车要20分钟，堵车的概率为30%，为了不迟到，你准备什么时候出发？我们可以把这个可能的堵车当成"会"堵车来处理，再留出10～15分钟，这样，平常你说的最多35分钟，在你心里最好理解成至少35分钟。然后，再留出15分钟会前准备的时间，这样的话，至少你得在7点10分就要出发。长此以往，形成习惯了，你的好印象、好形象自然而然就产生了。

很多人都有拖延的毛病，把自己本要做的事情，一次又一次拖延，直拖到最后一刻才去做，就很可能到最后的期限都没有完成。即便是团队合作的项目，也要完全按照自己的节奏去做，别人再怎么着急催促也没用，一切都要等"刀架在脖子上了"才行。当被问到"为什么"的时候，还总会以各种忙碌为借口。事实上是这样吗？越忙的人，越能把额外的工作完成得好。借口说多了会让别人把你看轻，找借口可以，但只是替别人去找，千万别为自己找。

15分钟法则的精髓，就在于能让人在"事情"面前，有时间思考，有时间做更充分的准备，特别是"临场"的准备，从而能够从容不迫。

别小瞧了这"从容"二字。俞敏洪说：生命的意义在于从容，在于从容之中眺望未来，在于从容之中成就人生，宠辱不惊，看天边风起云涌，闲庭信步，赏门前花开花落。是的，我们要学会从容，以一份从容、洒脱之心，领略一路美丽的风景。古往今来，人们一直在追求一种人生的至高境界——从容人生。从容是一种心境，更是一种态度。从容了，才会乐观、豁达、淡泊，怀平常心，不太过计较。从容了，才能感受得到"糖比枪好用，可爱比强势好用，合作比对立好用。"生活中我们常会面对各种各样的压力，形形色色的人、物或这样那样的困难和挫折，只有从容了，我们才易于获得克服困难的勇气和希望，反过来，我们又会变得更加"从容"。

人生不过百年，当下就是永恒。借用贾平凹先生的书名《愿人生从容》，愿你与我，一生从容安宁！

095 水坝法则

- **概念解读**

　　修筑水坝的目的在于蓄水、防洪、供水与发电等。如果持续下大雨，水坝可以蓄水，以控制不发大水和防止洪涝灾害；如果持续干旱，则可以放水灌溉农田。水坝法则，指企业在经营过程中，要有"水坝式经营"的理念，有像水坝一样的调节和运行机制，景气时要为不景气时做准备，旺季要为淡季做安排，像水坝一样始终保持足够的"水位"，盈缺有度，从容自如，以提高企业应对各类经营风险的能力，让企业维持稳定或适当的成长与发展。水坝式经营理念首先由日本"经营之神"松下幸之助提出，并在他自己的公司得到很好的运用。

- **理论应用**

　　腾讯公司于2019年12月25日发布了腾讯会议应用软件，在此后40天之内，该软件接连升级了14个版本，真可谓创新无止境。腾讯会议软件，追着用户的需求走，对重点功能和服务进行无限升级。如自定义虚拟背景，想在哪开会就在哪开会。然而无论是线上直播教学还是商务会议，总会遇到一些由于开启摄像头而"曝光"画面里杂乱无章的尴尬场景。现在通过虚拟背景功能，腾讯会议可以自由选择系统提供的默认图片，还可以添加自定义图片作为背景，凸显了自己的个性化选择，不仅提升线上沟通的视觉效果，还保护参会者的隐私。腾讯会议还开发了语音激励功能，从此不再鸡同鸭讲，避免了由于线上学生众多，老师无法分辨是哪个学生可能的恶搞。这些技术创新的陆续推出，一方面体现了腾讯公司面对外部环境巨变所表现出的超强的灵活应变能力，另一方面也反映了腾讯公司平时对技术创新的重视和技术实力，并由此积累形成技术"水坝"。否则，即便企业有愿望去解决顾客之燃眉问题，满足顾客的迫切需求，如果没有这个技术"水坝"，也是莫奈其何！

松下幸之助认为，经营一个需要10亿元资金的事业，如果只准备10亿元，万一发生什么事情，10亿元不够时，问题就不能得到解决。因此需要10亿元时不妨准备11亿元或12亿元的资金，这就是"资金水坝"。关于资金问题，松下还发表过他的特殊看法。日本在一段时期内流行过银行要求公司把银行贷款的一部分再存入银行的做法，许多企业指责银行的做法太过分了。松下却说："50多年来，我一直是这样做的，我从银行借钱的时候，只需借1万元就够了，可是我多借些，借了2万元，然后把剩余的1万元钱又原封不动地作为定期存款存入银行。看起来是赔钱的，但是我不那么认为。我是把它当成保险金。有了这笔保险金，在需要的时候，随时都可以提出来使用，而且银行总是十分信任我"。这正是一种"资金水坝"的建立方法。当然，除了"资金水坝"之外，还需建立"人才水坝""设备水坝""库存水坝""技术水坝""产品开发水坝"等。换言之，在各方面都要保留运用的弹性，以保持经营上的充裕与安定。千万别将"设备水坝"与"设备闲置"与"库存过多"搞混了。前者是基于正确的预估，事先保留一成或二成的设备或是库存；而后者是因为预估错误造成产品滞销，导致库存过多，设备也闲置了。

• **管理启示**

松下幸之助把建造水坝的道理，充分运用在企业经营上，创造性地提出"水坝式经营法"，就是永远留有某种比率的余裕状态经营法。这一点，太值得我们学习和深思了。我国改革开放四十多年的发展历程中，由于国情和发展条件、方式等不同，国家为千千万万的企业创造了各种各样的发展机会，有的企业一步一个脚印，稳打稳扎，获得了巨大发展。但也有的企业心态较为浮躁冒进，没有给自己留下足够的"水位"，最终在市场经济的大潮中"枯竭"了。我们知道，一般认为，企业资产负债率的适宜水平是40%～60%，而有的企业的资产负债率竟然高达80%。企业资金管理不透明、不直观，决策层在没有清晰掌握企业财务状况的情况下激进地扩张业务，没有协调好各项收支，最终导致企业流动资金紧张，甚至资金链断裂。

当然，除了财务管理有"水坝"之外，企业管理的其他方面，一样也要有"水坝"。那么，产品的"水坝"、员工的"水坝"、技术的"水坝"分别都在哪里呢？新产品的"水坝"，意指在这项新产品推出时，应立即研制更新的产品，甚至下一个更新的产品也在筹划之中。有的公司采用"生产一代、开发一代、预研一代"的策略，就是这个意思。

对员工管理也要有"水坝"，市场瞬息万变，要告诫员工常有危机意识、忧患意识，心理上要有能承受突发状况的准备，更要有上进之心、拼搏劲头，因为没有员工的进步，就没有企业的发展。企业应该花大力气赋能员工，打造一支能随时应付外部环境变化的铁军团队。这样的员工团队一定能"啃硬骨头"，能打胜仗。如果我们的员工有了心理和能力上的"水坝"，必将助推企业更具竞争力。

松下幸之助说："经营者就像在高空走钢索，随时有摔死的可能。所以他应该评估自己的实力，即使能载得动五十千克重，也只载四十千克重好了。"凡事得预留空间，话不要说满，事也不要做绝了。

为了经营上有所发展，在一切方面都应做到留有余地，只顾眼前的做法是十分危险的。水坝式经营不是靠眼前的利益而获益，需要从长远角度来考察。仅仅筑起资金、设备水坝并无法在短期内产生利润，而是要在企业经营的各职能领域，都要尽可能做到"留有余地"。松下幸之助说："只要遵循此种方法，随时做好准备，各项资源都能自如地运用，那么不论企业遇到什么困难，都能稳定地发展下去。"这种被他自己称为经营秘诀之一的"经营要留有余地"的思想，或者叫作水坝式经营哲学，为企业的长远发展、永续经营提供了重要的保证，是值得民营企业经营者借鉴和学习的。

资源有余地，能力未用尽，企业遇到再大的困难和挑战，也能从容以对，展现出顽强的发展韧性。

096 特里法则

● 概念解读

特里法则是美国田纳西银行前总经理L·特里提出的一条对待错误的态度的法则。特里法则认为，人们应该正视自己的错误，勇于承认并努力改正它，"承认错误是一个人最大的力量源泉，正视错误的人将得到错误以外的东西"。它可以从以下三个方面来理解。首先，以端正的态度来面对错误并努力改正是人类不断进步的力量源泉和基石；其次，帮助我们努力克服人性弱点，正确认识承认错误与"丢面子"之间的辩证关系；最后，敢于承认错误是避免再次犯错的重要前提。

● 理论应用

1993年，巨人集团依靠电脑和软件销售实现3.6亿元的销售额，成为中国第二大民营高科技企业。巨人集团在珠海建造巨人大厦，原设计18层的办公楼，在大厦图纸都设计好之后，有人找到史玉柱，希望他能为珠海争光，把巨人大厦建成中国的第一高楼，史玉柱脱口而出："巨人大厦要建70层。"70多层的巨人大厦，需要建设资金10个亿左右。但是建到第三层时，巨人资金就开始吃紧，后来资金全面告急，再加上其他方面的因素，迅速盛极而衰，轰然倒下。

史玉柱在珠海巨人大厦失利之后，对自己与巨人公司的问题做过几次反省与总结，大意为：在投资上缺乏战略指导思想，做不到稳、准、狠，导致重大投资决策错误；权责不匹配，管理关系不畅，管理效能不高；取得一定成功之后，过高估计自身条件和能力，摊子铺得过大，发动保健品、药品和软件"三大战役"，甚至还拓展到化妆品、服装等领域进行多元化经营。史玉柱说："因为我们这么的忘乎所以，所以投了这么多项目，现在回过头来看，（但凡）懂点管理学，懂点企业运营，就不会这么做了。"总结失败的教训之后，史玉柱和他的团队东山再起，凭借脑白金和黄金搭档这两大获利神器，在短短3年时间，从负债2.5亿到再次身价过亿，华丽翻身。2004年11月更是凭借一款名为《征途》的游戏软件，吸粉吸金无数，火爆到同时在线人数突破100万人，凭此和投资银行的收入，登上福布斯中国富豪榜。

华为任正非也从不掩盖自己的过失，当年大将不和，李一男跟郑宝用闹矛盾，任正非就公开承认自己没有管理好，于是自请处罚。其他决策、报销、审查等方面的疏忽和失误，任正非都欣然接受制度的处罚，处罚之外他还会公开表示悔过，请员工监督。2017年9月6日，任正非转发《寻找加西亚》帖子，对受到委屈的员工表示道歉："加西亚，你回来吧！孔令贤，我们期待你！2014年孔令贤被破格提拔3级后，你有了令人窒息的压力，带着诚意离开了华为。周公恐惧流言日，更何况我们不是周公。是公司错了，不是你的问题。回来吧，我们的英雄。"虽然是转发，但以任正非的名义转发，就是表达了其代表公司对孔令贤和孔令贤们的愧疚和珍惜，作为公司的领导者对一个有才能的员工公开体恤、关怀和道歉，惜才爱才之心，知错就改之诚，让人感动。难怪有员工评论，"看完任总的这段肺腑之言，我竟然感动地哭了！"从中我们也可以窥见任正非的人生哲学和管理风格，而谨慎诚恳、知错就改，是核心之一。

在营救驻伊朗的美国大使馆人质的作战计划失败后，当时的美国总统吉米·卡特在电视里郑重声明："一切责任在我。"因为这句话，卡特总统的支持率骤然上升了10%以上。卡特总统的例子说明：民众对一个总统的评价，往往取决于他是否有责任感，是否勇于承担责任使民众有安全感。

• 管理启示

从一国的总统、公司的领导到平凡的个人，特里法则都被广泛使用，并取得了很好的效果。通常人性是趋利避害的，我们会偏向于对自己有利的事物，而逃避对自身不利的处境。因此，人犯错了之后，通常想到的是逃避，是推卸责任，因为人们一般会认为犯了错是一件坏事，对自己不会有好处。面对自己犯下的错误，企业领导者因顾及面子而不愿承认，有隐瞒错误的想法，但往往会因为这个错误而影响了企业全局的发展。这种现象并不仅发生在领导者身上，个人也会因某种原因不肯承认错误，由此影响职业生涯的发展。

特里法则给了我们一些启示，人犯错虽然是一件坏事，可能会成为一件好事；无论我们有没有犯错，不要一味地推卸责任，不要害怕承担责任；而且，还要勇敢地承担下来，给自己一个进步的机会。

一个有担当的领导，不仅会在公司大会上检讨自己，承认自身的不足，而且下属犯错时，他不会把责任推卸到下属的身上，而会自己承担下来。

领导对下属这样做，表面上看是把责任揽在了自己身上，使自己成为受谴责的对象，实质上也在做给领导们看，从而形成责任"反思链"。当然，一旦责任归于上一级的领导，问题也会容易解决些。假如你是中层领导，你为你的下属承担了责任，那么你的上司是否也会反思，他也有某些责任呢？公司里一旦有了榜样，形成敢于作为、勇于担当的风气，互相推诿、互相抬杠的现象就会减少，公司就会有更强的凝聚力和战斗力，从而不断提升自身竞争力。

对个人和家庭来说，掌握特里法则更为重要。当你勇敢地承认压根儿不是自己的"错误"时，爱，就在你身边凝聚；更何况，家庭根本不是讲理论是非的地方，在家里就去习惯地接受一切，再兴高采烈地付出一切。

097 韦尔奇法则

● **概念解读**

有"经理人中的经理人"之称的杰克·韦尔奇[①][②]是二十世纪最伟大的CEO之一。曾被称为美国最强硬的老板，追求企业结构调整、裁员、精简是他的典型标签。在他执掌通用电气期间，通用电气的发展迈上了一个崭新的高度，其中功不可没的一点就是韦尔奇倡导的"数一数二"原则，此即韦尔奇法则。韦尔奇法则就是企业或组织机构在市场竞争中只留下行业内数一数二、有较高投资回报率、有明显竞争优势的公司和部门，关闭或拍卖掉不符合条件的部门，以达到领先于竞争对手，立于不败之地的目的。

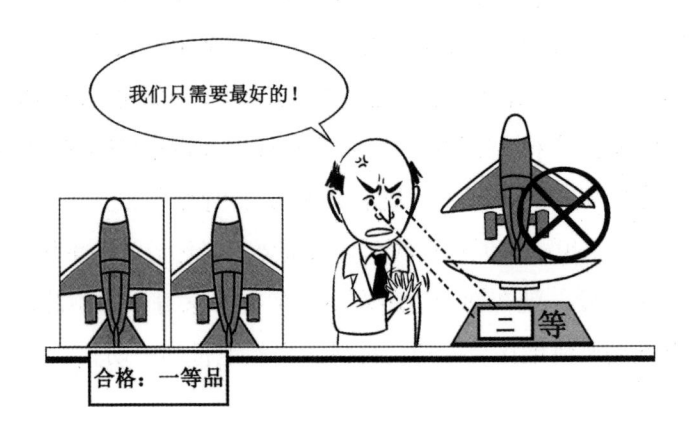

---

① 杰克·韦尔奇在业界之所以重要，是因为他能生产"人才"。他曾毫无讳言地说，通用电气成功的最重要原因是用人。"我们所能做的是把赌注押在我们所选择的人身上。因此，我的全部工作就是选择适当的人。"他至少能叫出 1000 名通用电气高级管理人员（通用电气的员工约 17 万名）的名字，知道他们的职责，知道他们在做什么。"领导者的工作，就是每天把全世界各地最优秀的人才招揽过来。他们必须热爱自己的员工，拥抱自己的员工，激励自己的员工。必须随时掌握那最好的 20% 和最差的 10% 里边的人的姓名和职位，以便做出准确的奖惩措施。"他的这些朴素的理念和坚定的行动，对今天的 HRM（人力资源管理），有着巨大的参考价值。

② 在文稿修改过程中，惊闻杰克·韦尔奇于 2020 年 3 月 2 日辞世。谨以此篇，深表缅怀和敬仰之情。

保持市场占有率第一或是第二的原则是韦尔奇心中最具威力的经营管理理念。在此理念和要求下，凡是未达标准的企业一律整顿、关闭或是出售。那么，他的标准是什么呢？那就是，要么不做，要做就做世界第一，没有第二！一句话，韦尔奇要的就是冠军，就是市场的领导地位。即便是排名第二的产业，他也不希望其留下。

● 理论应用

1983年韦尔奇不顾重重反对，做出决断，放弃通用的家电事业。放弃生产烤面包机、电熨斗和风扇，对通用电气的员工来说，实在是痛心之极。自从通用电气公司于1905年销售第一台烤面包机开始，小家电就成为通用电气公司的标志之一。通用电气公司生产的电熨斗、时钟、烤面包机、果汁机、咖啡壶和吹风机，是远溯到爱迪生时代的美国传统与荣耀的标志，曾经一度被视为美国现代家庭的象征。但是，韦尔奇的想法恰恰相反，他认为出售小家电企业，代表通用电气公司完全抛弃传统。人们质问韦尔奇的决定：你怎么可以抛弃小家电事业？那是通用的根基！是这些产品使这家公司在这片土地上得以家喻户晓，该业务是通用集团的核心部分。任何时候，只要一位家庭主妇把一台通用烤面包机、咖啡壶或者蒸汽熨斗放在家里，通用电气的名字就在那里，怎么能自己把自己的牌子砸了呢？通用的小家电事业确实为公司创造了诸多辉煌，但韦尔奇认为它对通用的未来"无足轻重"。"通用不可能指望小家电行业使公司壮大发展。""通用的优势是技术，是它的高科技研究力量，是它的资金实力……我们有能力动用上亿美元花费几年时间研制出新一代的飞机发动机、汽轮机、影像医学设备，这类业务的共同的特征是：高科技含量、高开发成本、持久的生命力。"听到这些话，通用电气的员工们不说话了。

杰克·韦尔奇告诫下属：不允许有官僚式的浪费，不允许有欺骗性质的计划，不允许有逃避困难的决策，任何分公司如果无法维持第一或第二，都将会被踢出通用电气公司。"数一数二"原则提醒管理者，对那些前景不佳的业务，即使曾经是公司的标志性业务，也要立即关闭或出售，这样才能使公司拥有合理的业务结构并能持续发展。基于此，在改革阶段，韦尔奇一共出售了110亿美元的资产，解雇了17万名员工，同时为了巩固优势事业部的竞争力，买进了260亿元的新企业。韦尔奇就像一个严格的法官，时时监视着通用电气的发展，一旦发现偏离了"数一数二"原则，就会毫不犹豫地对业务进行"瘦身"。如此原则，助力通用电气成长为世界知名的强大公司，其财务情况达到历史最好水平，也成就了杰克·韦尔奇在全球业界的铁腕形象。当然，"数一数二"原则也有很大的局限性。当沉迷于"数一数二"所带来的魔幻般的效力时，大家都将自己的市场界定得很小（可能就是整个市场的10%或者更少），以保证其数一数二，这样客观上也阻碍了通过广泛市场而获取更多利润的机会。不过，后来通用电气通过"重新定义市场"，还是避免了"数一数二"原则所带来的一些弊端。

华为公司于1987年成立于深圳，开始做用户交换机（PBX）的销售代理。自1990年开始自主研发PBX技术，到1999年开始先后在印度、瑞典、美国等地设立研发中心，并且与3COM公司、西门子公司、赛门铁克、摩托罗拉等公司合作成立合资公司联合开发新技术，再到2001年将非核心业务子公司AVansys卖给爱默生，2006年出售H3C公司46%的股权，2011年收购华赛公司，至2018年华为已在全球部署超过80个singleRAN商用网络，在全球多个国家建立5G创新研究中心，支持全球170多个国家和地区1500多张网络稳定运行，服务人口超过全球1/3。到2018年，211家世界500强企业、48家世界100强企业选择华为作为数字化转型合作伙伴。2019年上半年，华为实现销售收入4013亿元人民币，同比增长23.2%，净利润率8.7%。即使在国际风云变幻和不确定性增加的情况下，华为公司业务运作平稳、组织稳定、管理有效，各项财务指标表现良好，实现了稳健经营。无疑，这与华为一贯坚持的高标准、严要求等紧密相关。

综观华为发展历程，不论是出售、收购或者合资，华为始终坚持着主业方向——通信运营、专业网络、硬件设备、软件服务等，坚守信息技术研发和产品开发的主阵地，如今已成为全球通信行业的领导者和响当当的品牌。华为正是因其专业和专注，以全球"数一数二"的ICT（信息与通信）基础设施和智能终端提供商的地位，赢得了包括其竞争对手和将其当作"假想敌"在内的商业人士和华为用户的尊敬。

• 管理启示

总是要做到数一数二，需要多大的意志和能力！无疑，这对公司领导和所有的管理层是莫大的考验，需要一些铁腕手段和严苛的企业管理制度相匹配，才可能实现。

韦尔奇的"数一数二"定律，对于当前我国的企业，尤其是多元化发展的企业有借鉴的意义。当然，企业要成功借鉴"数一数二"的做法，一个基础的条件就是要有坚强的制度刚性，同时，企业要能谨慎处理各种利益关系。目前，国内许多企业大而不强，运用韦尔奇定律进行整合、分化，在各个细分行业组成二到三个专业企业（可以类似于华为、格力，进行行业突破性发展），集中资金、技术、信息和人力资源，助推技术和品质产生质的飞跃，以达到行业领先地位。

未来的社会，将会是一个高度"专注"的社会。这也意味着决定木桶装水多少的已经不再是短板，而是长板。发掘自己的潜力，深挖自己的独特优势，培养自己的"不可替代性"，才能在未来拥有无限精彩。

098 先方后工法则

• 概念解读

先方后工法则，指的是选择的方向，比使用的工具和付出的努力更重要。此处"方向"，既指企业选定的产业发展方向，也指企业经营过程中的变革方向。就是说，如果企业不能很好地把握自己的发展方向，更不能在复杂多变的环境条件下，适时变革，以变应变，而只是盯着自己经营过程中的细枝末节大费周章，就容易忽略大的方向，甚或让自己误入"歧途"。

• 理论应用

二十世纪九十年代初，浙江小伙林东大学毕业后，经过深入调查，发现市面上牛肉干很好卖，就注册了杭州绿盛食品有限公司。很快，第一批绿盛牛肉干生产面市，且供不应求。小试牛刀之后，林东发现合伙人有信任方面的问题，于是决定放弃。没过多久，迫于生活压力林东第二次捡起牛肉干这个生意，心里自然不很情愿，因为在心里面他一直觉得做牛肉干生意档次太低。事实上，林东当时并没有认识到，自己已经找到了一个理想的产业。直到五六年后，林东学完

MBA才对这个"低档"的产业有了全新的认识：在已知的食品行业中，包括薯片、方便面、瓜子，都有年销售超过30亿元的巨头，而牛肉干则没有。在一个没有巨头的行业，机遇自然会很多，何况牛肉干还是中国的传统休闲食品。接下来的几年间，绿盛牛肉干每年几百万元的利润让经历了挫折的林东相当满意。后来有一次，林东拿着一份年度发展规划书说道，"以前只想着赚大钱，却没有具体的计划以及执行的步骤，那只是年轻人幼稚的想法。"在那份规划中，企业每个月都有既定的销售目标。按照规划，2005年年底绿盛的销售将会达到3.2亿元人民币，而那一年的实际销售收入已略为超出该规划。

两次起落的创业经历，让林东学到了只有充分了解市场才能组织生产的道理，难怪他会发出这样的感慨："不要急于东寻西找发财机会，其实真正能让你发财的就在你的身边，在那些不怎么起眼，平时你又不大注意的事物上。"显然，这个"充分了解市场"，再来"组织生产"就是一个先方后工的道理。

2020年2月央视热播的电视连续剧《奋斗的旋律》，就是以第七届"杭州十大青年英才"林东为原型拍摄的，他就是曾经的"牛肉干大王"。该剧描述了林杰（剧中主人公，林东的原型）等三个海归博士瞄准潮流能新技术，不畏艰难困苦，勇于开拓，勇于创新，成功研制3.4兆瓦潮流能发电技术并实施并网发电的感人事迹。这一跻身世界前列的科技创新成果，是"中国制造""中国创造""中国速度"的真实写照。该剧在展现新时代中国经济社会发展的精神面貌的同时，也展现了我国新一代科技工作者"敢为人先"为国争光的卓越品质。到底是经历过了市场的磨砺，林杰及其团队认准了潮流能这个国际领先的项目，就咬定青山不放松。在这个大的"方向"框架内，他们孜孜以求，锲而不舍，最终调动了各种"方法"和"工具"的支援，特别是得到了浙江省和国家海洋局等的大力支持。

2009年4月，林东在美国洛杉矶建立孵化中心，与美国南加州大学流体力学专家黄长征博士、美国新材料领域专家丁兴者博士共同成立LHD美国联合动能公司，最终选定潮流能发电作为攻坚突破的方向。历经两年的潜心研发，林东团队发现了海洋潮流能发电技术有别于其他国家、研究人员正在做的新路径。潮流能取用不尽，完全符合能源低碳化、清洁化的未来方向。在家乡政府部门招才引智的鼓励之下，林东带着项目毅然回国，开始着手将研发的技术在国内实现产业化。

"方向"定了，困难是可想而知的。一开始很多业内的专家并不看好林东和他的项目，有人甚至认为林东在"忽悠"，是"疯子"，毕竟当时世界上最先进的潮流能机组的装机功率为1兆瓦，最长连续发电并网时间没有超过4个月，而我国研发的潮流能发电才实现总装机量0.3兆瓦。多方的质疑让林东压力陡增，但同时也更加坚定了他要把项目做成的决心。他自掏腰包，从绿盛的盈利款中拿出了2亿元，投入到新能源项目的开发上来。面对身边人不解的神情，他总是笑着回应："我做牛肉干赚钱就是为了能够搞出潮流能，为人类送上取之不尽、用之不竭的清洁电，我要让大家看到，这是真的。"

在对全球类似项目做了细致调研，进一步确认自己的技术路径之后，林东团队先在千岛湖建立了一个实验基地，后又在舟山实地攻关LHD项目。然而，困难比想象得多，不但涡轮能量的稳定捕获、稳定转换是需要攻克的难题，调节负载系统，防腐、仿生物系统也都是新事物，其中哪一件没做好，都无法让机组发出电来，放眼全世界都没有经验可资借鉴。设计、下水、发电、改进……从模拟实验室到真实的海域，林东团队不断重复着这些过程，路走不通了，就绕回来重新走。功夫不负有心人，终于在攻克一个又一个业界难题后，2016年7月，LHD海洋发电项目首批1兆瓦机组在舟山顺利下海发电。2017年5月，该1兆瓦发电机组实现全天候发电并网。这个研发历时8年，由15大系统构成的项目，已获授权的国内外专利总计59项，其中发明专利23项。

创新无止境。由于发电机组采用模块化设计，2019年下水的机组已经更新迭代到第四代，而第五代机组也已经进入了设计研发阶段。林东说，要想站在高端装备制造业的制高点，研发的脚步就要像自己的研发的潮流能发电机组一样，永不停歇。"相信用不了几年，总成平台机组就将达到20兆瓦，那时潮流能发电的度电成本将低于火电。"随着技术的不断优化，林东让中国海洋潮流能开发利用技术走在了世界前列，也让人类实现向大海要清洁能源的梦想不再遥远。

• **管理启示**

本篇"概念解读"插图中，某人在很吃力地锯木头，旧的没锯完，新的又送来，越堆越多，需要不断加班。朋友提醒他：你的锯子钝了，所以效率太差，磨利再锯吧！他说：工作都做不完，哪有时间磨锯子？朋友问：那你什么时候磨呢？他说：等我锯完所有木头再说。这个不懂"磨刀不误砍柴工"的经典笑话，经常还在我们身上重演。

当然，还需要警惕的是，即便刀子磨得锋利，使用的方法再怎么简明高效，如果"方向"不对，那也只能南辕北辙。与其不知道方向在哪儿迈腿就跑，还不如待在原地，擦亮眼睛，好好辨识清楚，究竟要走哪一条道，才是王道。

我愿意借用林东的一句话作为本篇的结束：具有科学家精神的企业家，以及具有企业家精神的科学家，是推动人类技术革新的核心力量。年轻人投身科技创新不仅要有潜心研发的科学家精神，同样也需要兼备整合产业链资源，将科学技术实现产业化的企业家能力。我以为，对于我们年轻一代的企业家和学者来说，"科学精神"就是明灯，就是方向；"企业家能力"则是践行科学精神的路径、工具和方法。

099 小确幸法则

• **概念解读**

"小确幸"一词出自日本作家村上春树的作品，指的是发生在自己身边的让人产生幸福感和满足感的微小而确实的事情。小确幸法则就是让人们感受和发掘幸福的一种方式，即人们幸福感的来源不仅仅是一些重大的事情，也可能是发生在身边的一些看起来微不足道的小事。它们可能是一个姿势、一句问候、一个眼神，看起来是一些小小的细节，却能给人带来幸福和感动。

• **理论应用**

如家是经营家庭、旅游、商务等短期租住业务的代表企业，它的成功在于两个方面。第一，如家早早地发现了我国旅馆行业有向短期租住转型的趋势，并迅速抓住机会，对企业业务进行转型升级，领先于竞争对手，快速地占领了市场。第二，如家在决定业务转型之后，对其旗下的宾馆也进行了改造，其宗旨是专注每一个小细节，让顾客感受家的幸福和温暖。无论是宾馆的外观、前台，还是房间内每一件家具的设计，都体现了如家从细节出发的特点，越是普通的地方，甚至一般人都不会注意的细节，如家越是专注，目的就在于让顾客从这些细微之处找到家的感觉。正是这种态度，使如家成为我国目前连锁旅馆的领头企业，受到众多顾客的好评，更重要的是，它也让入住顾客时常能感受到小小而实在的幸福。

  接下来再分享一个大家熟悉的故事。从前有三个砌墙师傅，在他们工作的时候，有一个小孩过来好奇地问，"你们在干什么啊？看起来好好玩啊！"第一个人就说："砌墙啊，还能干嘛，累得要死，无聊极了，有什么好玩的？"第二个人的回答是："我在工作啊，这是我养家糊口的生计啊。"第三个人的声音十分柔和，却坚定有力："小朋友，你看啊，我们在建一栋摩天大厦呢！"他的话能让我们能感受到他的脸上洋溢着笑容和自豪。后来这三个人有着截然不同的生活，第一个人换了一份又一份工作，但始终是一个十分普通的砌墙师傅；第二个人成了镇上有名的砌墙师傅，由于生意红火，后来还带起了几个人的小型建筑物队伍；第三个人则成为知名的建筑师。究其原因，正是这三个砌墙师傅对待工作的态度决定了他们日后不同工作的命运，第二个和第三个师傅，特别是第三个师傅，更能从每日单调乏味的工作中找到哪怕即刻就可能消失的快乐和幸福，不也正是他们走向事业成功的垫脚石吗！

  假设你就是这第三个师傅，在互联网时代的今天，说不定你还会将你的幸福分享到微信朋友圈呢：戴着安全帽，左手拿着砖块，右手拿着砌刀，好不神气啊！这不，你看看我们身边很多朋友不也是正在分享他们自己的"小确幸"吗？

2019年2月27日接力三件小确幸：

001.回想今天上班的一天真是太累了，但是很多客户接受了我的服务，都真诚地感谢我。我的努力是有价值的！

002.儿子今天在学校课间休息时被同学推了一下头着地，起了个大包，但这家伙仍旧坚持等我回家后对我说："妈妈我没事"，不太痛了才入睡，懂事的小家伙！

003.今天是二月初二龙抬头，上班又开会，不能去看龙灯，朋友圈里有朋友发了现场视频，感觉身临其境，感觉很开心。

2019年2月28日接力三个小确幸：

001.早上起床听到儿子在梦里甜笑的声音，很开心。

002.完美弥补了一个昨天工作上的失误。

003.在网上订了昨天猫叔推荐的书，下了简书App，如有时间可以开始我的简书之旅。

2019年3月1日接力三个小确幸：

001.今天在图书馆看书，坐在一个阳光明媚的大玻璃窗前，沐浴在阳光中，身边的人也很安静，突然有种岁月静好的神奇感觉。

002.送儿子上学的路上发现好几株开得正盛的玉兰花，纯白的很有生气，春天就在眼前，爱花的我很欣喜。

003.给儿子买了好几本教辅书，儿子和妈妈都要努力学习了，希望我们都能变得更好！

感谢以上这位网友的分享，你和你的一切确实是幸福的，更是值得我们羡慕的。

• **管理启示**

从以上的例子可以看出，小确幸法则无论对企业还是个人都是十分有用的。对企业来说，专注每一个细节，关注与客户有关的每一件普通而又平凡的事情，从细节处打动客户，从而获得顾客的好感与忠诚度，这种效果往往比花费巨资在广告上要更加有效且持久。对个人而言，培养良好的心态和善于发现美和隐形价值的眼睛，去寻找隐藏在生活中每个角落的属于自己的小确幸，而不是整天自怨自艾，怨天尤人，这样一路走来，就会发现生活时时有幸福，生活处处皆精彩！

每个人都是生来享受幸福的。不幸的是，我们并不知道如何享受幸福。我们经常想当然地认为，一定要等什么宏伟的目标实现了，需要亲自"宣示"一下这个伟大的成功之后，才能觉得幸福。其实，幸福本可以来得快、来得简单、来得真实，就看你愿意不愿意去发掘、去感受。我们庆幸这个伟大的时代给每一个人自由寻找快乐的机会。每一天，我们都可以拿起笔或者敲敲键盘，记录下属于我们自己的抑或属于别人的同样可以让自己快乐和开心的三件小小的、的的确确的幸福的事，即"小确幸"。我们每一天也未必要等"幸福来敲门"，为何我们不去敲幸福的门呢？

"小确幸"，虽然的确是很小的事，但是让我快乐无比，同时让我身边的人也感染了快乐，于是，我身边的人也开心起来了，马上发表了他的小确幸。不仅如此，众多群友也纷纷接力起来了，这样在你身边不是有了快乐的氛围，变成幸福的海洋了吗？

"小确幸"的本质是热爱，对自己的爱，对别人的爱，对生活的爱。我愿借用郭沫若的一句话作为本篇结尾，并与君共勉："春天没有花，人生没有爱，那还成个什么世界？"

100 / 新人培训法则

• 概念解读

华为公司依据其实施的对新员工培训的经验，推出新员工成长的721法则，即70%的能力提升来自于实践，20%来自于导师的帮助，10%来自于课堂的学习，此即我们推演出来的针对新员工成长的培训时间分配原则，推而广之，取名为新人培训法则。由于它针对的是新员工培训的时间结构安排，因而也称培训结构原理。这一原理强调"实践出真知"，强调实践对新员工未来成长的重要性，也给新员工明确了一个信号，就是要想有所作为，就必须扑下身子脚踏实地工作。

• 理论应用

为了让刚从校园里走出来的学生能够尽快地适应华为的"狼性文化"，蜕变成能打硬仗的"铁军"，华为公司新员工入职培训分为"三个阶段"，从入职前的引导培训，到入职时的集中培训，最终到在岗实践培训，这三个阶段的流程大约需要三个月的时间。

第一个阶段：入职前的引导培训。在毕业生还未进入华为公司之前，华为会提前给每个人指定一名导师。规定导师一个月必须给他们打一次电话沟通，以更好地了解他们的个人情况。如果毕业生确实想进华为，在这个过程中导师会给他们安排一些任务，提前让他们了解一些岗位知识，做好上岗的思想准备。

第二个阶段：入职时的集中培训。培训内容比较聚焦，主要围绕企业文化展开，讲清楚为什么公司会出台相应的政策和制度，所反映的文化、价值观是什么，让刚入职场的新人能够对华为文化产生认同感，尽可能地使其融入企业。

第三个阶段：岗前实践培训。在这个培训阶段，新员工要在华为导师的带领下，在一线真实的工作环境中锻炼和提高自己。这个环节也是华为公司很重视的一个部分，让入职者在正式上岗之前通过实践积累经验，同时在导师的带领下更快适应岗位，遇到问题也能更加及时解决。此外，对不同岗位的新员工，华为公司在培训内容和方式的选择上也会有很大差别，真正地做到因材施教。

相比于很多公司只是把入职培训当作一个"过场"，甚至没有这一步骤，华为是真正地落实了入职培训，并将其做出实效。运用其自创的"新员工成长法则"，一步步地对员工进行培训，所以在员工正式上岗的时候，基本上已经认同了华为的企业文化，而且积累了一定的处理问题的经验，虽然在前期需要部分投入，但后期带来的效益是远远大于前期投入的。

• 管理启示

华为的新员工成长法则中70%的能力提升来自于实践，由此可以看出实践的重要性，它为我们对组织新进员工进行培训时的时间结构安排，提供了借鉴。我们观察了很多大学毕业生，他们刚进入社会的时候，大多都不甚适应工作和人际交往的要求。这也催生了大学毕业生入职前的培训公司。华为新员工成长的721法则，正是针对我国当前教育体制下大学毕业生的实际情况推出的。新员工入职经验的增加是这样，其实个人的成长也是如此。"读万卷书，不如行万里路"说的就是这个道理,个人的成长过程除了知识上的积累,更要注重实践。此外,华为的新员工培训可能前期会比其他公司花费更多,但也正是因为有了前期的培训,才让员工能够更好更快地适应工作岗位。这也告诉我们,前期的投入和积累是必要的,厚积才能薄发。我们现在大多数人选择在教育上投入更多,也是这个道理,为的是今后能够有更大的价值,能对社会做出更多的贡献。

当然,现实中我们也发现,有的培训效果并不尽如人意。这里有很多原因,确实值得我们深思,尤其是人力资源部门一定要做好培训需求调查和培训策划,深入研究培训课程内容的深广度和适应性,进行课程的科学设计和效果评价。如果做到了有的放矢,培训效果一定是可以保证的。康至军等在《人力资源开发阅读地图:如何让培训更有效》中认为,通过重新定义培训,使其成为"解决问题的过程",并开发了"4-3-3"培训效果提升模型,让培训与绩效建立实际性的联系。这些都是十分有益的探索。

显然,新人培训法则对其他企业和非企业组织均有积极的借鉴意义。一方面,组织应该重视新员工的入职培训,加大培训的力度,将其真正落到实处;另一方面,组织也应该注重培训的时间分布。在借鉴华为企业的新员工成长法则的同时,组织可结合自身的实际情况,制订出适合自己的培训方案,以达到事半功倍的效果。

附　录

附表1　100个管理学原理对照表（按篇类分）

序号	类型I	名称	关键词	职能类别
1	原理篇	AB电梯原理	产品（市场）开发，战略决策	8，1
2		阿米巴原理	组织结构	2
3		奥卡姆剃刀原理	直达根本	8
4		彼得原理	人才晋升	3
5		初心原理	信念管理	1，7
6		打印机原理	产品定价策略	4
7		倒金字塔原理	决策机制	2
8		邓巴原理	潜在客户挖掘	4
9		第一性原理	产品（深度）开发（理念）	5
10		动机管理原理	员工行为及激励	3
11		二八原理	客户分类，销售额来源	4
12		非零和原理	决策导向	1，8
13		管道原理	财富来源，第二职业	1
14		和谐管理原理	组织文化（模式）	7
15		荷花原理	裂变	6
16		胡萝卜原理	员工激励，差异化	3
17		互惠性原理	人际交往	6
18		吉格勒定理	目标设定	6
19		价值比较原理	利益权衡	1
20		金姆原理	专注，见解	8，5
21		金字塔原理	权利模式，决策程序	2，8
22		90/10原理	不确定性	7
23		看远忽近原理	行为习惯	2，1
24		路径依赖原理	行为习惯，组织惯性	2
25		麦穗原理	最优？最合适？	1
26		木桶原理	弱项，劣势	1
27		七何原理	找到问题解	8

309

续表

序号	类型Ⅰ	名称	关键词	职能类别
28	原理篇	少选择原理	成功路径	6
29		稀缺性原理	资源管理	5
30		斜木桶原理	强项、优势	1
31		厌损原理	场景设计，厌损心理	4
32		一万小时原理	时间，积累，熟练度	6，3
33		越简越难原理	布局，成功路径	1
34		至则原理	授权	3
35		做人先做事原理	待人，处事	1，3
36	效应篇	C位效应	如何"出头"	3
37		巴德尔-迈因霍夫效应	潜意识	4
38		保龄球效应	员工差错	3
39		爆款效应	营销策划	4
40		爆米花效应	内功，外部资源	2，7
41		冰激凌效应	反季节经营（行为）	8
42		长尾效应	"散户式"营销	4
43		第22条军规效应	组织文化，规章制度	7，2
44		短裙效应	形势判断	4
45		多米诺骨牌效应	管理起始事件	7
46		凡勃仑效应	定价策略	4
47		飞轮效应	组织动能	1
48		风口效应	资源抢先利用	5
49		高速路口效应	时间点的决策	1
50		滚雪球效应	外部资源整合	2，7
51		过度理由效应	行为方式	3，4
52		海潮效应	人才吸引	3
53		赫洛克效应	称赞的力量	3
54		懒马效应	消极、怠工的员工	3
55		雷尼尔效应	员工激励与留成	3
56		马太效应	资源流向与配置	5
57		锚定效应	营销技巧	4

续表

序号	类型	名称	关键词	职能类别
58	效应篇	墨菲效应	偶然与必然	7
59		鲶鱼效应	激活员工	3
60		牛鞭效应	产业链,订单	4
61		平台效应	组织架构	2,8
62		破窗效应	对"破坏"的管理	2
63		齐加尼克效应	工作压力	3,6
64		启动效应	刺激物,联想	4
65		青蛙效应	对"趋势"的管理	7
66		社会称许效应	"一致"认同,心理动机	3
67		首因效应	初次印象,员工使用	3
68		斯坦门茨效应	知识的价值	1
69		四四五效应	先手	1
70		糖果效应	眼前利益,长期发展	3,1
71		天花板效应	资源与瓶颈	3
72		小群效应	非正式组织	4,3
73		靴子效应	不确定性	7
74		牙刷效应	新产品开发	5
75		羊群效应	人际影响	8,3
76		诱饵效应	营销技巧	4
77		窄化效应	管理员工行为和习惯	3
78		智猪效应	竞争对手,适应性决策	1
79		钟摆效应	行为规律	3,6
80		逐字效应	阅读习惯,营销技巧	4,6
81	法则篇	艾维利法则	任务,效率	6
82		丛林法则	竞争规律	1
83		分粥法则	薪酬分配	3
84		峰终法则	活动设计	4
85		福克兰法则	决策依据和条件	1
86		格雷欣法则	资源利用效果	3

311

续表

序号	类型 I	名称	关键词	职能类别
87	法则篇	海因里希法则	安全管理	2
88		赫勒法则	检查内容与效果	2，3
89		猴子-大象法则	竞争策略	1
90		拉哥尼亚法则	简练表达，沟通法则	6
91		利基法则	利基市场，隐形冠军	5
92		迷思法则	思维，严谨与周密	8
93		时间法则	时间管理	6
94		15分钟法则	遇事从容，有余安排	6
95		水坝法则	经营要有盈余	2，1
96		特里法则	如何对待自己的错误	1，7
97		韦尔奇法则	竞争，高目标	1，6
98		先方后工法则	策略，方法，工具	1
99		小确幸法则	管理"幸福感"	6
100		新人培训法则	新员工，培训上岗	3

附表 2 100 个管理学原理对照表（按职能类别分）

序号	类型 II	名称	关键词	所涉市场主体
1	战略决策与领导行为	丛林法则	竞争规律	诺基亚
2		初心原理	信念管理	福耀玻璃
3		非零和原理	决策导向	麦当劳与肯德基
4		飞轮效应	组织动能	纽柯钢铁
5		福克兰法则	决策依据和条件	微软
6		高速路口效应	时间点的决策	日本煤炭能源中心
7		管道原理	财富来源，第二职业	思通公司
8		猴子-大象法则	竞争策略	哈勒尔
9		价值比较原理	利益权衡	湖南永霏
10		麦穗原理	最优？最合适？	S 公司
11		木桶原理	弱项、劣势	格力
12		斯坦门茨效应	知识的价值	福特汽车
13		四四五效应	先手	Intel 与 AMD
14		特里法则	如何对待自己的错误	巨人集团
15		韦尔奇法则	竞争，高目标	GE
16		斜木桶原理	强项、优势	谭木匠
17		先方后工法则	策略，方法，工具	LHD 中国海琴
18		越简越难原理	布局，成功路径	华为
19		智猪效应	竞争对手，适应性决策	长虹与康佳
20	组织设计与运营管理	阿米巴原理	组织结构	京瓷
21		爆米花效应	内功，外部资源	万科
22		倒金字塔原理	决策机制	北欧航空
23		滚雪球效应	外部资源整合	阿里巴巴
24		海因里希法则	安全管理	N 机械厂
25		赫勒法则	检查内容与效果	海尔
26		金字塔原理	权利模式，决策程序	A 公司
27		看远忽近原理	行为习惯	福特汽车
28		路径依赖原理	行为习惯，组织惯性	美国铁路
29		平台效应	组织架构	淘宝
30		破窗效应	对"破坏"的管理	F 公司
31		水坝法则	经营要有盈余	腾讯

续表

序号	类型 II	名称	关键词	所涉市场主体
32	人力资源管理	彼得原理	人才晋升机制	爱爸妈网络公司
33		保龄球效应	员工差错	阿里巴巴
34		动机管理原理	员工行为及激励	IBM
35		分粥法则	薪酬分配体系	W工建公司
36		格雷欣法则	资源利用效果	P公司
37		过度理由效应	行为方式	A公司
38		海潮效应	人才吸引，示范效应	京东
39		赫洛克效应	称赞的力量	格力
40		胡萝卜原理	员工激励，差异化	海底捞
41		懒马效应	消极、怠工的员工	丙、丁餐饮公司
42		雷尼尔效应	员工激励与留成	索尼
43		鲶鱼效应	激活员工	本田
44		首因效应	初次印象，员工使用	爱思益
45		C位效应	如何"出头"	华为
46		天花板效应	资源与瓶颈	眉州东坡
47		糖果效应	眼前利益，长期发展	正泰
48		新人培训法则	新员工，培训上岗	华为
49		窄化效应	员工行为和习惯	雁之岭食品公司
50		至则原理	授权，柔性管理	千里眼电子
51		钟摆效应	行为规律	沪深证交所
52	营销与利益相关者管理	巴德尔-迈因霍夫效应	潜意识	王老吉
53		爆款效应	营销策划	江小白
54		长尾效应	"散户式"营销	谷歌
55		打印机原理	产品定价策略	微软
56		邓巴原理	潜在客户挖掘	盒马鲜生
57		短裙效应	形势判断	可口可乐
58		二八原理	客户分类，销售额来源	格利登公司
59		凡勃仑效应	定价策略	某玉器店
60		峰终法则	活动设计	天美工作室
61		锚定效应	营销技巧	二赛一汽车销售公司

续表

序号	类型 II	名称	关键词	所涉市场主体
62	营销与利益相关者管理	牛鞭效应	产业链，订单	沃尔玛
63		启动效应	刺激物，联想	农夫果园
64		诱饵效应	营销技巧	威廉斯-索诺马公司
65		逐字效应	阅读习惯，营销技巧	LQ 合作社
66		小群效应	非正式组织	W 袜业公司
67		厌损原理	场景设计，厌损心理	沃克集团
68	产品（市场）开发与资源获取	第一性原理	产品（深度）开发（理念）	特斯拉
69		风口效应	资源抢先利用	淘宝网
70		利基法则	利基市场，隐形冠军	圣雅伦
71		马太效应	资源流向与配置	格兰仕
72		稀缺性原理	资源管理	贵州茅台
73		牙刷效应	新产品开发	谷歌
74	目标、时间、压力与情绪、沟通管理	艾维利法则	任务，效率	伯利恒钢铁公司
75		荷花原理	裂变	阿里巴巴
76		互惠性原理	人际交往	DHC
77		吉格勒原理	目标设定	温迪快餐店
78		拉哥尼亚法则	简练表达，沟通法则	大方帽子店
79		齐加尼克效应	工作压力	XTCF
80		少选择原理	成功路径	徐工机械
81		时间法则	时间管理	耐克
82		15 分钟法则	遇事从容，有余安排	日本铁路公司
83		小确幸法则	管理"幸福感"	如家
84		一万小时原理	时间，积累，熟练度	大疆
85	组织文化与不确定性管理	第 22 条军规效应	组织文化，规章制度	LD 公司
86		多米诺骨牌效应	管理起始事件	本田公司
87		和谐管理原理	组织文化（模式）	海尔
88		90/10 原理	不确定性	小米
89		墨菲效应	偶然与必然	恒大人寿湘潭支公司
90		社会称许效应	文化认同，"一致"心理	M 公司
91		青蛙效应	对"趋势"的管理	可口可乐
92		做人先做事原理	待人，处事	华为

续表

序号	类型Ⅱ	名称	关键词	所涉市场主体
93	创新思维与创新管理	AB电梯原理	产品（市场）开发，战略决策	戴尔
94		金姆原理	专注，见解	戴森
95		奥卡姆剃刀原理	直达根本	GE
96		冰激凌效应	反季节经营（行为）	台塑
97		迷思法则	思维，严谨与周密	健足乐
98		七何原理	找到问题解	丰田汽车
99		羊群效应	人际影响	恒大集团
100		靴子效应	不确定性	YX交建集团

说明：

（1）为读者检阅方便，本书附录列出了两个表格。按照管理职能，列出了八大类别，是对传统管理学计划、组织、领导、控制四个基本职能的细分。这八大类别如下：

1) 战略决策与领导行为；
2) 组织设计与运营管理；
3) 人力资源管理；
4) 营销与利益相关者管理；
5) 产品（市场）开发与资源获取；
6) 目标、时间、压力与情绪、沟通管理；
7) 组织文化与不确定性管理；
8) 创新思维与创新管理。

（2）附表1主要目的，通过显示每一个原理的关键词（主题词），而确定该原理的适应场景，便于读者查找和对照。有的内容可能是融合两个甚至更多职能的，则将前两个重要类别一并列出，但置于前面的为主要类别。为使表格简单，表中采用每一类别的数字代替了文字表述。附表2则分别以八大职能类别，将100个原理进行归集，便于读者从管理职能的角度进一步认识这些原理。而且，将所涉市场主体列出，便于读者集中查阅和互鉴。不过，为简化起见，凡归属于两个或以上的原理，仅取前者来进行归类。

后　记

老实说，撰写这么一本书，心里还是非常惶恐的。因为，这些原理、法则和效应，事实上大家都是熟悉的，只不过我想把它们提炼、整合起来，并将其在组织管理中的"应用"提炼出来，为组织管理特别是企业管理者提供借鉴。同时也希望上升到一般的认知层面，将其变成一本适合社会大众阅读的普通管理类书籍。因此，我就要把一些"老瓶"改装成"新瓶"，同时要酿出"新酒"。"新瓶"要求把大家熟悉的原理提升拔高，立意要新，启发要明；"新酒"就要整理归纳一些别人没有提过的内容进来。在此过程中，也确实遇到一些困难，例如，100个原理的"取舍"问题及其类别的归属问题。有的很常见，如"蝴蝶效应"由于与多米诺骨牌效应类似，"近因效应""晕轮效应"在"首因效应"里一并提及了，因而就未收集进来；有的主要适应于日常生活，如"相缘定律"也就未放进来。从类型来看，这些原理涉及（企业）管理学、经济学、心理学、社会学、哲学等不同学科，其内容界限有时候不甚分明，所以归纳起来有些迷茫。在书末尾的附录里，我特意列了两个表格，附表1对每一个原理进行了关键词的提取和类型划分，便于读者检录，也方便读者迅速获取自己所需的内容。附表2从管理职能的角度进行二次分类，列出了每个原理所涉及的市场主体。而事实上，这个工作也是不容易的，因为很多原理所指向的内容可能是多方面的，不是单一的，它的归类也可以是不同的。因而，这里肯定有不够科学的地方，但我不能因为怕出错，而不敢去尝试，只得敬请读者包涵并指正。

管理学原理来源于生活，又要还原生活。这就是为什么我要对这本书中的大多原理配上插图的主要原因。刚开始准备撰写本书时，我就托人寻找配图的"搭档"，找寻良久之后，在湘潭大学艺术学院胡鸿雁老师的帮助下物色到了2016级学生赖华茹同学，她很有绘画天赋，能理解书中原理的含义。感谢她近两年超过100幅的绘图过程中的辛勤付出，并带给我愉快合作的美好记忆！在她身上我看到了95后青年的谨慎、执着和上进的精神面貌。

本书的编写过程中得到了我的一些学生的支持和帮助。他们利用课余时间为我查阅了大量的文献资料，并进行了"粗加工"，这样既开阔了我的思路，又节省了我的时间。在此对朱培、张政、谢德权、范叶星、刘世儒、李澳、常梦瑶、刘美、李娜、谌海林、朱显超、李忠宝、廖易晶、黄娟、张敏等同学，道一声衷心的感谢。

原以为可以很好地利用这个寒假不出门的机会来细致完善此书，没想到这场抗疫的"人民战"是那么揪心，以至于每天自觉不自觉地总要花不少时间来查看消息或在微信群里"爬楼"，生怕漏掉什么重要的内容，因而，尽管假期很长，效率却不高。感谢妹妹国花、国芳两家人的温暖"收留"和大力支持！感恩母亲惦记着，每天早晨端上我小时候最爱吃的稀粥冲鸡蛋，那份纯"香"是母亲的"文"火慢慢熬出来的，在其他任何地方都闻不到的！感谢乖女儿田田在心田里带给我的欢乐、驱赶我的疲劳，感谢小外甥女紫轩假期里与我相互逗乐的酣畅淋漓的笑声和学习兴奋时与我跃然击掌的快乐！再怎么累，也是快乐的。因而，这部书的每一页，也一定散发着寒冬里的期盼和甜蜜的芬芳。

尤其不能忘记两位导师为拙作所写的推荐序。我的博士生导师关培兰教授现旅居澳大利亚，一听到我要出书的事，马上要我发稿子给她看，看了之后特别高兴，打越洋电话给我提了一些修改原则。席酉民教授是西交利物浦大学的执行校长，工作很忙，每当我当面或电话向他请教的时候，他总是那么平易亲民地为我指引学术前沿，并出于对学术后起之辈的提携关爱，欣然拨冗为我撰写序言。两位导师对我的帮助和鼓励，让人感念！

还要感谢企业管理出版社的陈静老师！在疫情期间克服困难，及时细致审核书稿，并反复与排版公司洽商确定适合的开本，创新设计图书风格，着意打造精品，感受到了她的敬业精神和精准服务的硬核作风。

还有书中讲及或提到的所有的公司和企业人士，以及引用的人物和故事，是他们的思想和行为，丰富了我的内涵，也提升了拙作的思想和品质，在此，向他们表示由衷的感谢！

伍喆

湘潭大学　春晖楼

2020年3月10日